KB121568

중학 어휘

단계 **2**

교재 개발에 도움을 주신 모든 선생님들께 깊이 감사드립니다.

내용 검토진

강혜진 부산	고경은 경기 일산	구민경 대구	권성환 경북 안동	김건용 서울 성북
김광철 광주	김나경 경기 과천	김라희 경기 부천	김민석 경남 창원	김민영 서울
김민희 서울	김슬기 경기 용인	김영대 경기 수원	김예사 제주	김유석 대구 달서
김정욱 용인 수지	김종덕 광주 남구	마 미 경기 화성	문소영 경남 김해	박가연 부산
박세진 서울	박수영 서울 은평	박여진 부산 서구	박윤선 광주 남구	박은정 서울 강동
박현정 서울	박혜선 경북 안동	박호현 대구	백승재 경남 김해	서가영 대치
설고은 경북	신새희 경기 수원	신영수 서울 광진	신혜섭 대전	신혜원 경기 군포
신혜영 부산	안정광 순천, 광양	안혜지 부산	유미정 경기 안양	유진아 대구
윤성은 서울	윤인희 서울	윤희정 충북 청주	이강국 경기 평택	이경원 충북 청주
이기연 강원 원주	이기윤 부산	이동익 전북 전주	이미경 부산	이미옥 경기
이성훈 경기	이수진 경기 광주	이애리 경남 거제	이영지 경기 안양	이윤지 경기 의정부
이지희 서울 강남	이홍진 서울	이흥중 부산 사하	임지혜 경남 거제	장기윤 경북 구미
장정미 서울 강남	장지연 강원 원주	전현주 경남	전혜숙 대전 유성	전희재 경기
정미정 경기 고양	정서은 부산 동래	정세영 베트남 호찌민	정지윤 안양 평촌	정지윤 전북 전주
정필모 서울 서대문	정해연 전남 순천	정혜실 인천 청라	조승연 대전	조아라 부산
조은예 전남 순천	진윤정 서울	채송화 제주	천은경 부산	천정은 세종
최 강 대전	최수연 인천 남동	최홍민 경기 평택	표윤경 서울	하영아 김해, 창원
한광희 세종	한봉교 서울 성북	한신영 충남 당진	허혜지 서울	홍선희 인천 부평
홍현숙 경기 광명	황은영 서울			

디자인 자문단

강수진 전남 목포	강영애 경기 일산	강원국 광주	강혜진 부산	구민경 대구
김경주 순천, 여수	김라희 경기 부천	김민석 경남	김수진 서울 노원	김영웅 충남 천안
김예사 제주	김정욱 용인 수지	김종덕 광주	김희정 부산	박가연 부산
박명현 부산	박세진 서울	박소영 인천 송도	박유경 서울	박윤선 광주
박은정 서울	박종승 경남	박하섬 경남 양산	박혜선 경북 안동	박호현 대구
백승재 경남 김해	서가영 대치	석민지 시흥, 화성	설고은 경북	신경애 대구
신새희 경기 수원	신영수 서울 광진	신혜섭 대전	신혜원 경기 군포	엄현미 서울 동작
이강국 경기 평택	이미경 부산	이미옥 경기 부천	이애리 경남 거제	이여진 동탄
이윤지 경기 의정부	이지은 부산	이지희 대구	이홍진 서울	임부택 대치
장기윤 경북 구미	장연희 대구	전현주 경남	정미정 경기 고양	정해연 전남 순천
조아라 부산	채송화 제주	천은경 부산	최수연 인천	최인우 광주
한광희 세종	한남수 경남 진주	한봉교 서울 성북	허혜지 서울	현세령 동탄
홍석영 서울				

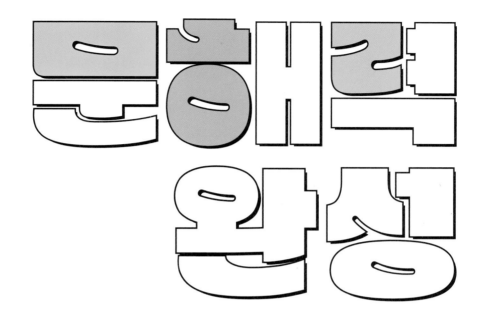

중학 어휘

문해력을 완성하는 어휘, 어떻게 공부할까?

1 문해력이 무엇인가요?

★ 문해력은 글을 읽고 이해하는 능력을 말합니다.

★ 중요한 정보와 덜 중요한 정보를 구별하면서 글을 읽고, 글의 내용에 대해 비판적으로 자신의 생각을 펼칠 수 있는 능력도 문해력에 포함됩니다.

★ 따라서 문해력은 교과서의 내용을 파악하고, 선생님의 수업을 이해하며, 시험 문제를 푸는 등의 모든 과정에 반드시 필요한 학습 능력입니다.

2 문해력의 바탕은 어휘!

★ 문해력을 키우려면 글을 많이 읽으면서 어휘를 충분히 익혀야 합니다.

★ 학년이 올라갈수록 어휘가 어려워집니다. 어휘의 의미를 모르면 학습 내용을 이해할 수 없고 공부에 흥미를 잃을 수밖에 없습니다.

★ 어휘력은 모든 학습의 기초입니다. 어휘를 알아야 독해가 원활하게 이루어질 수 있고, 문제를 잘 풀 수 있으며, 사고력이 튼튼해질 수 있습니다.

3 필요한 어휘를 모두 공부해요!

★ 이 교재는 국어 교과서에 수록된 어휘, 시험에 잘 나오는 어휘, 독서에 필요한 어휘, 타 교과 공부에 도움이 되는 어휘 등 중학생이 알아야 할 필수 어휘를 풍부하게 수록하였습니다.

필수 어휘	⇨	교과서에 수록된, 중학생이 필수적으로 알아야 하는 어휘
관용 표현	⇨	주제별 한자 성어, 속담, 관용어
헷갈리기 쉬운 말	⇨	형태가 비슷하여 잘못 사용하기 쉬운 어휘
동음이의어 · 다의어	⇨	형태는 같지만 의미가 다르거나 여러 가지 뜻을 지닌 어휘

4 주제별로 묶어 공부해요!

★ 이 교재는 어휘를 주제별로 묶어 제시함으로써, 어휘의 의미를 보다 효과적으로 기억하고 연관되는 어휘가 무엇인지 확인할 수 있도록 구성하였습니다.

읽기	⇨	• 철학 · 논리 • 역사 · 심리 • 사회 · 경제 • 정치 · 법률 • 생명 과학 • 지구 과학 • 기술 • 문화 · 예술
문학	⇨	• 사람의 감정 • 사람의 성격과 생김새 • 사람의 행동 • 인간관계 • 시 · 공간적 배경 • 상황과 분위기 • 삶의 양상 • 선조들의 생활과 표현
관용 표현, 헷갈리기 쉬운 말	⇨	• 한자 성어 • 속담 • 관용어 • 헷갈리기 쉬운 말 • 동음이의어 • 다의어

5 어휘와 독해를 함께 공부해요!

★ 어휘의 뜻을 외우는 것만으로는 문해력을 키울 수 없습니다. 공부한 어휘를 바탕으로 글의 내용을 바르게 이해할 수 있어야 합니다.

★ 재미있는 지문을 읽고 다양한 유형의 독해 문제를 풀면서 어휘력을 확장하고 문해력을 튼튼하게 키울 수 있도록 구성했습니다.

6 체계적으로 공부해요!

★ 이 교재는 먼저 어휘의 뜻을 익힌 다음, 이를 문장과 짧은 지문에 적용하여 문제를 풀고, 마지막으로 자신의 실력을 점검해 볼 수 있도록 구조화했습니다.

어휘가 쓰인 문장의 맥락 확인하기, 어휘의 뜻풀이 익히기	⇨	사전적 의미 문제 풀기, 문맥적 의미 문제 풀기	⇨
배운 어휘를 적용해 지문을 읽고 독해 문제 풀기	⇨	테스트 문제를 풀면서 어휘를 확실하게 익혔는지 점검하기	

이 책의 구성과 활용법

① 어휘의 의미 익히기

- ▶ 교과서 필수 어휘, 시험에 잘 나오는 어휘를 모두 모아 정리하였습니다.
- ▶ '읽기', '문학', '관용 표현, 헷갈리기 쉬운 말' 등 영역별로 구분하였습니다.
- ▶ 주제별로 어휘를 묶어 제시하여 어휘의 의미를 선명하게 기억하도록 하였습니다.

이렇게 공부하세요!

❶ 예문의 빈칸을 채우며 어휘가 맥락 속에서 어떻게 쓰이는지 확인하기

❷ 어휘의 뜻풀이 살펴보기

❸ 어휘의 뜻풀이를 직접 써 보면서 어휘의 의미를 확실하게 익히기

❹ 어휘 쏙, 유의어, 반의어를 짚어 보며 어휘력 확장하기

② 문해력 기초 다지기

- ▶ 어휘를 잘 익혔는지 확인할 수 있도록 다양한 유형의 문제를 제시하였습니다.
- ▶ '사전적 의미'와 '문맥적 의미'의 단계별로 나누어 문제를 구성하였습니다.
- ▶ 채점 후에 틀린 문제의 어휘는 뜻풀이와 예문을 다시 살펴보세요.

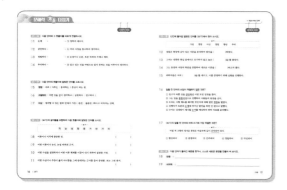

이렇게 공부하세요!

❶ 사전적 의미 ⇨ 어휘의 뜻풀이를 확실하게 이해했는지 확인하기

❷ 문맥적 의미 ⇨ 어휘를 문장의 맥락에 맞게 활용할 수 있는지 점검하기

❸ 어휘가 들어간 예문을 스스로 만들어 보는 활동을 통해 문해력 키우기

문해력 완성하기

▶ 공부한 어휘를 독해에 적용해 봄으로써 문해력을 키울 수 있도록 구성하였습니다.

▶ 중학생이 읽어야 할 재미있는 지문과 다양한 유형의 문제를 제시하였습니다.

▶ 문제를 풀면서 자신의 문해력이 얼마나 향상되었는지 확인하세요.

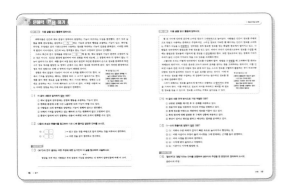

이렇게 공부하세요!

❶ 지문을 꼼꼼하게 읽고 글의 주제와 문단별 중심 내용 정리하기

❷ 이해한 내용을 바탕으로 스스로 문제 풀어 보기

❸ '창의적 적용' 문제를 풀면서 지문의 핵심 내용과 앞에서 배운 어휘를 연결해 보기

❹ '정답과 해설'을 보면서 틀린 문제 점검하기

어휘력 테스트

▶ 학습이 끝난 후에 자신의 어휘 실력을 점검해 볼 수 있도록 구성하였습니다.

▶ 본문에 제시된 회차에 맞추어 총 28회의 테스트 문제를 제공하였습니다.

▶ 채점 후에 틀린 문제의 어휘는 뜻풀이와 예문을 다시 살펴보세요.

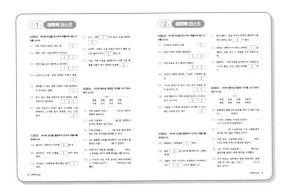

이렇게 공부하세요!

❶ 시간을 정해 두고 문제를 풀어 보기

❷ 채점을 한 다음 몇 문제를 틀렸는지 확인하기

❸ 틀린 문제의 개수에 따라 학습 계획 조정하기

이 책의 차례

II 문학

Ⅲ 관용 표현, 헷갈리기 쉬운 말

학습 계획표

＊학습 계획을 세우고, 그에 맞추어 꾸준하게 공부하세요.

회차	공부한 날		헷갈리는 어휘, 틀린 문제 메모
01회	월	일	
02회	월	일	
03회	월	일	
04회	월	일	
05회	월	일	
06회	월	일	
07회	월	일	
08회	월	일	
09회	월	일	
10회	월	일	
11회	월	일	
12회	월	일	
13회	월	일	
14회	월	일	
15회	월	일	
16회	월	일	
17회	월	일	
18회	월	일	
19회	월	일	
20회	월	일	
21회	월	일	
22회	월	일	
23회	월	일	
24회	월	일	
25회	월	일	
26회	월	일	
27회	월	일	
28회	월	일	

교재에 사용된 용어 알기

※ 교재에 사용된 용어들입니다. 일상생활에서도 자주 사용되므로 꼭 알아 두세요.

용어	뜻
사전적 의미	어휘가 가지고 있는 가장 중심적이고 기본적인 의미. 사전을 찾았을 때 나오는 의미이므로 사전적 의미라고 함.
문맥적 의미	어휘가 실제 글 속에서 사용될 때 문맥이나 상황에 따라 결정되는 구체적인 의미.
유의어	뜻이 서로 비슷한 말. 예 책 – 서적, 어머니 – 엄마 – 모친
반의어	그 뜻이 서로 정반대되는 관계에 있는 말. 예 남자 – 여자, 넓다 – 좁다
관용 표현	둘 이상의 어휘들이 결합하여 오랫동안 사용되면서 다른 의미로 굳어진 표현. 관용어와 속담, 한자 성어가 있음.
한자 성어	관용적인 뜻으로 굳어 쓰이는 한자로 된 말. 주로 유래가 있거나 교훈을 담고 있음. 예 와신상담(臥薪嘗膽): 불편한 섶에 몸을 눕히고 쓸개를 맛본다는 뜻으로, 원수를 갚거나 마음먹은 일을 이루기 위하여 어려움과 괴로움을 참고 견딤을 비유적으로 이르는 말.
속담	예로부터 민간에 전하여 오는 말로, 오랜 생활 체험에서 얻은 생각과 교훈을 간결하게 나타낸 어구나 문장. 예 선무당이 사람 잡는다: 능력이 없어서 제구실을 못하면서 함부로 하다가 큰일을 저지르게 됨을 비유적으로 이르는 말.
관용어	둘 이상의 단어가 결합해 원래의 의미와는 다른 의미로 사용되는 말. 예 발이 넓다: 사귀어 아는 사람이 많아 활동하는 범위가 넓다.
동음이의어	소리는 같지만 뜻이 다른 단어. 단어들 사이에 의미적 연관성이 없음. 예 배: ❶ 신체 일부 ❷ 교통수단 ❸ 열매
다의어	두 가지 이상의 뜻을 가진 단어. 의미들 사이에 관련성이 있음. 예 손: 1) 사람의 팔목 끝에 달린 부분(중심적 의미) 2) 손가락(주변적 의미)

I

읽기

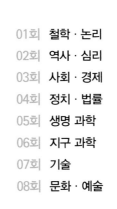

01회 철학·논리

가설
假 거짓 가 | 說 말씀 설

그는 사실을 밝히기 위해 　　　　 을 세우고 자료를 모았다.

뜻 알기　어떤 사실을 설명하거나 어떤 이론 체계를 이끌어 내기 위하여 설정한 가정.

뜻 써 보기

각인되다
刻 새길 각 | 印 도장 인

책에서 읽은 문장이 마음속에 깊이 　　　　 되어 잊히지 않는다.

뜻 알기　머릿속에 새겨 넣듯 깊이 기억되다.

뜻 써 보기

유의어　간직되다 생각이나 기억 따위가 마음속에 깊이 새겨지다.

감안하다
勘 헤아릴 감 | 案 책상 안

선생님은 학생들의 어휘 수준을 　　　　 하여 필독 도서를 정했다.

뜻 알기　여러 사정을 참고하여* 생각하다.

뜻 써 보기

어휘 쏙　참고(參考)하다 살펴서 도움이 될 만한 재료로 삼다.

고찰하다
考 생각할 고 | 察 살필 찰

김 박사는 수십 년간 인간의 특성에 대해 　　　　 하고 있다.

뜻 알기　어떤 것을 깊이 생각하고 연구하다.

뜻 써 보기

논거
論 논의할 논 | 據 근거 거

명수는 자신의 주장을 뒷받침하는 　　　　 를 제시하여 팀원을 설득했다.

뜻 알기　어떤 이론이나 논리, 논설 따위의 근거.

뜻 써 보기

논제
論 논의할 논 | 題 제목 제

친구들과 토론할 　　　　 는 '동물 실험을 금지해야 한다.'이다.

뜻 알기　논설이나 논문, 토론 따위의 주제나 제목.

뜻 써 보기

반증

反 돌이킬 반 | 證 증거 증

결정적인 증거를 제시해 민수의 주장을   할 수 있었다.

(뜻 알기) 어떤 사실이나 주장이 옳지 아니함을 그에 반대되는 근거를 들어 증명함. 또는 그런 증거.

(뜻 써 보기)

비약적

飛 날 비 | 躍 뛸 약 | 的 과녁 적

1) 문자가 발명되면서 사람들의 기억력은   으로 성장했다.

(뜻 알기) 지위나 수준 따위가 갑자기 빠른 속도로 높아지거나 향상되는* 것.

(뜻 써 보기)

(어휘 쏙) 향상(向上)되다 실력, 수준, 기술 따위가 나아지다.

2) 이 책의 내용이 너무   으로 전개되어 이해하기가 어렵다.

(뜻 알기) 논리나 사고방식 따위가 그 차례나 단계를 따르지 아니하고 뛰어넘는 것.

(뜻 써 보기)

이상

理 다스릴 이 | 想 생각 상

충분한 시간과 노력을 들이지 않으면   을 이룰 수 없다.

(뜻 알기) 생각할 수 있는 범위 안에서 가장 완전하다고 여겨지는 상태.

(뜻 써 보기)

(유의어) 꿈 실현하고 싶은 희망이나 이상.

쟁점

爭 다툴 쟁 | 點 점 점

여러   에서 의견이 엇갈려 결론을 얻을 수 없었다.

(뜻 알기) 서로 다투는 중심이 되는 점.

(뜻 써 보기)

정립하다

定 정할 정 | 立 설 립

그녀는 오랜 연구 끝에 새로운 이론을   하였다.

(뜻 알기) 정하여 세우다.

(뜻 써 보기)

추리하다

推 옮길 추 | 理 다스릴 리

수진이는 소설 곳곳에 나온 단서들을 가지고 범인을   했다.

(뜻 알기) 알고 있는 것을 바탕으로 알지 못하는 것을 미루어서 생각하다.

(뜻 써 보기)

합리적

合 합할 합 | 理 다스릴 리 | 的 과녁 적

그는 중요한 순간마다   인 선택을 해서 호응을 얻었다.

(뜻 알기) 이론이나 이치에 합당한 것.

(뜻 써 보기)

(반의어) 불합리적(不合理的) 이론이나 이치에 합당하지 않는 것.

01 ~ 04 다음 단어와 그 뜻풀이를 바르게 연결하시오.

01 논제 •

• ㉠ 정하여 세우다.

02 감안하다 •

• ㉡ 여러 사정을 참고하여 생각하다.

03 정립하다 •

• ㉢ 논설이나 논문, 토론 따위의 주제나 제목.

04 추리하다 •

• ㉣ 알고 있는 것을 바탕으로 알지 못하는 것을 미루어서 생각하다.

05 ~ 07 다음 단어의 뜻풀이에 알맞은 단어를 고르시오.

05 쟁점 : 서로 (다투는 | 동의하는) 중심이 되는 점.

06 고찰하다 : 어떤 것을 깊이 생각하고 (실천하다 | 연구하다).

07 이상 : 생각할 수 있는 범위 안에서 가장 (완전 | 불완전)하다고 여겨지는 상태.

08 ~ 11 〈보기〉의 글자들을 조합하여 다음 뜻풀이에 알맞은 단어를 쓰시오.

> ● 보기 ●
>
> 적 논 설 합 증 거 반 가 리

08 이론이나 이치에 합당한 것. ( )

09 어떤 이론이나 논리, 논설 따위의 근거. ( )

10 어떤 사실을 설명하거나 어떤 이론 체계를 이끌어 내기 위하여 설정한 가정. ( )

11 어떤 사실이나 주장이 옳지 아니함을 그에 반대되는 근거를 들어 증명함. 또는 그런 증거.

( )

12 ~ 15 빈칸에 들어갈 알맞은 단어를 〈보기〉에서 찾아 쓰시오.

보기

가설   쟁점   이상   정립   향상   추리

12 경찰은 현장에 남아 있는 지문을 분석하여 범인을 (   )하였다.

13 그녀는 냉혹한 현실 앞에서도 포기하지 않고 높은 (   )을/를 품었다.

14 그는 동양과 서양의 학문을 종합하여 새로운 이론을 (   )하고자 했다.

15 과학자들은 여러 (   )을/를 세우고, 이를 증명하기 위해 실험을 진행한다.

16 밑줄 친 단어의 쓰임이 적절하지 <u>않은</u> 것은?

① 친구가 바쁜 것을 <u>감안하여</u> 이번 모임 일정을 짰다.
② 그는 일을 <u>불합리적</u>으로 진행하여 사람들의 원성을 샀다.
③ 우리는 사형 제도를 폐지할 것인지에 대해 열띤 <u>쟁점</u>을 벌였다.
④ 진행자가 토론의 <u>논제</u>에 벗어난 발언을 하면 안 된다고 말했다.
⑤ 수아는 상대방이 제시할 <u>논거</u>를 예상하며 반박 자료를 준비했다.

17 〈보기〉의 밑줄 친 단어와 바꿔 쓰기에 가장 적절한 것은?

보기

어릴 적 고향의 정겨운 풍경은 마음속에 깊이 <u>간직되어</u> 있다.

① 향상되어   ② 증명되어   ③ 간주되어   ④ 정립되어   ⑤ 각인되어

18 ~ 19 다음 단어가 들어간 예문을 찾거나, 스스로 새로운 문장을 만들어 써 보시오.

18 반증 ⇨ _____

19 비약적 ⇨ _____

01~03 다음 글을 읽고 물음에 답하시오.

과학자들은 인간의 대뇌 겉질이 영역마다 담당하는 기능이 다르다는 사실을 발견했다. 전기 자극 실험을 통해 전두엽에는 판단하고 　　⊙　　하는 기능과 감정과 행동을 조절하는 기능이 있고, 측두엽, 후두엽, 두정엽은 감각 기관으로부터 수용하는 정보를 처리하는 기능이 있음을 밝혀냈다. 이러한 과학적 발견이 이어지면서, 인간의 뇌는 영역별로 맡는 기능이 고정되어 있다고 인식했다.

그러나 최근의 연구 성과들을 바탕으로 　　⊙　　해 볼 때, 대뇌 겉질의 기능이 완전히 고정되어 있는 것은 아니다. 인간은 환경에 둘러싸여 여러 경험을 하게 되는데, 그 경험에 따라 각 영역이 맡는 기능이 달라지기도 한다. 예를 들어 며칠 동안 빛이 완전히 차단된 환경에서 손으로 정보를 탐색하게 하면 시각 정보 처리를 맡았던 뇌 영역이 손에서 오는 촉각 정보를 처리하게 된다. 빛이 차단된 환경에서의 정보 처리 경험으로 인해 뇌 영역의 기능이 변화된 것이다.

경험은 대뇌 겉질의 기능만이 아니라 뇌 조직을 변화시키기도 한다. 뇌에서 기억을 담당하는 해마는 경험에 따라 그 크기가 달라지기도 한다. 예를 들어 매번 새로운 길을 탐색하는 택시 기사의 해마는, 정해진 노선대로 운전하는 버스 기사의 해마보다 크기가 더 컸다. 이처럼 사람의 뇌는 어떠한 경험을 하는가에 따라 끊임없이 변화한다.

> ♥ **문단별 중심 내용**
> [1문단] 대뇌 겉질의 영역별 기능이 고정되어 있다는 인식
> [2문단] 경험에 따라 대뇌 겉질의 기능이 변화된 사례
> [3문단] 경험에 따라 뇌의 조직이 변화된 사례

01 이 글의 내용과 일치하지 <u>않는</u> 것은?

① 대뇌 겉질의 전두엽에는 감정과 행동을 조절하는 기능이 있다.
② 변화된 환경에 오랜 시간 노출되면 뇌의 기능이 바뀔 수도 있다.
③ 사람들은 뇌의 영역별로 담당하는 기능이 정해져 있다고 생각했다.
④ 뇌에서 기억을 담당하고 있는 해마의 크기는 변화하지 않고 고정되어 있다.
⑤ 환경이 달라져 뇌가 경험하는 내용이 바뀌면 뇌의 조직이 변화할 수도 있다.

02 다음의 초성과 뜻풀이를 참고하여 ⊙과 ⊙에 들어갈 알맞은 단어를 쓰시오.

> ⊙ : (ㅊ ㄹ 　　　　) ⇒ 알고 있는 것을 바탕으로 알지 못하는 것을 미루어서 생각하다.
> ⊙ : (ㄱ ㅊ 　　　　) ⇒ 어떤 것을 깊이 생각하고 연구하다.

창의적 적용

03 〈보기〉의 연구 결과는 어떤 주장에 대한 논거인지 이 글을 참고하여 서술하시오.

> • 보기 •
> 명상을 자주 하는 사람들은 주의 집중의 기능을 담당하는 뇌 영역이 일반인들에 비해 더 크다.

04~06 다음 글을 읽고 물음에 답하시오.

> 몇 년 사이에 인터넷 공간에 소비성 정보가 ㉠비약적으로 늘어났다. 사람들은 인간이 정보를 주체적으로 만들고 사용하는 존재라고 주장하지만, 소비성 정보로 가득한 웹 페이지는 인간이 정보를 소비하는 주체가 아님을 ㉡반증한다. 인터넷은 점차 필요한 정보를 얻는 확실한 통로에서 멀어지고 있고, 사람들은 인터넷에서 불필요한 주변 정보를 얻고 있다. 따라서 우리가 인터넷으로부터 정보를 수집할 때에는 불필요한 정보들에 시달리게 될 것임을 ㉢감안해야만 한다. 또한 정보로부터 얻는 경제적 가치가 우리가 들인 시간의 가치보다 작을 수도 있음을 고려해야 한다.
>
> 그렇다면 우리는 어떻게 인터넷에서 정보를 수집해야 할까. 방법을 ㉣정립할 때 고려해야 할 원리는 '파레토의 원리'이다. 이것은 중요한 20%가 80%의 효과를 낸다는 점을 고려하라는 원리이다. 이를 인터넷 이용과 연관 지으면 다량의 정보 중에 의미 있는 소수의 정보를 구별하여 활용하는 것이 무의미한 다량의 정보에 둘러싸인 것보다 더 높은 효과를 낸다는 것이다. 이에 따라 우리는 정보를 대량 수집하는 데 집중하기보다는 필수적인 정보를 찾는 데에 집중해야 한다.
>
> 그러기 위해서는 정보를 올바르게 평가하고 선별하는 ㉤합리적인 관점을 가져야 한다. 이를 바탕으로 정보의 의미를 파악하고 해석할 때 필요한 정보를 얻을 수 있으며, 정보를 소비하는 주체로 살아남을 수 있다.

♥ 문단별 중심 내용
[1문단] 불필요한 정보가 늘어나고 있는 인터넷 공간
[2문단] '파레토 원리'에 따른 필수 정보 탐색의 필요성
[3문단] 정보를 선별하는 합리적인 관점의 필요성

04 이 글의 내용 전개 방식으로 가장 적절한 것은?

① 상반된 견해를 제시한 후 두 견해를 비판하고 있다.
② 전문가의 말을 인용하여 자신의 주장을 강화하고 있다.
③ 통계 정보를 바탕으로 객관적인 정보를 이끌어 내고 있다.
④ 특정 원리에 대해 설명한 후 구체적 상황에 적용하고 있다.
⑤ 현상이 일어난 원인을 밝히고 예상되는 결과를 분석하고 있다.

05 ㉠~㉤의 뜻풀이로 알맞지 않은 것은?

① ㉠: 지위나 수준 따위가 갑자기 빠른 속도로 높아지거나 향상되는 것.
② ㉡: 어떤 사실이나 주장이 옳지 아니함을 그에 반대되는 근거를 들어 증명하다.
③ ㉢: 여러 사정을 참고하여 생각하다.
④ ㉣: 이치에 맞아 올바르고 마땅하다.
⑤ ㉤: 이론이나 이치에 합당한 것.

창의적 적용

06 '합리적'과 '정립'이라는 단어를 포함하여 글쓴이의 주장을 한 문장으로 정리하여 쓰시오.

글쓴이의 주장:

공부한 날   ◯월 ◯일

어휘 체크

※ 잘 아는 어휘 ○표! 헷갈리거나 모르는 어휘 ×표! 학습 후 확실하게 이해했으면 ☆표!

동원하다 ☐	동조하다 ☐	문명 ☐	복원하다 ☐	봉쇄하다 ☐
왜곡 ☐	위축되다 ☐	자발적 ☐	잠재하다 ☐	전례 ☐
정체성 ☐	지향하다 ☐	편협하다 ☐		

동원하다
動 움직일 동 | 員 인원 원

수많은 군사를 전쟁에   하고도 영토 확장에 실패했다.

(뜻 알기) 어떤 목적을 달성하고자 사람을 모으거나 물건, 수단, 방법 따위를 집중하다.

(뜻 써 보기) _____

동조하다
同 같을 동 | 調 고를 조

나는 고개를 끄덕여 그녀에게   하는 태도를 보였다.

(뜻 알기) 남의 주장에 자기의 의견을 일치시키거나 보조를 맞추다.

(뜻 써 보기) _____

(반의어) 반대(反對)하다 어떤 행동이나 견해 따위에 따르지 아니하고 맞서 거스르다.

문명
文 글월 문 | 明 밝을 명

고대   이 일어난 곳에서는 농경 생활이 이루어졌다.

(뜻 알기) 인류가 이룩한 물질적, 기술적, 사회적인 발전. 자연 그대로의 원시적 생활에 비해 발전되고 세련된 삶의 모습을 뜻한다.

(뜻 써 보기) _____

복원하다
復 돌아올 복 | 元 으뜸 원

전문가의 도움을 받아 훼손된 문화재를   했다.

(뜻 알기) 원래대로 회복하다.

(뜻 써 보기) _____

(유의어) 복구(復舊)하다 손실 이전의 상태로 회복하다.

봉쇄하다
封 봉할 봉 | 鎖 쇠사슬 쇄

성문을   하여 적들이 침입하지 못하도록 했다.

(뜻 알기) 굳게 막아 버리거나 잠그다.

(뜻 써 보기) _____

왜곡
歪 비뚤 왜 | 曲 굽을 곡

그녀가 나의 말을   해서 들을까봐 두렵다.

(뜻 알기) 사실과 다르게 해석하거나 그릇되게 함.

(뜻 써 보기) _____

위축되다
萎 시들 위 | 縮 오그라들 축

우리는 그의 당당한 태도에 　　　　　 되어 고개를 들 수 없었다.

(뜻 알기) 어떤 힘에 눌려 졸아들고 기를 펴지 못하게 되다.

(뜻 써 보기)

(유의어) 움츠러들다 겁을 먹거나 위압감 때문에 기를 펴지 못하고 몹시 주눅이 들다.

자발적
自 스스로 자 | 發 필 발 |
的 과녁 적

세계 평화는 각국의 　　　　　 인 노력 없이는 불가능하다.

(뜻 알기) 남이 시키거나 요청하지 아니하여도 자기 스스로 나아가 행하는 것.

(뜻 써 보기)

(반의어) 수동적(受動的) 스스로 움직이지 않고 다른 것의 작용을 받아 움직이는 것.

잠재하다
潛 잠길 잠 | 在 있을 재

항상 평온해 보이던 지호에게 이런 포악한 성질이 　　　　　 해 있을 줄 몰랐다.

(뜻 알기) 겉으로 드러나지 않고 속에 잠겨 있거나 숨어 있다.

(뜻 써 보기)

전례
前 앞 전 | 例 법식 례

기술의 발달은 역사상 　　　　　 없는 경제적 풍요를 가져왔다.

(뜻 알기) 이전부터 있었던 사례.

(뜻 써 보기)

(유의어) 유례(類例) 이전부터 있었던 사례.

정체성
正 바를 정 | 體 몸 체 |
性 성품 성

외국 문화가 좋다고 무분별하게 받아들이면 우리만의
문화적 　　　　　 을 잃을 수도 있다.

(뜻 알기) 변하지 아니하는 존재의 본질을 깨닫는 성질. 또는 그
성질을 가진 독립적 존재.

(뜻 써 보기)

지향하다
志 뜻 지 | 向 향할 향

성공만 　　　　　 하는 삶은 늘 고달플 수밖에 없다.

(뜻 알기) 어떤 목표로 뜻이 쏠리어 향하다.

(뜻 써 보기)

편협하다
偏 치우칠 편 | 狹 좁을 협

폭넓은 관점을 가지기 위해서는 　　　　　 한 사고방식을 버려야 한다.

(뜻 알기) 한쪽으로 치우쳐 도량*이 좁고 너그럽지 못하다.

(뜻 써 보기)

(어휘 쏙) 도량(度量) 사물을 너그럽게 용납하여 처리할 수 있는 넓은 마음과 깊은 생각.

01 ~ 05 다음 뜻풀이에 해당하는 단어를 말상자에서 찾아 표시하시오.

01 이전부터 있었던 사례.

02 굳게 막아 버리거나 잠그다.

03 어떤 힘에 눌려 졸아들고 기를 펴지 못하게 되다.

04 변하지 아니하는 존재의 본질을 깨닫는 성질. 또는 그 성질을 가진 독립적 존재.

05 인류가 이룩한 물질적, 기술적, 사회적인 발전. 자연 그대로의 원시적 생활에 비해 발전되고 세련된 삶의 모습을 뜻한다.

청	전	승	화	문	명
아	례	보	봉	신	발
단	절	드	쇄	속	정
유	별	레	하	물	체
위	축	되	다	적	성

06 ~ 08 다음 단어의 뜻풀이에 알맞은 단어를 고르시오.

06 **복원하다** : 원래대로 (진행하다 | 회복하다).

07 **지향하다** : 어떤 목표로 뜻이 (쏠리어 | 엇갈려) 향하다.

08 **동원하다** : 어떤 목적을 달성하고자 사람을 (모으거나 | 평가하거나) 물건, 수단, 방법 따위를 집중하다.

09 ~ 11 제시된 초성을 참고하여 다음 뜻풀이에 알맞은 단어를 쓰시오.

09 사실과 다르게 해석하거나 그릇되게 함. [ㅇ | ㄱ]

10 겉으로 드러나지 않고 속에 잠겨 있거나 숨어 있다. [ㅈ | ㅈ | ㅎ | ㄷ]

11 남이 시키거나 요청하지 아니하여도 자기 스스로 나아가 행하는 것. [ㅈ | ㅂ | ㅈ]

▶ 정답과 해설 33쪽

12 ~ 14 빈칸에 들어갈 알맞은 단어를 〈보기〉에서 찾아 쓰시오.

> ● 보기 ●
>
> 동원   지향   봉쇄   위축   잠재

12 사장의 강압적인 태도에 (   )된 그의 모습이 안쓰럽게 느껴졌다.

13 학교 뒷문을 (   )하겠다는 선생님의 말에 학생들이 강력히 항의하였다.

14 홍수 피해가 큰 지역에 경찰과 군인들을 (   )하여 복구 작업을 진행하였다.

15 밑줄 친 단어의 쓰임이 적절하지 <u>않은</u> 것은?

① 학교에서 학생들이 <u>자발적</u>으로 독서 모임을 만들었다.
② 지진으로 무너진 건물을 <u>복원하는</u> 데 오랜 시간이 걸렸다.
③ 2000년도에는 역사상 <u>전례</u>가 없는 폭염이 한반도를 휩쓸었다.
④ 친구의 의견에 <u>동조할</u> 것인지 반대할 것인지 잠시 고민을 하였다.
⑤ 김 씨는 자연에서 소박하게 사는 삶을 <u>지양하여</u> 관직을 버리고 시골로 향했다.

16 〈보기〉의 빈칸에 들어갈 단어가 순서대로 바르게 나열된 것은?

> ● 보기 ●
>
> • '자동차'라는 (   )의 이기가 항상 인류를 편하게 하는 것은 아니다.
> • 자신의 (   )을/를 확립하는 시기인 청소년기를 어떻게 보내야 할지 생각해 봐야 한다.

① 문화, 일체성   ② 인류, 일체성   ③ 예술, 독립성
④ 문명, 정체성   ⑤ 예술, 정체성

17 ~ 18 다음 단어가 들어간 예문을 찾거나, 스스로 새로운 문장을 만들어 써 보시오.

17 왜곡 ⇨ _____

18 편협하다 ⇨ _____

01~03 다음 글을 읽고 물음에 답하시오.

고고학자들이 발굴한 유물 자료에는 과거 인간의 삶에 관한 극히 단편적인 정보가 남아 있다. 고고학은 유물 자료를 통해 과거 인간의 삶을 [㉠] 하고자 여러 분야의 이론을 활용한다.

어느 연구에서 약 1천 년 동안 특정 지역에서 출토된 조리용 토기들의 두께와, 토기에 탄화된 채로 남아 있던 식재료의 전분 함량을 조사했다. 그 결과 후대로 갈수록 토기의 두께가 얇아지고 곡물의 전분 함량은 증가한다는 사실을 발견했다. 진화론은 토기의 두께가 얇아진 이유를 인간이 환경의 변화에 잘 적응했기 때문이라고 설명한다. 자연환경이 변화하여 껍질이 두껍고 전분 함량이 높은 씨앗이 많아졌고, 이러한 씨앗은 높은 온도에서 오래 끓여야 하므로 열전도가 빠른 얇은 토기가 사용되었다는 것이다. 반면 생태학적 이론은 이유식을 만들기 위해 두께가 얇은 토기를 사용했다고 본다. 전분이 많은 곡물을 이유식으로 이용하자 여성들의 수유기가 줄어 출산율이 높아졌고, 이러한 사실에 근거해 두께가 얇은 토기를 선택해 사용했다는 것이다. 마지막으로 사회학적 이론은 그 이유를 집단 간의 교류가 활발해지면서 새로운 토기가 소개되었고, 사람들이 그것을 선호하게 된 것이라고 본다.

고고학에서 발굴된 유물 자료는 계속 쌓이고 있고, 과학의 발달로 [㉡] 없는 새로운 측정 방법도 개발되고 있다. 특정한 이론에 집착하는 것보다는 새로운 자료와 방법을 적극적으로 이용하여 다양한 해석을 하고자 하는 열린 자세가 필요하다.

♥ **문단별 중심 내용**
[1문단] 고고학에서의 유물 활용
[2문단] 여러 분야의 이론에서 본 유물의 변화 원인
[3문단] 유물 해석에 필요한 자세

01 이 글의 내용과 일치하지 <u>않는</u> 것은?

① 고고학자들은 유물을 활용하여 과거 인간의 삶을 복원하고자 한다.
② 고고학은 유물들을 연구하는 과정에서 여러 분야의 이론을 활용한다.
③ 진화론은 전분 함량이 낮은 씨앗 때문에 토기의 두께가 변하였다고 본다.
④ 생태학적 이론은 여성들이 이유식을 만들면서 출산율이 높아졌다고 본다.
⑤ 사회학적 이론은 집단 간의 교류로 두께가 얇은 토기가 소개되었다고 본다.

02 다음의 뜻풀이를 참고하여 ㉠과 ㉡에 들어갈 알맞은 단어를 쓰시오.

㉠ : (   ) ⇒ 원래대로 회복하다.   ㉡ : (   ) ⇒ 이전부터 있었던 사례.

창의적 적용

03 '고고학'에서 유물 자료를 해석할 때 필요한 자세를 〈조건〉에 맞게 서술하시오.

● 조건 ●
• '편협하다'라는 단어를 활용하고, 필요한 자세와 버려야 하는 자세를 대조하여 쓸 것.

04~06 다음 글을 읽고 물음에 답하시오.

자연에서 발생하는 모든 일은 목적 지향적인가? 자기 몸통보다 더 큰 잎사귀를 허둥대며 운반하는 개미들은 분명히 목적을 가진 듯이 보인다. 그런데 가을에 지는 낙엽이나 한밤중에 쏟아지는 우박도 목적을 가질까? 아리스토텔레스는 이에 대해서 "자연은 헛된 일을 하지 않는다!"라고 말한다. 아리스토텔레스는 모든 자연물이 목적을 추구하는 존재이며 외적 원인이 아니라 내재적 본성에 따라 운동한다고 보았다. 이를 아리스토텔레스의 목적론이라고 한다.

하지만 근대에 접어들어 목적론은 비과학적이라는 비판을 받게 되었다. 근대 철학자들이 모든 사물은 생명력을 갖지 않는 일종의 기계라는 견해를 ㉠지향했기 때문이다. 근대 철학자인 갈릴레이는 목적론적 설명이 과학적으로 설명될 수 없으므로 이에 ㉡동조할 수 없다고 했다. 또 베이컨은 목적에 대한 탐구가 과학에 아무런 도움이 되지 않는다고 평가했고, 스피노자는 목적론이 자연에 대한 이해를 ㉢왜곡한다고 비판했다.

하지만 일부 현대 학자들은, 근대 사상가들이 당시 과학에 기초한 기계론적 모형에 ㉣의존했을 뿐, 아리스토텔레스의 목적론을 거부할 충분한 근거를 제시하지 못했다고 비판한다. 우드필드는 목적론적 설명이 과학적 설명은 아니지만, 목적론의 옳고 그름을 확인할 수 없기 때문에 목적론이 거짓이라 할 수도 없다고 ㉤지적했다.

♥ 문단별 중심 내용
[1문단] 아리스토텔레스의 목적론의 정의
[2문단] 목적론을 비판하는 근대 철학자들
[3문단] 근대 철학자들의 주장을 비판한 현대 학자들

04 이 글에 대한 설명으로 가장 적절한 것은?

① 어떤 현상이 일어나게 된 근본 원인을 탐색하고 있다.
② 특정 개념을 정의한 뒤 글쓴이 자신의 생각을 서술하고 있다.
③ 대립되는 두 이론의 장점과 단점들을 비교하여 설명하고 있다.
④ 특정 관점에 대한 비판과 이에 대한 재반박으로 이루어지고 있다.
⑤ 객관적인 정보를 바탕으로 추상적 개념이 지닌 문제점을 분석하고 있다.

05 ㉠~㉤을 활용한 예문으로 적절하지 않은 것은?

① ㉠: 우리는 평화를 지향해 왔다.
② ㉡: 그녀의 주장에 동조한 사람은 소수이다.
③ ㉢: 기자는 그의 말을 왜곡하여 전했다.
④ ㉣: 우리 경제는 수출에 크게 의존하고 있다.
⑤ ㉤: 부하 직원에게 물품을 옮기라고 지적했다.

창의적 적용

06 '자발적'과 '잠재하다'라는 단어를 사용하여 아리스토텔레스의 목적론을 한 문장으로 설명하시오.

목적론의 개념:

사회 · 경제

고립
孤 외로울 고 | 立 설 립

인간은 사회로부터 [   ] 해서는 제대로 살아갈 수 없다.

뜻 알기 다른 사람과 어울리어 사귀지 아니하거나 도움을 받지 못하여 외톨이로 됨.

뜻 써 보기 _____

공급
供 이바지할 공 | 給 줄 급

시장에서는 싱싱하고 질 좋은 농산물을 저렴한 가격으로 [   ] 했다.

뜻 알기 교환하거나 판매하기 위하여 시장에 물건이나 노동력을 제공하는 일.

뜻 써 보기 _____

다문화
多 많을 다 | 文 글월 문 | 化 될 화

여러 나라 학생이 모이는 학교에서 [   ] 를 체험할 수 있다.

뜻 알기 한 사회 안에 여러 민족이나 여러 국가의 문화가 혼재하는* 것을 이르는 말.

뜻 써 보기 _____

어휘 쏙 혼재(混在)하다 뒤섞이어 있다.

도래하다
到 다다를 도 | 來 올 래

인터넷의 발달로 정보화 시대가 예상보다도 빨리 [   ] 했다.

뜻 알기 어떤 시기나 기회가 닥쳐오다.

뜻 써 보기 _____

도시화
都 도읍 도 | 市 시장 시 | 化 될 화

마을이 [   ] 되어 감에 따라 인구가 점점 늘어갔다.

뜻 알기 도시의 문화 형태가 도시 이외의 지역으로 발전 · 확대됨. 또는 그렇게 만듦.

뜻 써 보기 _____

불황
不 아닐 불 | 況 상황 황

계속되는 경기 [   ] 으로 서민들의 생활이 더욱 어려워졌다.

뜻 알기 경제 활동이 일반적으로 침체*되는 상태.

뜻 써 보기 _____

어휘 쏙 침체(沈滯) 어떤 현상이나 사물이 진전하지 못하고 제자리에 머무름.

수요
需 구할 수 | 要 중요할 요

청소년들 사이에서 킥보드가 유행하더니 _____ 가 급격히 증가했다.

(뜻 알기) 어떤 물건이나 노동력을 일정한 가격으로 사려고 하는 욕구.

(뜻 써 보기) _____

열풍
烈 세찰 열 | 風 바람 풍

케이팝(K-Pop) _____ 으로 한국을 찾는 외국인 관광객들이 많다.

(뜻 알기) 매우 세차게 일어나는 기운이나 기세를 비유적으로 이르는 말.

(뜻 써 보기) _____

이타적
利 이로울 이 | 他 다를 타 | 的 과녁 적

서로를 돕는 _____ 인 행동을 할 때 사회는 더욱 건강해진다.

(뜻 알기) 자기의 이익보다는 다른 이의 이익을 더 꾀하는 것.

(뜻 써 보기) _____

반의어 이기적(利己的) 자기 자신의 이익만을 꾀하는 것.

통용되다
通 통할 통 | 用 쓸 용

한때 _____ 되던 말이 시간이 지나면서 사라지기도 한다.

(뜻 알기) 일반적으로 두루 쓰이다.

(뜻 써 보기) _____

유의어 상용(常用)되다 일상적으로 쓰이다.

파급
波 물결 파 | 及 미칠 급

뉴스가 끝난 뒤 나오는 광고는 _____ 효과가 크다.

(뜻 알기) 어떤 일의 여파*나 영향이 차차 다른 데로 미침.

(뜻 써 보기) _____

어휘 쏙 여파(餘波) 어떤 일이 끝난 뒤에 남아 미치는 영향.

할당하다
割 나눌 할 | 當 마땅할 당

정부는 지역 발전을 위해 지역 사업에 더 많은 예산을 _____ 했다.

(뜻 알기) 몫을 갈라 나누다.

(뜻 써 보기) _____

유의어 배분(配分)하다 몫몫이 별러 나누다.

효용
效 본받을 효 | 用 쓸 용

적당한 경쟁은 일에 집중하게 한다는 점에서 _____ 이 있다.

(뜻 알기) 보람 있게 쓰거나 쓰임. 또는 그런 보람이나 쓸모.

(뜻 써 보기) _____

01 ~ 04 다음 단어와 그 뜻풀이를 바르게 연결하시오.

01 수요 •

    • ㉠ 몫을 갈라 나누다.

02 열풍 •

    • ㉡ 어떤 시기나 기회가 닥쳐오다.

03 도래하다 •

    • ㉢ 어떤 물건이나 노동력을 일정한 가격으로 사려고 하는 욕구.

04 할당하다 •

    • ㉣ 매우 세차게 일어나는 기운이나 기세를 비유적으로 이르는 말.

05 ~ 07 다음 단어의 뜻풀이에 알맞은 단어를 고르시오.

05 **통용되다** : 일반적으로 두루 (쓰이다 | 살피다).

06 **불황** : 경제 활동이 일반적으로 (침체되는 | 성장하는) 상태.

07 **공급** : 교환하거나 판매하기 위하여 시장에 물건이나 노동력을 (구매하는 | 제공하는) 일.

08 ~ 11 〈보기〉의 글자들을 조합하여 다음 뜻풀이에 알맞은 단어를 쓰시오.

> ● 보기 ●
>
> 시   용   급   도   립   효   고   화   파

08 어떤 일의 여파나 영향이 차차 다른 데로 미침.   (   )

09 보람 있게 쓰거나 쓰임. 또는 그런 보람이나 쓸모.   (   )

10 다른 사람과 어울리어 사귀지 아니하거나 도움을 받지 못하여 외톨이로 됨.   (   )

11 도시의 문화 형태가 도시 이외의 지역으로 발전·확대됨. 또는 그렇게 만듦.   (   )

12~15 빈칸에 들어갈 알맞은 단어를 〈보기〉에서 찾아 쓰시오.

───● 보기 ●───
불황　수요　열풍　고립　다문화　도시화

12 최근 아이티(IT)업계에서는 코딩 교육 (　　　　)이/가 불고 있다.

13 무더위가 계속되면서 에어컨의 (　　　　)이/가 급격하게 증가하였다.

14 (　　　　) 과정에서 파괴되는 자연환경 문제에 대해 관심을 가져야 한다.

15 경기가 (　　　　)일수록 사람들은 야외 활동을 줄이고 주로 집에서 시간을 보낸다.

16 밑줄 친 단어의 쓰임이 적절하지 <u>않은</u> 것은?

① 각 대학은 총점의 10퍼센트를 면접 점수에 공급할 것이다.
② 국제결혼과 이민 등의 증가로 다문화 가정이 계속 늘어나고 있다.
③ 온라인 커뮤니티에 올리는 글은 순식간에 퍼지므로 파급 효과가 크다.
④ 독서 동아리 회원들과 문학의 가치와 효용에 대해 이야기를 나누었다.
⑤ 중·장년층의 사회적 고립을 예방하기 위해서 다양한 일자리를 만들어야 한다.

17 〈보기〉의 밑줄 친 단어와 바꿔 쓰기에 가장 적절한 것은?

───● 보기 ●───
학생들 사이에서 <u>두루 쓰이는</u> 말을 살펴보면 그들의 문화를 이해할 수 있다.

① 전파되는　② 파급되는　③ 통용되는　④ 시작되는　⑤ 수용되는

18~19 다음 단어가 들어간 예문을 찾거나, 스스로 새로운 문장을 만들어 써 보시오.

18 이타적 ⇨ _____

19 도래하다 ⇨ _____

01~03 다음 글을 읽고 물음에 답하시오.

기존의 경제학에서는 인간을 철저하게 합리적이고 이기적인 존재로 생각하여, 인간은 시간과 공간에 관계없이 일관된 선호를 보이며 ⓐ 을 극대화하는 방향으로 선택을 한다고 본다. 그래서 인간의 행동이 예측 가능하다고 생각한다. 반면 행동경제학에서는 인간이 제한적으로 합리적이며 감성적인 존재라고 보며, 처한 상황에 따라 선호가 바뀌기 때문에 그 행동을 예측하기 어렵다고 생각한다. 또한 인간은 효용을 극대화하기보다는 어느 정도 만족하는 선에서 선택을 한다고 본다. 그래서 행동경제학은 인간이 때로는 ⓑ 인 행동을 하고 비합리적인 행동을 하는 존재라는 점을 인정한다.

행동경제학 용어인 '휴리스틱'은 사람들이 판단하거나 결정할 때 사용하는 주먹구구식의 어림짐작을 말하며, 인간의 제한된 합리성을 잘 보여 준다. 휴리스틱 중의 하나인 기준점 휴리스틱은 외부에서 기준점이 제시되면 사람들은 그것을 중심으로 제한된 판단을 하게 되는 것을 뜻한다. 가령 '폭탄 세일! 단, 1인당 5개 이내'라고 구입 한도를 제한하면 1개를 사려고 했던 소비자도 충동구매를 하게 되는 경우가 많다. 이것은 5라는 숫자가 기준점으로 작용했기 때문이다. 감정 휴리스틱은 감성이 선택에 영향을 미치는 경향을 뜻한다. 수많은 제품에 'new, gold, 프리미엄'과 같은 수식어를 붙이는 이유는, 사람들의 감성을 자극하는 감정 휴리스틱을 활용한 마케팅과 관련된다.

> ♥ **문단별 중심 내용**
> [1문단] 경제학에서 인간을 바라보는 관점의 차이
> [2문단] 휴리스틱의 개념과 종류

01 이 글을 바탕으로 기준점 휴리스틱을 활용한 사례에 해당하는 것은?

① 성능이 좋은 제품을 만들자.
② 인기 연예인을 광고 모델로 고용하자.
③ 중독성 있는 광고 음악을 만들자.
④ 상품 포장지에 '골드'라는 문구를 넣자.
⑤ 원래 가격과 할인된 가격을 같이 설명하자.

02 이 글의 ⓐ, ⓑ과 다음의 ⓐ, ⓑ에 공통으로 들어갈 단어로 알맞게 짝지어진 것은?

> • 인공 지능은 인류에게 어떤 ⓐ 이/가 있을까?
> • 사람들은 아픈 사람을 보면 도와주는 ⓑ 인 행동을 하기도 한다.

① 확인, 계산적
② 효과, 이기적
③ 행운, 희생적
④ 효용, 이타적
⑤ 효력, 보편적

창의적 적용

03 기존의 경제학과 행동경제학의 차이점을 '인간에 대한 관점'을 중심으로 비교하시오.

04~06 다음 글을 읽고 물음에 답하시오.

어떤 상품의 가격은 기본적으로 ㉠수요와 공급의 힘에 의해 결정된다. 시장에 참여하고 있는 경제 주체들은 자신이 가진 정보를 토대로 수요와 ㉡공급을 결정한다. 이들이 똑같은 정보를 가지고 있고 이 정보가 아주 틀리지 않다면 상품의 가격은 시장에서 ㉢통용되는 수준에서 크게 벗어나지 않을 것이다.

그러나 현실에서는 사람들이 서로 다른 정보를 갖고 시장에 참여하는 경우가 많다. 어떤 사람은 특정한 정보를 갖고 있는데 거래 상대방은 그 정보를 갖고 있지 못한 경우도 있다. 뿐만 아니라 이들 사이에 거래에 참여하는 목적이나 재산 등의 측면에서 큰 차이가 존재하는 것이 보통이다. 이런 경우에는 어떤 상품의 가격이 우리의 상식으로는 도저히 이해하기 힘든 수준까지 일시적으로 뛰어오르는 현상이 나타날 가능성이 있다. 이런 현상은 특히 투기의 대상이 되는 자산의 경우에 자주 목격되는데, 우리는 이를 '거품(bubbles)'이라고 부른다.

일반적으로 거품이란 것은 어떤 상품—특히 자산—의 가격이 지속적으로 급격히 상승하는 현상을 가리킨다. 이와 같은 지속적인 가격 상승이 일어나는 이유는 애초에 생긴 가격 상승이 추가적인 가격 상승의 기대로 이어져 투기의 ㉣열풍이 형성되기 때문이다. 물론 이 같은 거품이 무한정 커질 수는 없고 언젠가는 터져 정상적인 상태로 돌아올 수밖에 없다. 이때 거품이 터지는 충격으로 인해 경제에 심각한 위기가 ㉤도래할 수도 있다.

♥ 문단별 중심 내용
[1문단] 수요와 공급에 의해 결정되는 상품의 가격
[2문단] 정보의 비대칭성으로 인한 '거품' 현상(가격 급등)
[3문단] '거품' 현상이 일어나는 이유와 그 영향

04 이 글의 내용과 일치하지 않는 것은?

① 특정 자산이 투기의 대상이 되면 가격이 급격하게 오를 수 있다.
② 시장 가격은 경제 주체들이 가지고 있는 정보를 바탕으로 결정된다.
③ 거품이 터져도 한 번 거품이 형성된 상품의 가격은 지속적으로 상승한다.
④ 시장에 참여하는 경제 주체들 사이에는 정보량, 재산 등에서 큰 차이가 있다.
⑤ 시장의 경제 주체들이 가진 정보가 동일하다면 시장의 가격은 비슷하게 형성된다.

05 ㉠~㉤의 뜻풀이로 알맞지 않은 것은?

① ㉠: 어떤 물건이나 노동력을 일정한 가격으로 사려고 하는 욕구.
② ㉡: 교환하거나 판매하기 위하여 시장에 물건이나 노동력을 제공하는 일.
③ ㉢: 일반적으로 두루 쓰이다.
④ ㉣: 매우 세차게 일어나는 기운이나 기세를 비유적으로 이르는 말.
⑤ ㉤: 목적한 곳이나 수준에 다다르다.

창의적 적용

06 '거품' 현상의 원인과 문제점을 '상승'과 '불황'이라는 단어를 사용하여 서술하시오.

개입하다

介 끼일 개 | 入 들 입

우리들의 문제에 제삼자가 _____ 하여 일이 복잡해졌다.

뜻 알기 자신과 직접적인 관계가 없는 일에 끼어들다.

뜻 써 보기 _____

개혁하다

改 고칠 개 | 革 가죽 혁

교육부 장관은 교육 제도를 학생 중심으로 _____ 하였다.

뜻 알기 제도나 기구 따위를 새롭게 뜯어고치다.

뜻 써 보기 _____

권익

權 권세 권 | 益 더할 익

소비자 상담 센터는 소비자의 _____ 을 보호하기 위해 만들어졌다.

뜻 알기 권리와 그에 따르는 이익.

뜻 써 보기 _____

규제

規 법 규 | 制 억제할 제

국내 상품의 판매량을 유지하기 위해 수입을 _____ 하였다.

뜻 알기 규칙이나 규정에 의하여 일정한 한도*를 정하거나 정한 한도를 넘지 못하게 막음.

뜻 써 보기 _____

어휘 쏙 한도(限度) 일정한 정도. 또는 한정된 정도.

반포하다

頒 나눌 반 | 布 베 포

세종 대왕은 한글을 창제하고 이를 _____ 하였다.

뜻 알기 세상에 널리 퍼뜨려 모두 알게 하다.

뜻 써 보기 _____

유의어 공포(公布)하다 일반 대중에게 널리 알리다.

부합

符 부호 부 | 合 합할 합

국민 투표는 민주주의 정치에 _____ 하는 제도이다.

뜻 알기 사물이나 현상이 서로 꼭 들어맞음.

뜻 써 보기 _____

사각지대
死 죽을 사 | 角 뿔 각 |
地 땅 지 | 帶 띠 대

1) 운전을 할 때는 늘   를 조심해야 한다.

(뜻 알기) 어느 위치에 섬으로써 사물이 눈으로 보이지 아니하게 되는 각도. 또는 어느 위치에서 거울이 사물을 비출 수 없는 각도.

(뜻 써 보기) _____

2) 복지 정책의   에 놓인 사람들을 도와줘야 한다.

(뜻 알기) 관심이나 영향이 미치지 못하는 구역을 비유적으로 이르는 말.

(뜻 써 보기) _____

이념
理 다스릴 이 | 念 생각할 념

해방 직후 우리나라는   갈등으로 분단의 아픔을 겪었다.

(뜻 알기) 한 시대나 사회에서 이상적인 것으로 여겨지는 생각이나 견해.

(뜻 써 보기) _____

유의어 ▶ 사상(思想) 어떠한 사물에 대하여 가지고 있는 구체적인 사고나 생각.

진전
進 나아갈 진 | 展 펼 전

연구 자금이 부족해 연구가 제대로   되지 못하고 있다.

(뜻 알기) 일이 진행되어 발전함.

(뜻 써 보기) _____

집약하다
集 모을 집 | 約 맺을 약

수정이는 책의 주제를 '자유와 평화'로   했다.

(뜻 알기) 한데 모아서 요약하다.

(뜻 써 보기) _____

추구하다
追 쫓을 추 | 求 구할 구

법은 언제나 공정한 사회를   해야 한다.

(뜻 알기) 목적을 이룰 때까지 뒤쫓아 구하다.

(뜻 써 보기) _____

타파하다
打 칠 타 | 破 깨뜨릴 파

악습을   하려면 많은 사람의 노력이 필요하다.

(뜻 알기) 부정적인 규정, 관습, 제도 따위를 깨뜨려 버리다.

(뜻 써 보기) _____

폐해
弊 폐단 폐 | 害 해로울 해

핸드폰 중독이 청소년에게 미치는   는 심각하다.

(뜻 알기) 폐단*으로 생기는 해.

(뜻 써 보기) _____

어휘 쏙 폐단(弊端) 어떤 일이나 행동에서 나타나는 옳지 못한 경향이나 해로운 현상.

01 ~ 05 다음 뜻풀이에 해당하는 단어를 말상자에서 찾아 표시하시오.

01 일이 진행되어 발전함.

02 사물이나 현상이 서로 꼭 들어맞음.

03 세상에 널리 퍼뜨려 모두 알게 하다.

04 부정적인 규정, 관습, 제도 따위를 깨뜨려 버리다.

05 관심이나 영향이 미치지 못하는 구역을 비유적으로 이르는 말.

추	사	각	지	대	검
반	구	타	파	하	다
포	적	례	평	급	부
하	대	진	전	발	합
다	시	만	감	굴	필

06 ~ 08 다음 단어의 뜻풀이에 알맞은 단어를 고르시오.

06 권익 : 권리와 그에 따르는 (책임 | 이익).

07 개입하다 : 자신과 직접적인 관계가 없는 일에 (무심하다 | 끼어들다).

08 이념 : 한 시대나 사회에서 (이상적 | 현실적)인 것으로 여겨지는 생각이나 견해.

09 ~ 11 제시된 초성을 참고하여 다음 뜻풀이에 알맞은 단어를 쓰시오.

09 폐단으로 생기는 해.

ㅍ ㅎ

10 한데 모아서 요약하다.

ㅈ ㅇ ㅎ ㄷ

11 규칙이나 규정에 의하여 일정한 한도를 정하거나 정한 한도를 넘지 못하게 막음.

ㄱ ㅈ

12~14 빈칸에 들어갈 알맞은 단어를 〈보기〉에서 찾아 쓰시오.

───● 보기 ●───

권익   부합   규제   진전   폐단

12 두 국가 간의 무역 협상이 빠른 (   )을/를 보이고 있다.

13 그 단체는 노동자의 (   ) 보호를 최우선으로 생각하고 있다.

14 변호사는 증인의 말이 사실과 (   )하는지 확인하기 위해 자료를 조사했다.

15 밑줄 친 단어의 쓰임이 적절하지 <u>않은</u> 것은?

① 그 정치인은 잘못된 제도를 개혁하는 데 늘 앞장섰다.
② 앞으로 대기 오염 물질의 배출 규범을 더욱 강화해야 한다.
③ 그가 독단적으로 진행한 사업의 폐해가 하나둘씩 드러나고 있다.
④ 그녀의 표정에서 그 사건에 깊이 개입하고 싶지 않은 마음이 드러났다.
⑤ 최 박사는 기존의 연구 성과들을 한 문장으로 집약하여 간단하게 설명했다.

16 〈보기〉의 빈칸에 들어갈 단어가 순서대로 바르게 나열된 것은?

───● 보기 ●───

• 악법은 고쳐야 하고, 잘못된 관습은 (   )해야 한다.
• 한글날은 세종 대왕이 훈민정음을 (   )한 것을 기념하는 날이다.

① 지향, 반포   ② 타파, 정립   ③ 지향, 개혁
④ 타파, 반포   ⑤ 반대, 정립

17~18 다음 단어가 들어간 예문을 찾거나, 스스로 새로운 문장을 만들어 써 보시오.

17 사각지대 ⇨ _____

18 추구하다 ⇨ _____

01~03 다음 글을 읽고 물음에 답하시오.

협동조합은 뜻을 같이하는 사람들이 일정 금액을 모아 공동의 경제, 사회, 문화적 수요와 요구를 충족시키려고 자발적으로 결성한 조직이다. 협동조합은 5인 이상이 모여 출자금을 내면 누구나 만들 수 있고 가입과 탈퇴도 자유롭다. 협동조합은 평등한 협력체이므로 사업의 목적이 조합원 서로를 돕는 데 있다. 그래서 모든 조합원이 협동조합을 공동으로 소유하고, 협동조합에 필요한 자본을 만드는 데 공정하게 참여한다. 그리고 발생한 수익은 협동조합의 발전과 조합원의 [㉠] 증진에 사용한다.

이윤 추구가 목적인 주식회사와 달리 협동조합은 '조합원'을 중심으로 운영된다. 주식회사는 주식 비율에 따라 의사 결정권이 부여되므로 주식을 많이 가진 대주주가 의사를 결정하는 경우가 많다. 반면 협동조합에서는 대체로 조합원 한 사람에게 한 표의 의사 결정권이 부여되므로, 조합원의 의사가 존중된다. 따라서 이런 구조로 인해 일자리 창출이나 사회적 약자 보호, 그리고 지역 사회 발전과 같은 조합원들이 공동으로 [㉡]하는 가치를 실현하는 데 유리하다.

그러나 협동조합은 구조적 특성상 신속하게 자본을 마련하기가 어렵고, 의사 결정 기간도 길어 급변하는 상황에 빠르게 대처하기가 어렵다. 또 이윤 추구에 몰두해 협동조합의 기본 정신을 잃어버리면 지속되기 힘들다. 이를 극복하려면 조합원들이 분명한 목표와 가치를 서로 공유해야 하고, 협동조합 간의 협력을 통해 지속적인 발전 방안을 찾아야 한다.

♥ **문단별 중심 내용**
[1문단] 협동조합의 개념과 사업의 목적
[2문단] 협동조합의 의사 결정 방식과 그 장점
[3문단] 협동 조합의 단점과 극복 방안

01 이 글에 대한 설명으로 가장 적절한 것은?

① 대상의 개념을 밝힌 후 그 장·단점을 설명하고 있다.
② 일어난 결과를 먼저 제시하고 그 원인을 분석하고 있다.
③ 자신의 주장을 드러내고 나서 그 타당성을 밝히고 있다.
④ 시간의 흐름에 따른 특정 개념의 변화 과정을 서술하고 있다.
⑤ 대상들의 공통점과 차이점을 바탕으로 그 특징을 드러내고 있다.

02 다음의 초성과 뜻풀이를 참고하여 ㉠과 ㉡에 들어갈 알맞은 단어를 쓰시오.

㉠ : (ㄱ ㅇ) ⇒ 권리와 그에 따르는 이익.

㉡ : (ㅊ ㄱ) ⇒ 목적을 이룰 때까지 뒤쫓아 구하다.

창의적 적용

03 '평등한 협력체'라는 협동조합의 특성에 부합하는 의사 결정 방법을 이 글에서 찾아 쓰시오.

04~06 다음 글을 읽고 물음에 답하시오.

우리는 인터넷 검색을 통해 원하는 정보를 손쉽게 얻을 수 있다. 그러나 정보를 삭제할 수 있는 권한은 특정 기업에 있기 때문에 개인이 자신의 정보를 지우는 것은 쉽지 않다. 이러한 인터넷 환경에서 나온 개념이 '잊힐 권리'이다. 잊힐 권리란 인터넷에서 생성, 저장, 유통되는 개인 정보에 대해 유통 기한을 정하거나 이의 수정, 삭제, 영구적인 폐기를 요청할 수 있는 권리를 말한다.

이러한 잊힐 권리를 법으로 정하는 것에 대해 찬성과 반대 의견이 대립하고 있다. 찬성 측은 무엇보다 개인의 인권 보호를 위해 이를 법제화해야 한다고 주장한다. 인쇄 매체 시대에는 시간이 지나면 기사가 사람들의 기억 속에서 점차 잊혔기 때문에 피해가 ㉠한시적이었다. 그러나 인터넷 시대에 한 번 보도된 기사는 언제든지 다시 찾아볼 수 있어서 그와 관련된 사람의 '신상 털기'와 같은 ㉡폐해가 지속될 수 있다. 따라서 법의 ㉢사각지대에 놓인 당사자는 정신적, 물질적으로 매우 큰 피해를 입게 되므로 이를 방지할 수 있는 강제적인 ㉣규제가 필요하다는 것이다.

반면 반대 측은 잊힐 권리가 법제화되면 언론사는 민감한 기사의 보도를 조심하게 되어 표현의 자유가 제한되고, 기사나 자료가 과도하게 삭제되면 정부나 기업, 특정인의 정보에 대해 국민의 알 권리가 침해된다고 주장한다. 또한 광범위한 정보의 삭제는 기술적·비용적 측면에서 큰 어려움이 따른다. 현대인들에게 잊힐 권리는 중요한 문제이다. 모두가 잊힐 권리를 둘러싼 문제에 관심을 가질 때 논의가 ㉤진전될 것이며, 잊힐 권리가 올바르게 쓰일 것이다.

♥ 문단별 중심 내용
[1문단] '잊힐 권리'의 개념
[2문단] '잊힐 권리'를 찬성하는 이유
[3문단] '잊힐 권리'를 반대하는 이유

04 이 글에 대한 이해로 적절하지 <u>않은</u> 것은?

① 인쇄 매체 정보는 인터넷 정보보다 사람들의 기억 속에서 잊히기 쉽다.
② 법제화로 정보의 삭제가 과도해지면 국민들의 알 권리가 줄어들 수 있다.
③ 잊힐 권리가 법제화되면 언론사들이 보도하는 기사가 더 다양해질 수 있다.
④ 인터넷에서 개인의 '신상 털기'가 지속되면 당사자에게 심각한 피해를 줄 수 있다.
⑤ 잊힐 권리란 인터넷에 저장된 자신의 개인 정보를 삭제해 달라고 요청하는 것이다.

05 ㉠~㉤을 활용한 예문으로 적절하지 <u>않은</u> 것은?

① ㉠: 살을 **빼려면** 한시적으로 운동해야 한다.   ② ㉡: 수질 오염의 폐해가 심각하다.
③ ㉢: 아프리카는 문명의 사각지대라고 불렸다.   ④ ㉣: 어떤 행동에는 법적인 규제가 따른다.
⑤ ㉤: 이번 회담으로 남북 관계가 진전되었다.

창의적 적용

06 '잊힐 권리'에 대한 찬성 측의 주장과 근거를 '권익'이라는 단어를 사용해 한 문장으로 서술하시오.

어휘 체크

※ 잘 아는 어휘 ○표! 헷갈리거나 모르는 어휘 ×표! 학습 후 확실하게 이해했으면 ☆표!

검증 ☐☐	결핍 ☐☐	남용하다 ☐☐	보급하다 ☐☐	분리하다 ☐☐
선별하다 ☐☐	섭취하다 ☐☐	유기적 ☐☐	입자 ☐☐	자생하다 ☐☐
자정 ☐☐	초래하다 ☐☐	취약하다 ☐☐		

검증
檢 검사할 검 | 證 증거 증

이 약은 관련 기관의 ▨▨▨ 을 받은 안전한 제품이다.

(뜻 알기) 검사하여 증명함.

(뜻 써 보기) _____

결핍
缺 이지러질 결 | 乏 모자랄 핍

현대인은 영양제로 ▨▨▨ 된 비타민을 보충한다.

(뜻 알기) 있어야 할 것이 없어지거나 모자람.

(뜻 써 보기) _____

유의어 결여(缺如) 마땅히 있어야 할 것이 빠져서 없거나 모자람.

남용하다
濫 넘칠 남 | 用 쓸 용

1) 약물을 ▨▨▨ 하면 오히려 건강을 해칠 수 있다.

(뜻 알기) 일정한 기준이나 한도를 넘어서 함부로 쓰다.

(뜻 써 보기) _____

2) 박 팀장은 권한을 ▨▨▨ 하여 직원들의 비난을 받았다.

(뜻 알기) 권리나 권한 따위를 본래의 목적이나 범위를 벗어나 함부로 행사하다.

(뜻 써 보기) _____

보급하다
普 널리 보 | 及 미칠 급

새로운 치료 기술을 전 세계로 ▨▨▨ 하였다.

(뜻 알기) 널리 펴서 많은 사람들에게 골고루 미치게 하여 누리게 하다.

(뜻 써 보기) _____

분리하다
分 나눌 분 | 離 떠날 리

쓰레기 더미에서 재활용할 쓰레기만 따로 ▨▨▨ 했다.

(뜻 알기) 서로 나누어 떨어지게 하다.

(뜻 써 보기) _____

선별하다
選 가릴 선 | 別 다를 별

신선한 재료들만 ▨▨▨ 하여 음식을 만들었다.

(뜻 알기) 가려서 따로 나누다.

(뜻 써 보기) _____

섭취하다

攝 당길 섭 | 取 취할 취

음식물을 충분히 　　　　　 해야만 필요한 에너지를 얻을 수 있다.

(뜻 알기) 생물체가 양분* 따위를 몸속에 빨아들이다.

(뜻 써 보기) _____

(어휘 쏙) 양분(養分) 영양이 되는 성분.

유기적

有 있을 유 | 機 틀 기 | 的 과녁 적

인간은 자연과 　　　　　 으로 연결되어 있다.

(뜻 알기) 생물체처럼 전체를 구성하고 있는 각 부분이 서로 밀접하게 관련을 가지고 있어서 떼어 낼 수 없는 것.

(뜻 써 보기) _____

입자

粒 낟알 입 | 子 아들 자

미세 플라스틱은 　　　　　 가 작아 사람의 몸에 쉽게 흡수된다.

(뜻 알기) 물질의 일부로서, 물질을 구성하는 매우 작은 물체.

(뜻 써 보기) _____

자생하다

自 스스로 자 | 生 날 생

1) 이젠 부모님의 도움에서 벗어나 　　　　　 할 때가 되었다.

(뜻 알기) 자기 자신의 힘으로 살아가다.

(뜻 써 보기) _____

2) 이 지역에서 　　　　　 하는 들꽃들이 흐드러지게 피어 있다.

(뜻 알기) 저절로 나서 자라다.

(뜻 써 보기) _____

자정

自 스스로 자 | 淨 깨끗할 정

지구는 훼손된 자연을 회복하기 위한 　　　　　 작용을 그치지 않는다.

(뜻 알기) 오염된 물이나 땅 따위가 물리학적 · 화학적 · 생물학적 작용으로 저절로 깨끗해짐.

(뜻 써 보기) _____

초래하다

招 부를 초 | 來 올 래

청소년기의 과도한 다이어트는 영양실조를 　　　　　 한다.

(뜻 알기) 일의 결과로서 어떤 현상을 생겨나게 하다.

(뜻 써 보기) _____

(유의어) 빚다 어떤 결과나 현상을 만들다.

취약하다

脆 무를 취 | 弱 약할 약

피부는 자외선에 　　　　　 하니 자외선 차단제를 꼭 발라 줘야 한다.

(뜻 알기) 무르고 약하다.

(뜻 써 보기) _____

(반의어) 강인(强靭)하다 억세고 질기다.

사전적 의미

01 ~ 04 다음 단어와 그 뜻풀이를 바르게 연결하시오.

01 보급하다 ·   · ㉠ 저절로 나서 자라다.

02 분리하다 ·   · ㉡ 서로 나누어 떨어지게 하다.

03 자생하다 ·   · ㉢ 일의 결과로서 어떤 현상을 생겨나게 하다.

04 초래하다 ·   · ㉣ 널리 펴서 많은 사람들에게 골고루 미치게 하여 누리게 하다.

05 ~ 07 다음 단어의 뜻풀이에 알맞은 단어를 고르시오.

05 섭취하다 : 생물체가 (양분 | 노폐물) 따위를 몸속에 빨아들이다.

06 입자 : 물질의 일부로서, 물질을 구성하는 매우 (큰 | 작은) 물체.

07 남용하다 : 일정한 기준이나 한도를 넘어서 함부로 (말하다 | 쓰다).

08 ~ 11 〈보기〉의 글자들을 조합하여 다음 뜻풀이에 알맞은 단어를 쓰시오.

보기
유   증   자   핍   검   결   적   기   정

08 검사하여 증명함.   (   )

09 있어야 할 것이 없어지거나 모자람.   (   )

10 오염된 물이나 땅 따위가 물리학적 · 화학적 · 생물학적 작용으로 저절로 깨끗해짐. (   )

11 생물체처럼 전체를 구성하고 있는 각 부분이 서로 밀접하게 관련을 가지고 있어서 떼어 낼 수 없는 것.   (   )

▶ 정답과 해설 36쪽

12 ~ 15 빈칸에 들어갈 알맞은 단어를 〈보기〉에서 찾아 쓰시오.

─ 보기 ─
분리   섭취   초래   유기적   취약   보급

12 나트륨을 과도하게 (   )하면 건강에 좋지 않다.

13 그는 좋은 종자를 농민들에게 싼값으로 (   )하고 있다.

14 사람은 다른 사람과 (   )인 관계를 맺고 사는 사회적 동물이다.

15 한순간의 잘못으로 인해 돌이킬 수 없는 재앙을 (   )할 수도 있다.

16 밑줄 친 단어의 쓰임이 적절하지 <u>않은</u> 것은?

① 외래어 및 외국어를 <u>남용하는</u> 사례가 늘어나고 있다.
② 질문의 형식으로 상대측 발언의 오류나 허점을 <u>검증하였다</u>.
③ 아버지께서는 포도송이가 큰 것들을 <u>선별하여</u> 따로 포장하셨다.
④ 재택 치료자를 저·고위험군으로 <u>분리하고</u>, 외래 진료를 받게 하였다.
⑤ 이번 여행으로 제주도에서 <u>자정하는</u> 아름다운 야생화를 볼 수 있었다.

17 〈보기〉의 밑줄 친 단어와 바꿔 쓰기에 가장 적절한 것은?

─ 보기 ─
체내에 산소가 <u>모자라면</u> 생명이 위험해진다.

① 과잉되면   ② 결핍되면   ③ 제공되면   ④ 남용되면   ⑤ 분리되면

18 ~ 19 다음 단어가 들어간 예문을 찾거나, 스스로 새로운 문장을 만들어 써 보시오.

18 **입자** ⇨ _____

19 **취약하다** ⇨ _____

01~03 다음 글을 읽고 물음에 답하시오.

　　우리 몸에는 외부의 환경이나 미생물로부터 스스로를 지키기 위한 자기 방어 시스템이 있는데, 이를 자연치유력이라고 한다. 인체의 자연치유력 중 하나인 '오토파지'는 세포 안에 쌓인 불필요한 단백질과 망가진 세포 안의 작은 기관들을 분해해 세포의 에너지원으로 사용하는 현상이다. 평소에는 우리 몸이 정상 상태를 유지할 정도로 오토파지가 최소한으로 일어나는데, 인체가 오랫동안 영양소를 　[　⊙　]　하지 못하거나 해로운 균에 감염되는 등 스트레스를 받으면 오토파지가 활성화된다.

　　그렇다면 오토파지는 어떤 과정을 거쳐 일어날까? 세포 안에 불필요한 단백질과 망가진 세포 안의 작은 기관들이 쌓이면, 세포는 세포막을 이루는 구성 성분을 이용해 이를 이중막으로 둘러싸 '오토파고솜'이라는 작은 주머니를 만든다. 오토파고솜은 세포 안을 둥둥 떠다니다가 오토파지 현상을 주도하는 리소좀과 합쳐져 '오토파고리소좀'이 된다. 그러면 리소좀 안에 있는 가수분해효소가 오토파고솜 안에 있던 쓰레기들을 잘게 부수기 시작한다. 분해가 끝나면 잘린 조각들은 에너지원으로 쓰이거나 다른 세포 안의 작은 기관을 만드는 재료로 재활용된다.

　　이러한 오토파지가 제대로 작동하지 않으면 세포 내 정상 상태가 무너져 노화나 질병을 　[　ⓛ　]　한다. 그래서 과학자들은 여러 가지 실험을 통해 오토파지를 활성화시키는 방법이나 오토파지를 이용해 병을 치료하는 방법을 찾고 있다.

> ♥ **문단별 중심 내용**
> [1문단] '오토파지'의 개념과 활성화 조건
> [2문단] '오토파지'가 일어나는 과정
> [3문단] '오토파지'의 중요성과 활용

01 이 글에서 알 수 있는 내용이 <u>아닌</u> 것은?

① 오토파지가 이루어지는 과정　　　　② 오토파지가 활성화되는 조건
③ 오토파지로 치료 가능한 질병　　　　④ 오토파지로 분해된 조각들의 용도
⑤ 오토파지가 제대로 작동되지 않을 때의 문제점

02 다음의 초성과 뜻풀이를 참고하여 ⊙과 ⓛ에 들어갈 알맞은 단어를 쓰시오.

> ⊙ : ([ㅅ][ㅊ] 　　　) ⇒ 생물체가 양분 따위를 몸속에 빨아들이다.
> ⓛ : ([ㅊ][ㄹ] 　　　) ⇒ 일의 결과로서 어떤 현상을 생겨나게 하다.

창의적 적용

03 〈보기〉는 '간헐적 단식'에 대한 설명이다. '간헐적 단식'을 하면 오토파지가 활성화되는 이유를 지문의 내용과 연관 지어 쓰시오.

> ● 보기 ●
> 간헐적 단식은 열여섯 시간에서 하루 동안 굶어 배고픈 상태를 유지하는 다이어트법이다.

04~06 다음 글을 읽고 물음에 답하시오.

일반적으로 아토피는 '아토피 피부염'을 말한다. 아토피 피부염은 가려움증과 건조증을 동반하는데, 쉽게 완치되지 않고 계속해서 재발하는 질병이다. 아토피 피부염을 유발하는 원인은 다양하며 복합적으로 작용한다. 식이섬유가 부족한 식습관, 항생제나 스테로이드제와 같은 약물의 ㉠남용, 새 건축물에서 많이 나오는 포름알데히드 같은 독성 기체 ㉡입자 등이 아토피 피부염을 유발한다고 알려졌다. 그런데, 최근의 연구에 의하면 '피부장벽'의 기능이 ㉢취약해진 경우에도 아토피가 유발될 수 있다고 한다. '피부장벽'의 기능이 약화되었다는 것은 피부가 외부의 자극에 쉽게 영향을 받는다는 것을 말한다.

그렇다면 아토피 피부염을 치료하고 예방하기 위해서는 어떻게 해야 할까? 우선 아토피 환자의 피부가 외부 환경에 매우 민감하다는 것을 고려하여 피부가 건조해지지 않도록 세심한 주의를 기울이는 것이 중요하다. 목욕을 자주 하는 것을 피하고, 공기 청정기를 사용하거나 실내에서 화초를 길러 실내 공기가 건조해지지 않도록 해야 한다. 실내 온도가 높으면 피부가 건조해져서 가려움증이 심해지므로 실내 온도를 서늘하게 ㉣유지하는 것이 좋다. 또 식생활도 중요하므로 아토피에 도움이 되는 식품을 ㉤선별해서 먹어야 한다. 고등어, 참치 같은 등 푸른 생선이나 인스턴트 식품, 밀가루 음식 등은 피하고, 대신에 조기와 굴비 같은 흰 살 생선이나 뼈째 먹는 멸치나 뱅어포, 신선한 야채와 과일 등을 먹는 것이 아토피를 완화하는 데 도움이 된다.

> ♥ **문단별 중심 내용**
> [1문단] 아토피 피부염의 개념과 발생 원인
> [2문단] 아토피 피부염의 예방과 치료 방법

04 이 글에 대한 이해로 적절하지 <u>않은</u> 것은?

① 야채를 적게 먹는 것은 아토피의 원인이 될 수 있다.
② 멸치나 흰 살 생선을 먹는 것은 아토피를 개선하는 데 유익하다.
③ 피부가 건조해지지 않게 목욕을 자주 하면 아토피를 예방할 수 있다.
④ 새 아파트에 입주하는 것은 아토피 환자들에게 나쁜 영향을 줄 수 있다.
⑤ 밀가루 음식이나 인스턴트 식품의 섭취를 줄이는 것은 아토피에 도움이 된다.

05 ㉠~㉤의 뜻풀이로 알맞지 <u>않은</u> 것은?

① ㉠ : 일정한 기준이나 한도를 넘어서 함부로 씀.
② ㉡ : 물질의 일부로서, 물질을 구성하는 매우 작은 물체.
③ ㉢ : 억세고 질기다.
④ ㉣ : 어떤 상태나 상황을 그대로 보존하거나 변함없이 계속하여 지탱하다.
⑤ ㉤ : 가려서 따로 나누다.

창의적 적용

06 '피부장벽', '건조', '초래하다'라는 단어를 포함하여 아토피의 원인과 예방법을 한 가지씩 쓰시오.

원인과 예방법 :

_____

어휘 체크

※ 잘 아는 어휘 ○표! 헷갈리거나 모르는 어휘 ×표! 학습 후 확실하게 이해했으면 ☆표!

가속화 ▢▢	개선하다 ▢▢	공존하다 ▢▢	관측하다 ▢▢	기여하다 ▢▢
냉각하다 ▢▢	변모 ▢▢	비옥하다 ▢▢	유출 ▢▢	작용 ▢▢
중력 ▢▢	추정 ▢▢	측정하다 ▢▢		

가속화

加 더할 가 | 速 빠를 속 | 化 될 화

이산화 탄소의 배출량이 늘어나면서 지구 온난화가 　　　　　 되었다.

(뜻 알기) 속도를 더하게 됨. 또는 그렇게 함.

(뜻 써 보기) _____

개선하다

改 고칠 개 | 善 착할 선

학생들의 요구 사항에 따라 학교 식당의 환경을 　　　　 하였다.

(뜻 알기) 잘못된 것이나 부족한 것, 나쁜 것 따위를 고쳐 더 좋게 만들다.

(뜻 써 보기) _____

공존하다

共 함께 공 | 存 있을 존

어항에는 다양한 물고기들이 평화롭게 　　　 하고 있다.

(뜻 알기) 두 가지 이상의 사물이나 현상이 함께 존재하다.

(뜻 써 보기) _____

관측하다

觀 볼 관 | 測 잴 측

1) 인공위성을 이용해 지구 표면의 상태를 　　　 했다.

(뜻 알기) 사람의 눈이나 기계로 자연 현상 특히 천체나 기상의 상태, 변화 따위를 관찰하여 측정하다.

(뜻 써 보기) _____

2) 전문가들은 한국이 월드컵 8강에 진출할 것이라고 　　　　 했다.

(뜻 알기) 어떤 사정이나 형편 따위를 잘 살펴보고 그 장래를 헤아리다.

(뜻 써 보기) _____

기여하다

寄 부칠 기 | 與 더불 여

그는 과학의 발전에 　　　 하여 노벨상을 받았다.

(뜻 알기) 도움이 되도록 이바지하다.

(뜻 써 보기) _____

냉각하다

冷 찰 냉 | 却 물리칠 각

이산화 탄소를 일정 온도 이하로 　　　　 하면 드라이아이스가 된다.

(뜻 알기) 식혀서 차게 하다.

(뜻 써 보기) _____

변모
變 변할 변 | 貌 모양 모

사계절에 따라 자연이 　　　　　 하는 모습을 볼 수 있다.

(뜻 알기) 모양이나 모습이 달라지거나 바뀜. 또는 그 모양이나 모습.

(뜻 써 보기) _____

비옥하다
肥 살찔 비 | 沃 기름질 옥

이곳의 토양은 매우 　　　　　 해서 아무 작물이나 잘 자란다.

(뜻 알기) 땅이 걸고 기름지다.

(뜻 써 보기) _____

(반의어) 척박(瘠薄)하다 땅이 기름지지 못하고 몹시 메마르다.

유출
流 흐를 유 | 出 날 출

1) 폐수가 바다로 　　　　　 되어 수질 오염이 심해졌다.

(뜻 알기) 밖으로 흘러 나가거나 흘려 내보냄.

(뜻 써 보기) _____

2) 시험 문제의 　　　　　 을 막기 위해 문을 자물쇠로 잠갔다.

(뜻 알기) 귀중한 물품이나 정보 따위가 불법적으로 나라나 조직의 밖으로 나가 버림. 또는 그것을 내보냄.

(뜻 써 보기) _____

작용
作 지을 작 | 用 쓸 용

장난감이 물 위에 뜨는 이유는 부력이 　　　　　 하기 때문이다.

(뜻 알기) 어떠한 현상을 일으키거나 영향을 미침.

(뜻 써 보기) _____

중력
重 무거울 중 | 力 힘 력

물건이 위에서 아래로 떨어지는 것은 　　　　　 때문이다.

(뜻 알기) 지구 위의 물체가 지구로부터 받는 힘.

(뜻 써 보기) _____

추정
推 옮길 추 | 定 정할 정

화석 자료들을 바탕으로 고대 생물들의 모습을 　　　　　 했다.

(뜻 알기) 미루어 생각하여 판정함.

(뜻 써 보기) _____

(유의어) 추측(推測) 미루어 생각하여 헤아림.

측정하다
測 잴 측 | 定 정할 정

기상청이 미세 먼지의 농도를 　　　　　 한 결과를 발표했다.

(뜻 알기) 일정한 양을 기준으로 하여 같은 종류의 다른 양의 크기를 재다. 기계나 장치를 사용하여 재기도 한다.

(뜻 써 보기) _____

사전적 의미

01 ~ 05 다음 뜻풀이에 해당하는 단어를 말상자에서 찾아 표시하시오.

01 미루어 생각하여 판정함.

02 지구 위의 물체가 지구로부터 받는 힘.

03 두 가지 이상의 사물이나 현상이 함께 존재하다.

04 모양이나 모습이 달라지거나 바뀜. 또는 그 모양이나 모습.

05 잘못된 것이나 부족한 것, 나쁜 것 따위를 고쳐 더 좋게 만들다.

합	내	전	비	획	개
변	모	식	중	력	선
접	움	추	강	되	하
농	촌	정	여	수	다
공	존	하	다	파	량

06 ~ 08 다음 단어의 뜻풀이에 알맞은 단어를 고르시오.

06 **비옥하다** : 땅이 걸고 (메마르다 | 기름지다).

07 **기여하다** : 도움이 되도록 (이바지하다 | 도외시하다).

08 **가속화** : (무게 | 속도)를 더하게 됨. 또는 그렇게 함.

09 ~ 11 제시된 초성을 참고하여 다음 뜻풀이에 알맞은 단어를 쓰시오.

09 밖으로 흘러 나가거나 흘려 내보냄. ㅇ ㅊ

10 어떠한 현상을 일으키거나 영향을 미침. ㅈ ㅇ

11 사람의 눈이나 기계로 자연 현상 특히 천체나 기상의 상태, 변화 따위를 관찰하여 측정하다.
ㄱ ㅊ ㅎ ㄷ

12 ~ 14 빈칸에 들어갈 알맞은 단어를 〈보기〉에서 찾아 쓰시오.

─────●보기●─────

가속화   공존   유출   측정   추정

12 이 유물은 가야 시대의 것으로 (   )된다.

13 안경을 맞출 때는 반드시 시력을 먼저 (   )해야 한다.

14 고궁에 가면 과거와 현재가 (   )하는 듯한 느낌을 받을 수 있다.

15 밑줄 친 단어의 쓰임이 적절하지 <u>않은</u> 것은?

① 지금 가장 필요한 것은 생활 환경을 <u>개선하는</u> 것이다.
② 옥상에 올라가서 망원경으로 별의 움직임을 <u>관망했다</u>.
③ 운동 부족이 비만율을 높이는 요인으로 <u>작용한다</u>고 밝혔다.
④ 우유를 증기로 가열한 후 급속 <u>냉각하는</u> 처리 방법을 사용하였다.
⑤ 한옥 관광지를 만드는 사업은 한옥의 가치를 널리 알리는 데 <u>기여할</u> 것이다.

16 〈보기〉의 빈칸에 들어갈 단어가 순서대로 바르게 나열된 것은?

─────●보기●─────

• 토양이 (   )하니까 농사짓는 데 힘이 덜 드는 것 같았다.
• 난파된 유조선에서 엄청난 양의 기름이 바다로 (   )되었다.

① 척박, 유출   ② 비옥, 측량   ③ 척박, 유입
④ 비옥, 유출   ⑤ 척박, 측량

17 ~ 18 다음 단어가 들어간 예문을 찾거나, 스스로 새로운 문장을 만들어 써 보시오.

17 **가속화** ⇨ _____

18 **측정하다** ⇨ _____

01 ~ 03 다음 글을 읽고 물음에 답하시오.

지구는 일종의 커다란 자석이고 지구와 지구 주위에는 지구 자기장이 형성되어 있다. 지구 자기력을 ⓐ ㉠ 해 온 과학자들은 지구 자기력이 수 세기 동안 꾸준히 감소해 왔고, 언젠가는 지구 자기장이 사라질지도 모른다고 예측한다. 만약 지구 자기장이 사라지면 지구상의 많은 생명체들은 생명을 유지하기 힘들 것이다. 왜냐하면 지구 자기장은 방향을 찾거나 먼 거리를 이동하는 동물들에게 꼭 필요하며, 우주에서 날아오는 유해 물질로부터 생명체를 지키는 데 ㉡ 하기 때문이다.

과학자들은 먼 거리를 오가며 편지를 전달해 주던 비둘기를 해부한 결과 머릿속에서 자석의 역할을 하는 물질을 발견하였다. 또한 비둘기, 철새, 고래 등의 몸에 다른 자석을 붙여 지구 자기장을 감지하지 못하게 하면 방향을 제대로 찾지 못한다는 것을 밝혀냈다. 이를 통해 체내에 자석과 같은 물질을 갖고 있는 많은 생물들이 지구 자기장에 반응하여 방향을 찾거나 이동한다는 것을 알게 되었다.

지구 자기장이 사라지면 발생하는 또 다른 문제는 태양에서 뿜어내는 고에너지 입자에 생명체들이 그대로 노출된다는 점이다. ㉢지구 자기장에 의해 만들어진 보호막은 태양의 빛과 열은 통과시키고, 고에너지 입자가 지구로 들어오는 것은 막는다. 만약 이 보호막이 사라져 고에너지 입자가 생명체의 피부에 그대로 닿으면 체내의 염색체 이상이나 암을 비롯한 질병을 유발할 수 있다. 따라서 지구 자기장은 지구상의 생명체를 위해 꼭 존재해야 한다.

♥ 문단별 중심 내용
[1문단] 지구 자기장의 소멸 가능성
[2문단] 지구 자기장의 역할 ①
[3문단] 지구 자기장의 역할 ②

01 이 글의 지구 자기장에 대한 이해로 적절하지 <u>않은</u> 것은?

① 지구 자기장은 최근 몇 년 사이 급격히 감소하였다.
② 지구 자기장이 사라지면 인체에 질병을 유발할 수 있다.
③ 지구 자기장은 지구의 생명체를 지키는 보호막 기능을 한다.
④ 지구 자기장은 먼 거리를 오가는 동물들이 방향을 찾는 데 도움을 준다.
⑤ 특정 동물들의 몸에 자석을 붙여 지구 자기장을 감지하지 못하게 할 수 있다.

02 이 글의 ㉠, ㉡과 다음의 ㉠, ㉡에 공통으로 들어갈 단어로 알맞게 짝지어진 것은?

• 온도계로 체온을 ㉠ 했다.   • 그는 국가 발전에 ㉡ 한 공로로 상을 받았다.

① 짐작, 관여   ② 짐작, 강요   ③ 추진, 기여   ④ 측정, 동조   ⑤ 측정, 기여

창의적 적용

03 이 글의 ㉢과 비슷한 역할을 하는 것을 〈보기〉에서 찾아 근거를 들어 설명하시오.

● 보기 ●

무릎 보호대, 소방관의 방열복, 방역 마스크, 작업 안전화, 오토바이용 보호 헬멧

04~06 다음 글을 읽고 물음에 답하시오.

수직으로 높게 만들어져 마치 높은 산처럼 보이는 구름을 본 적이 있을 것이다. 이 구름을 '적란운'이라고 한다. 적란운은 어떻게 생기는 것일까? 찬 공기가 따뜻한 공기 쪽으로 이동하면 상대적으로 밀도가 낮은 따뜻한 공기는 찬 공기 위로 상승하게 된다. 이때 상승하는 공기에 포함된 수증기가 ___㉠___, 응결되면서 구름이 형성되고, 이 과정에서 열이 방출된다. 방출된 열은 상승하는 공기에 공급되어, 공기가 더 높이 상승하도록 한다. 만일 상승하는 공기가 일반적인 공기에 비해 매우 따뜻하고 습하면, 수증기가 냉각, 응결하며 방출하는 열이 그 공기에 계속 공급되면서 더 높은 곳에서 새로운 구름들을 만들어 낸다. 그 구름들이 아래쪽부터 차곡차곡 쌓이면 두터운 구름층인 적란운이 되는 것이다.

일반적인 적란운은 지표로부터 2~3km 이내에서 형성된다. 적란운에서 비가 내리면 적란운 아래에 있는 차가운 공기는 주위로 넓게 퍼져 나간다. 이 차가운 공기가 원래의 적란운으로부터 떨어진 장소에서 다시 따뜻하고 습한 공기와 만나면, 이 따뜻하고 습한 공기가 상승하면서 새로운 적란운을 만든다. 이때 각각의 적란운 바로 아래 지역에만 30분에 30mm에 못 미치는 소나기가 내린다.

하지만 일반적인 적란운을 만드는 공기보다 그 온도와 습도가 훨씬 높으면 지표에서 수백 미터에 불과한 높이에서도 적란운이 형성된다. 적란운의 바닥과 지표 사이의 공간이 좁으면 공기의 양이 적어서 비가 내리더라도 차가워진 공기가 멀리 퍼지지 못한다. 이때 매우 따뜻하고 습한 공기가 유입되면 기존 적란운 근처에 새로운 적란운들이 형성된다. 이렇게 여러 개의 적란운들이 한곳에 몰리면 그 지역에는 집중 호우가 쏟아진다.

> ♥ 문단별 중심 내용
> [1문단] 적란운의 형성 원리
> [2문단] 소나기를 내리는 적란운
> [3문단] 집중 호우를 내리는 적란운

04 이 글에서 확인할 수 있는 내용이 <u>아닌</u> 것은?

① 적란운의 형태적 특징
② 적란운이 만들어지는 과정
③ 일반적인 적란운이 형성되는 높이
④ 소나기와 집중 호우의 강수량 차이
⑤ 적란운에서 집중 호우가 내리는 이유

05 다음의 초성과 뜻풀이를 참고하여 ㉠에 들어갈 알맞은 단어를 쓰시오.

㉠ : (ㄴㄱ   ) ⇒ 식어서 차게 됨. 또는 식혀서 차게 함.

창의적 적용

06 이 글의 내용을 참고하여, 다음 대화를 '추정'이라는 단어를 사용해 완성하시오.

> 미정 : 기상청에서 내일 수도권 대부분 지역에 집중 호우가 내린다고 관측했어.
> 태성 : 오늘은 소나기가 내렸으니까, 내일은 오늘보다 공기의 _____

어휘 체크

※ 잘 아는 어휘 ○표! 헷갈리거나 모르는 어휘 ×표! 학습 후 확실하게 이해했으면 ☆표!

독자적 ☐☐	마찰하다 ☐☐	면밀하다 ☐☐	발상 ☐☐	방지하다 ☐☐
보완하다 ☐☐	소요되다 ☐☐	실용적 ☐☐	융합하다 ☐☐	점진적 ☐☐
조작 ☐☐	참신하다 ☐☐	창출하다 ☐☐		

독자적
獨 홀로 독 | 自 스스로 자 | 的 과녁 적

1) 그는 누구의 도움도 받지 않고 　　　　 으로 회사를 운영했다.

(뜻 알기) 남에게 기대지 아니하고 혼자서 하는 것.

(뜻 써 보기) _____

2) 외국과 다른 우리나라만의 　　　　 인 기술을 개발했다.

(뜻 알기) 다른 것과 구별되는 혼자만의 특유한 것.

(뜻 써 보기) _____

마찰하다
摩 문지를 마 | 擦 문지를 찰

1) 나무와 나무를 　　　　 하여 불꽃을 일으켰다.

(뜻 알기) 두 물체가 서로 닿아 비벼지다. 또는 그렇게 하다.

(뜻 써 보기) _____

2) 두 사람의 의견이 　　　　 하여 결론을 내리지 못했다.

(뜻 알기) 이해나 의견이 서로 다른 사람이나 집단이 충돌하다.

(뜻 써 보기) _____

면밀하다
綿 이어질 면 | 密 빽빽할 밀

경쟁 회사 제품들을 　　　　 하게 분석하여 보고서를 작성했다.

(뜻 알기) 자세하고 빈틈이 없다.

(뜻 써 보기) _____

발상
發 필 발 | 想 생각 상

생각을 약간만 전환하면 기발한 　　　　 이 나온다.

(뜻 알기) 어떤 생각을 해 냄. 또는 그 생각.

(뜻 써 보기) _____

방지하다
防 막을 방 | 止 그칠 지

안전사고를 　　　　 하기 위해 시설을 자주 점검했다.

(뜻 알기) 어떤 일이나 현상이 일어나지 못하게 막다.

(뜻 써 보기) _____

보완하다
補 도울 보 | 完 완전할 완

이번 신제품은 기존 제품의 단점을 　　　　 한 것이다.

(뜻 알기) 모자라거나 부족한 것을 보충하여 완전하게 하다.

(뜻 써 보기) _____

소요되다

所 바 소 | 要 중요할 요

이번 공사는 보름 정도의 시간이   될 것이다.

(뜻 알기) 필요로 되거나 요구되다.

(뜻 써 보기)

(유의어) 들다 어떤 일에 돈, 시간, 노력, 물자 따위가 쓰이다.

실용적

實 열매 실 | 用 쓸 용 | 的 과녁 적

무선 청소기는 사용하기에 간편하여 무척   이다.

(뜻 알기) 실제로 쓰기에 알맞은 것.

(뜻 써 보기)

융합하다

融 녹을 융 | 合 합할 합

박 교수는 우수한 인재*를 기르기 위해 서로 다른 학문을   하여 가르쳤다.

(뜻 알기) 다른 종류의 것이 녹아서 서로 구별이 없게 하나로 합하여지다. 또는 다른 종류의 것을 녹여서 서로 구별이 없게 하나로 합하다.

(뜻 써 보기)

(어휘 쏙) 인재(人材) 어떤 일을 할 수 있는 학식이나 능력을 갖춘 사람.

점진적

漸 차차 점 | 進 나아갈 진 | 的 과녁 적

무분별한 개발은 위험하므로   인 개발을 지향해야 한다.

(뜻 알기) 조금씩 앞으로 나아가는 것.

(뜻 써 보기)

(반의어) 급진적(急進的) 변화나 발전의 속도가 급하게 이루어지는 것.

조작

操 잡을 조 | 作 지을 작

최근에는 음성만으로   되는 가전제품이 나오고 있다.

(뜻 알기) 기계 따위를 일정한 방식에 따라 다루어 움직임.

(뜻 써 보기)

참신하다

斬 벨 참 | 新 새로울 신

수빈이는   한 아이디어로 사람들의 관심을 받았다.

(뜻 알기) 새롭고 산뜻하다.

(뜻 써 보기)

창출하다

創 비롯할 창 | 出 날 출

컴퓨터 기술의 발달은 새로운 일자리를   했다.

(뜻 알기) 전에 없던 것을 처음으로 생각하여 지어내거나 만들어 내다.

(뜻 써 보기)

(유의어) 창조(創造)하다 전에 없던 것을 처음으로 만들다.

01 ~ 04 다음 단어와 그 뜻풀이를 바르게 연결하시오.

01 점진적 •   • ㉠ 자세하고 빈틈이 없다.

02 면밀하다 •   • ㉡ 조금씩 앞으로 나아가는 것.

03 창출하다 •   • ㉢ 어떤 일이나 현상이 일어나지 못하게 막다.

04 방지하다 •   • ㉣ 전에 없던 것을 처음으로 생각하여 지어내거나 만들어 내다.

05 ~ 07 다음 단어의 뜻풀이에 알맞은 단어를 고르시오.

05 실용적 : 실제로 쓰기에 (알맞은 | 어려운) 것.

06 보완하다 : 모자라거나 부족한 것을 (보충하여 | 제거하여) 완전하게 하다.

07 마찰하다 : 이해나 의견이 서로 다른 사람이나 집단이 (의논하다 | 충돌하다).

08 ~ 11 〈보기〉의 글자들을 조합하여 다음 뜻풀이에 알맞은 단어를 쓰시오.

┌──────────── • 보기 • ────────────┐
│ 상   자   되   요   독   작   다   발   소   적   조 │
└─────────────────────────────────┘

08 필요로 되거나 요구되다.   (   )

09 어떤 생각을 해 냄. 또는 그 생각.   (   )

10 다른 것과 구별되는 혼자만의 특유한 것.   (   )

11 기계 따위를 일정한 방식에 따라 다루어 움직임.   (   )

▶ 정답과 해설 38쪽

12 ~ 15 빈칸에 들어갈 알맞은 단어를 〈보기〉에서 찾아 쓰시오.

> ● 보기 ●
>
> 발상   마찰   소요   방지   보완   독자적

12 그 산을 완주하는 데 (   )되는 시간을 예상해 보았다.

13 추운 날, 그녀는 두 손을 (   )하여 체온을 유지하려고 했다.

14 이번 과제는 다른 사람의 도움 없이 (   )(으)로 해내고 싶다.

15 이 샴푸를 사용하면 탈모를 미연에 (   )할 수 있다고 홍보했다.

16 밑줄 친 단어의 쓰임이 적절하지 <u>않은</u> 것은?

① 창의적인 <u>발상</u>을 하기 위해서는 관찰하는 습관을 들여야 한다.
② 그녀는 서양의 기법과 동양의 정서를 <u>융합</u>한 음악을 만들었다.
③ 곤충 공방을 운영하는 그녀는 곤충으로 새로운 가치를 <u>보완</u>하였다.
④ 건설 기계 운전 기능사를 준비하고 있는데, 아직 기계 <u>조작</u>이 서투르다.
⑤ 우리가 승리를 거두기 위해서는 상대 팀에 대한 <u>면밀한</u> 분석이 필요하다.

17 〈보기〉의 밑줄 친 단어와 바꿔 쓰기에 가장 적절한 것은?

> ● 보기 ●
>
> 그 회사에서는 <u>새로운</u> 디자인의 축구공을 선보였다.

① 무난한   ② 소박한   ③ 화려한   ④ 참신한   ⑤ 웅장한

18 ~ 19 다음 단어가 들어간 예문을 찾거나, 스스로 새로운 문장을 만들어 써 보시오.

18 **점진적** ⇨ _____

19 **보완하다** ⇨ _____

01~03 다음 글을 읽고 물음에 답하시오.

추운 겨울이 되면 많은 사람들이 손난로를 찾는다. 손난로는 구성 재료에 따라 고체형 손난로와 액체형 손난로로 나눌 수 있다. 먼저 고체형 손난로는 고운 쇳가루를 이용해 만든 난로이다. 이 난로는 보통 공기가 통하는 종이 주머니 형태로 되어 있는데 그 안에는 쇳가루와 염화나트륨 등이 섞여 있다. 주머니를 잡고 흔들면 그 속에 들어 있는 고운 쇳가루가 공기 중의 산소와 반응하여 산화 작용을 일으키면서 열을 발생시킨다. 이때 주머니 안에 들어 있는 염화나트륨이 산화 작용을 더욱 촉진시키는 역할을 하게 된다. 그런데 이렇게 산화된 쇳가루는 다시 사용할 수 없어 고체형 손난로는 대부분 일회용이다.

액체형 손난로는 아세트산나트륨을 이용한 난로이다. 아세트산나트륨은 무색의 결정을 가진 고체인데, 열을 가하면 액체 상태로 바뀐다. 하지만 이 용액에 자극이 가해지면 다시 고체로 굳어지면서 열을 방출하게 된다. 액체형 손난로 안에 들어 있는 작은 쇳조각은 바로 이런 자극을 주기 위한 것이다. 완전 발열이 되어 고체로 변해 굳어진 손난로를 뜨거운 물에 넣으면, 굳었던 고체가 액체로 변하면서 손난로를 다시 사용할 수 있다.

고체형 손난로는 액체형 손난로에 비해 열이 오래 지속된다는 점에서, 액체형 손난로는 재사용이 가능하다는 점에서 ⃝ 이다. 두 가지를 번갈아 사용하면 각기 다른 단점들을 ⃝ 할 수 있다.

♥ **문단별 중심 내용**
[1문단] 고체형 손난로의 작동 원리
[2문단] 액체형 손난로의 작동 원리
[3문단] 고체형, 액체형 손난로의 장점

01 이 글의 내용과 일치하는 것은?

① 고체형 손난로에 들어 있는 쇳가루는 입자가 크고 거칠다.
② 액체형 손난로와 달리 고체형 손난로는 재사용이 가능하다.
③ 액체형 손난로의 쇳조각은 용액을 자극해 고체로 굳어지게 한다.
④ 고체형 손난로에 들어 있는 염화나트륨은 산화 작용을 방해한다.
⑤ 액체형 손난로를 사용 후 뜨거운 물에 넣으면 고체 상태로 바뀐다.

02 다음의 초성과 뜻풀이를 참고하여 ⃝과 ⃝에 들어갈 알맞은 단어를 쓰시오.

⃝ : (ㅅ ㅇ ㅈ) ⇒ 실제로 쓰기에 알맞은 것.
⃝ : (ㅂ ㅇ) ⇒ 모자라거나 부족한 것을 보충하여 완전하게 하다.

창의적 적용

03 이 글을 바탕으로 '고체형' 손난로를 비닐봉지에 포장해 판매하는 이유를 서술하시오.(단, '방지하다'라는 단어를 사용할 것)

04~06 다음 글을 읽고 물음에 답하시오.

엘리베이터를 탈 때 한 번쯤 엘리베이터의 작동 원리에 대해 궁금한 적이 있을 것이다. 엘리베이터의 움직임을 이해하기 위해서는 그 구조를 살펴봐야 한다. 엘리베이터가 운행되는 수직 통로의 맨 위에는 고정 도르래가 고정되어 있다. 고정 도르래는 우물물을 긷는 것처럼 힘의 방향을 바꿀 때 사용하는 것이다. 이 도르래는 전동기의 출력 장치와 연결되어 엘리베이터를 움직이는 에너지를 전달한다. 엘리베이터의 힘은 끈을 통해 작용하는데 한쪽 끈에는 사람들이 타는 엘리베이터 박스가, 다른 쪽 끈에는 평형추가 달려 있다. 엘리베이터 박스와 평형추는 전동기의 힘으로 아래, 혹은 위로 움직인다.

엘리베이터가 움직일 때 끈의 각 부분에는 양쪽으로 잡아당기는 힘이 존재하게 되며, 이렇게 서로 잡아당길 때 생기는 힘을 장력이라 부른다. 장력의 두 힘은 혼자서는 존재할 수 없는 힘들로, 줄다리기를 떠올려 보자. 줄다리기의 경우, 한쪽에서 가만히 있으면 줄은 일방적으로 다른 쪽으로 끌려간다. 엘리베이터 박스와 평형추 사이의 힘도 마찬가지다. 엘리베이터 박스만 있고 평형추가 없다면 다른 쪽은 엘리베이터 박스 쪽으로 끌려가 버릴 것이다. 이런 상태로 엘리베이터를 운행한다면 엘리베이터 박스의 무게를 전동기의 힘으로만 감당해야 한다. 그런데 다른 쪽에 엘리베이터 박스와 평형을 이룰 수 있는 추가 있다면 그 무게만큼 전동기가 부담해야 할 힘은 분산될 것이다.

여기에 '역회전 방지 장치'를 더해 추락 사고의 위험성을 줄인다. 이 장치는 1861년에 발명가 오티스의 ㉠참신한 아이디어로 만들어진 것으로, 도르래가 엄청나게 빠른 속도로 움직일 때 도르래의 움직임을 멈춰 추락 사고를 방지하는 것이다. 이 장치 덕분에 엘리베이터 추락 사고를 수습하는 데 ㉡소요되던 비용과 시간을 줄일 수 있었다.

> ♥ 문단별 중심 내용
> [1문단] 엘리베이터의 구조
> [2문단] 평형추의 역할
> [3문단] 엘리베이터 추락 방지 장치

04 이 글로 보아 엘리베이터의 구성 요소로 보기 어려운 것은?

① 장력 ② 평형추 ③ 고정 도르래
④ 엘리베이터 박스 ⑤ 역회전 방지 장치

05 ㉠과 ㉡의 의미로 알맞게 짝지어진 것은?

> ⓐ 서로 비슷하다. ⓑ 새롭고 산뜻하다.
> ⓒ 일을 나누어서 하다. ⓓ 필요로 되거나 요구되다.

① ⓐ, ⓑ ② ⓐ, ⓒ ③ ⓑ, ⓒ ④ ⓑ, ⓓ ⑤ ⓒ, ⓓ

창의적 적용

06 엘리베이터가 전동기의 작은 힘으로도 움직일 수 있는 원리를 근거를 들어 설명하시오.

08회 문화·예술

어휘 체크

※ 잘 아는 어휘 ○표! 헷갈리거나 모르는 어휘 ×표! 학습 후 확실하게 이해했으면 ☆표!

감상 ☐☐	구사하다 ☐☐	구상하다 ☐☐	발굴 ☐☐	복제하다 ☐☐
승화하다 ☐☐	여백 ☐☐	재현 ☐☐	저명하다 ☐☐	청아하다 ☐☐
필적하다 ☐☐	호평 ☐☐	획일화 ☐☐		

감상
鑑 거울 감 | 賞 상줄 상

미술관에서 다양한 작가의 작품을 _____ 했다.

(뜻 알기) 주로 예술 작품을 이해하여 즐기고 평가함.

(뜻 써 보기) _____

구사하다
驅 몰 구 | 使 부릴 사

시인은 비유법을 _____ 하여 자신의 감정을 표현했다.

(뜻 알기) 말이나 수사법, 기교, 수단 따위를 능숙하게 마음대로 부려 쓰다.

(뜻 써 보기) _____

구상하다
構 얽을 구 | 想 생각 상

1) 일자리를 찾는 동생을 도와줄 방법을 _____ 하고 있다.

(뜻 알기) 앞으로 이루려는 일에 대하여 그 일의 내용이나 규모, 실현 방법 따위를 어떻게 정할 것인지 이리저리 생각하다.

(뜻 써 보기) _____

2) 잠시 시골에 머물면서 새 작품을 _____ 할 예정이다.

(뜻 알기) 예술 작품을 창작할 때, 작품의 중심이 될 내용이나 표현 형식 따위에 대하여 생각을 정리하다.

(뜻 써 보기) _____

발굴
發 필 발 | 掘 팔 굴

이번 대회에서 신인 작가들을 많이 _____ 했다.

(뜻 알기) 세상에 널리 알려지지 않거나 뛰어난 것을 찾아 밝혀냄.

(뜻 써 보기) _____

복제하다
複 겹칠 복 | 製 지을 제

유명 화가의 그림을 _____ 하여 판매하는 행위는 불법이다.

(뜻 알기) 본디의 것과 똑같은 것을 만들다.

(뜻 써 보기) _____

승화하다
昇 오를 승 | 華 빛날 화

농사의 힘겨움을 즐거움으로 _____ 하기 위해 노래를 불렀다.

(뜻 알기) 어떤 현상이 더 높은 상태로 발전하다.

(뜻 써 보기) _____

여백
餘 남을 여 | 白 흰 백

임 화백은 도화지에 빈 공간을 남겨 　　　　　의 아름다움을 표현했다.

(뜻 알기) 종이 따위에, 글씨를 쓰거나 그림을 그리고 남은 빈 자리.

(뜻 써 보기) _____

재현
再 다시 재 | 現 나타날 현

그 영화는 1970년대 서울의 모습을 완벽하게 　　　　　했다.

(뜻 알기) 다시 나타남. 또는 다시 나타냄.

(뜻 써 보기) _____

저명하다
著 나타날 저 | 名 이름 명

세계 60개국의 　　　　　한 화가들이 전시회에 참석했다.

(뜻 알기) 세상에 이름이 널리 드러나 있다.

(뜻 써 보기) _____

(유의어) 유명(有名)하다 이름이 널리 알려져 있다.

청아하다
淸 맑을 청 | 雅 아담할 아

가수의 　　　　　한 목소리가 들리자 관객들은 귀를 기울였다.

(뜻 알기) 속된 티가 없이 맑고 아름답다.

(뜻 써 보기) _____

필적하다
匹 짝 필 | 敵 원수 적

그의 작품에 　　　　　할 만한 작품이 아직 나오지 않았다.

(뜻 알기) 능력이나 세력이 엇비슷하여 서로 맞서다.

(뜻 써 보기) _____

(유의어) 대적(對敵)하다 적이나 어떤 세력, 힘 따위와 맞서 겨루다.

호평
好 좋을 호 | 評 평할 평

그 드라마는 예상 밖의 　　　　　을 받아 시청률 1위를 기록했다.

(뜻 알기) 좋게 평함. 또는 그런 평판이나 평가.

(뜻 써 보기) _____

(반의어) 악평(惡評) 나쁘게 평함. 또는 그런 평판이나 평가.

획일화
劃 그을 획 | ― 한 일 | 化 될 화

미의 기준이 　　　　　되어 개인의 고유한 아름다움이 사라지고 있다.

(뜻 알기) 모두가 한결같아서 다름이 없게 됨. 또는 모두가 한결같아서 다름이 없게 함.

(뜻 써 보기) _____

01 ~ 05 다음 뜻풀이에 해당하는 단어를 말상자에서 찾아 표시하시오.

01 속된 티가 없이 맑고 아름답다.

02 세상에 이름이 널리 드러나 있다.

03 주로 예술 작품을 이해하여 즐기고 평가함.

04 종이 따위에, 글씨를 쓰거나 그림을 그리고 남은 빈 자리.

05 모두가 한결같아서 다름이 없게 됨. 또는 모두가 한결같아서 다름이 없게 함.

무	인	자	청	공	대
획	일	화	아	리	적
동	생	감	하	시	감
저	명	하	다	깔	상
의	무	감	여	백	노

06 ~ 08 다음 단어의 뜻풀이에 알맞은 단어를 고르시오.

06 **복제하다** : 본디의 것과 (똑같은 | 다른) 것을 만들다.

07 **호평** : (나쁘게 | 좋게) 평함. 또는 그런 평판이나 평가.

08 **필적하다** : 능력이나 세력이 엇비슷하여 서로 (맞서다 | 피하다).

09 ~ 11 제시된 초성을 참고하여 다음 뜻풀이에 알맞은 단어를 쓰시오.

09 다시 나타남. 또는 다시 나타냄.　　　　　　　　ㅈ　ㅎ

10 어떤 현상이 더 높은 상태로 발전하다.　　　ㅅ　ㅎ　ㅎ　ㄷ

11 세상에 널리 알려지지 않거나 뛰어난 것을 찾아 밝혀냄.　　ㅂ　ㄱ

▶ 정답과 해설 39쪽

12 ~ 14 빈칸에 들어갈 알맞은 단어를 〈보기〉에서 찾아 쓰시오.

● 보기 ●

감상   여백   복제   획일화   호평

---

12 영화에서 악역 연기를 한 배우가 평론가로부터 (   )을/를 받았다.

13 그는 컴퓨터 프로그램을 무단으로 (   )하여 사용하다가 벌금을 냈다.

14 야외 연주회를 가면 아름다운 자연 경관과 함께 음악을 (   )할 수 있다.

15 밑줄 친 단어의 쓰임이 적절하지 <u>않은</u> 것은?

① 그는 영재를 <u>창출하는</u> 프로그램에 출연한 적이 있다.
② 그녀는 유럽으로 여행을 가서 외국어를 유창하게 <u>구사했다</u>.
③ 그 기업에서는 <u>저명한</u> 경제 전문가들을 직원으로 고용했다.
④ 경찰관은 민수에게 당시 상황을 그대로 <u>재현해</u> 달라고 부탁했다.
⑤ 이 그림은 힘들고 외로웠던 작가의 삶을 예술로 <u>승화한</u> 작품이었다.

16 〈보기〉의 빈칸에 들어갈 단어가 순서대로 바르게 나열된 것은?

● 보기 ●

• 만화를 신문에 연재하기로 했는데, 아직 내용만 (   )해 놓은 상태이다.
• 그의 실력에 (   )할 만한 선수가 없을 정도로 그는 독보적인 위치에 있다.

---

① 복제, 필적   ② 제작, 대립   ③ 구상, 필적
④ 구상, 만족   ⑤ 제작, 만족

17 ~ 18 다음 단어가 들어간 예문을 찾거나, 스스로 새로운 문장을 만들어 써 보시오.

17 **획일화** ⇨ _____

18 **청아하다** ⇨ _____

01~03 다음 글을 읽고 물음에 답하시오.

'돌' 하면 무엇이 생각나는가. 오늘날에는 돌의 쓰임이 많지 않지만, 과거에는 사물의 모양이나 상태를 새기기 위한 재료로 이용되었다. 옛 사람들이 돌을 이용해 만들어 낸 회화와 조각은 역사적, 예술적 가치가 높다. 대표적으로 울산 울주에서 [　ⓐ　]된 암각화와 석굴암의 금강역사상이 있다.

암각화는 넓고 평평한 돌 위에 상징적인 기호나 동물의 모습을 새긴 그림이다. 암각화에는 선조와 요조라는 표현 방식이 사용되었는데 선조는 선으로만 새기는 방식이고, 요조는 형태의 내부를 표면보다 낮게 쪼아 내어 형태의 윤곽선을 표현한 방식이다. 요조는 넓은 면적을 쪼아내지만 기본적으로 선조의 범주에 든다. 따라서 선으로 대상을 표현했다는 점에서 암각화는 조각이 아닌 회화로 볼 수 있다.

한편 조각과 회화의 성격을 모두 띠고 있는 부조가 있다. 부조란 평평한 면에 글자나 그림 따위를 도드라지게 새기는 표현 방식을 말한다. 평면 위에 표현한다는 점에서 회화에 가까우나 표현하고자 하는 대상을 돌출시켜 입체적으로 표현한다는 점에서 조각의 일종으로 본다. 이러한 [　Ⓐ　]을 완벽하게 소화하여 평면에 가장 입체적으로 [　ⓛ　]시킨 것이 석굴암 입구 좌우에 있는 금강역사상이다. 이들은 제각기 다른 자세로 금방이라도 벽 속에서 튀어나올 것 같은 착각을 준다. 팔이 비틀리면서 생긴 팽팽한 근육은 힘차고, 왼손의 손등에 솟은, 방향과 높낮이를 달리하는 다섯 갈래 뼈의 모습에는 강인함이 느껴진다.

> ♥ 문단별 중심 내용
> [1문단] 돌을 이용해 만든 회화와 조각
> [2문단] 선조와 요조의 표현 방식이 사용된 암각화
> [3문단] 부조의 표현 방식과 금강역사상

01 이 글의 [　Ⓐ　]에 들어갈 내용으로 알맞은 것은?

① 선조의 특성　　　② 조각의 특성　　　③ 부조의 특성
④ 요조의 특성　　　⑤ 회화의 특성

02 다음의 초성과 뜻풀이를 참고하여 ⓐ과 ⓛ에 들어갈 알맞은 단어를 쓰시오.

ⓐ: (ㅂ ㄱ)　⇒ 땅속이나 큰 덩치의 흙, 돌 더미 따위에 묻혀 있는 것을 찾아서 파냄.
ⓛ: (ㅅ ㅎ)　⇒ 어떤 현상이 더 높은 상태로 발전하는 일.

03 〈보기〉의 사례를 읽고, 미영이가 사용한 기법이 무엇인지 '구사하다'라는 단어를 사용하여 쓰시오.

> ● 보기 ●
> 미영이는 평평한 나무 판을 조각칼로 도려내어 남자 친구의 얼굴을 도드라지게 조각했다. 작품을 만들어 벽에 걸어 놓았더니 마치 남자 친구의 얼굴이 앞에 있는 것처럼 입체감이 느껴졌다.

04~06 다음 글을 읽고 물음에 답하시오.

르네상스 시대에는 신에 대한 관심이 인간으로 넘어왔다. 이전 시대의 예술에서는 종교적 요소를 중요시했지만 르네상스 시대의 예술에서는 명확하고 사실적인 ㉠재현을 중요시했다. '독일 미술의 아버지'라 불리는 알브레히트 뒤러는 북유럽 르네상스를 대표하는 ㉡저명한 화가이다.

뒤러가 북유럽 르네상스의 위대한 화가로 명성을 얻을 수 있었던 이유는 그의 뛰어난 판화 작품 때문이다. 뒤러 이전의 판화는 ㉢복제의 수단으로 쓰여 예술적 가치를 제대로 인정받지 못했다. 또한 흑백의 대조를 위주로 한 단순한 작품이 많아 하급 미술 장르로 여겨졌다. 하지만 뒤러는 판화에 사실성이라는 회화적 요소를 넣음으로써 판화를 하나의 독자적인 작품으로 인정받도록 했다.

그렇다면 뒤러는 어떻게 판화에서 사실성을 구현했을까. 뒤러는 '해칭 기법'을 ㉣구사하여 판화의 단순성을 사실성의 경지로 끌어올렸다. 해칭 기법이란 가늘고 세밀한 평행선이나 교차선을 활용하여 대상의 입체감이나 음영을 표현하는 묘사법이다. 가령, 밝은 곳에 비해 어두운 곳에 가는 선들을 더 빽빽하게 구성하여 명암을 드러내는 것이다. 또 뒤러는 '선 원근법'을 사용하여 그림의 사실성을 높였다. 선 원근법은 가까운 것은 크게, 먼 것은 작게 보이게 하여 공간감과 거리감을 드러내는 원근법이다. 뒤러는 이러한 원근법을 사용하여 자연의 풍경을 더욱 사실적으로 표현하였다. 이 외에도 인체를 정교하게 묘사하고, 화면을 ㉤여백 없이 구성하여 사실성을 구현하였다.

❤ 문단별 중심 내용
[1문단] 르네상스 시대의 예술
[2문단] 뒤러가 북유럽 르네상스를 대표하는 화가인 이유
[3문단] 뒤러가 사실성을 구현하기 위해 사용한 표현 기법

04 이 글에서 확인할 수 있는 내용이 <u>아닌</u> 것은?

① 해칭 기법의 표현 방식　　② 선 원근법의 표현 효과　　③ 판화의 재료와 제작 과정
④ 르네상스 시대의 예술 경향　　⑤ 판화 예술에 미친 뒤러의 영향

05 ㉠~㉤을 활용한 예시로 적절하지 <u>않은</u> 것은?

① ㉠: 그는 예술의 기본 목적을 사물의 재현이라고 보았다.
② ㉡: 그 지역의 저명한 인사들이 서명에 동참하였다.
③ ㉢: 동물을 이용한 세포 복제 실험이 계속 진행되었다.
④ ㉣: 그녀는 작품을 구사하기 위하여 현장 체험을 했다.
⑤ ㉤: 나는 공책의 여백에 선생님의 말씀을 적었다.

창의적 적용

06 '뒤러'의 판화가 호평을 받았던 이유를 〈조건〉에 맞게 서술하시오.

━━━━━ 조건 ━━━━━
• '뒤러' 이전의 판화와 비교하여 한 문장으로 서술할 것.

Ⅱ

문학

어휘 체크

※ 잘 아는 어휘 ◯표! 헷갈리거나 모르는 어휘 ×표! 학습 후 확실하게 이해했으면 ☆표!

곤욕 ☐☐	난감하다 ☐☐	달갑다 ☐☐	떨떠름하다 ☐☐	만감 ☐☐
무안하다 ☐☐	반색하다 ☐☐	분개 ☐☐	새삼스럽다 ☐☐	역겹다 ☐☐
역정 ☐☐	울적하다 ☐☐	흡족 ☐☐		

곤욕
困 괴로울 곤 | 辱 욕될 욕

인기 배우가 엉뚱한 구설수에 올라 　　　　을 치렀다.

(뜻 알기) 심한 모욕. 또는 참기 힘든 일.

(뜻 써 보기)

난감하다
難 어려울 난 | 堪 견딜 감

1) 누구를 반장으로 뽑아야 할지 선택하기가 　　　　하다.

(뜻 알기) 이렇게 하기도 저렇게 하기도 어려워 처지가 매우 딱하다*.

(뜻 써 보기)

(어휘 쏙) 딱하다 일을 처리하기가 난처하다.

2) 맡은 일의 양이 혼자 하기에 너무 많아서 　　　　했다.

(뜻 알기) 맞부딪쳐 견디어 내거나 해결하기가 어렵다.

(뜻 써 보기)

달갑다

잠결이라 지수의 통화가 그다지 　　　　지 않았다.

(뜻 알기) 거리낌이나 불만이 없어 마음이 흡족하다.

(뜻 써 보기)

떨떠름하다

주호의 부탁을 거절한 것이 영 　　　　했다.

(뜻 알기) 마음이 내키지 않는 데가 있다.

(뜻 써 보기)

만감
萬 일만 만 | 感 느낄 감

10년 만에 고향 친구를 만나니 　　　　이 교차했다.

(뜻 알기) 솟아오르는 온갖 느낌.

(뜻 써 보기)

무안하다
無 없을 무 | 顔 얼굴 안

그녀는 　　　　할 정도로 나를 빤히 쳐다보았다.

(뜻 알기) 수줍거나 창피하여 볼 낯이 없다.

(뜻 써 보기)

(유의어) 무색(無色)하다 겸연쩍고 부끄럽다.

반색하다

할머니는 오랜만에 놀러 온 손자를 ⬜⬜⬜ 하며 안았다.

(뜻 알기) 매우 반가워하다.

(뜻 써 보기)

분개

憤 성낼 분 | 慨 분개할 개

자식들은 어머니에게 무례하게* 구는 사람들을 보고 ⬜⬜⬜ 했다.

(뜻 알기) 몹시 분하게 여김.

(뜻 써 보기)

(어휘 쏙) 무례(無禮)하다 태도나 말에 예의가 없다.

새삼스럽다

1) 매일 보는 거울 속 자신의 얼굴이 ⬜⬜⬜ 게 예뻐 보였다.

(뜻 알기) 이미 알고 있는 사실에 대하여 느껴지는 감정이 갑자기 새로운 데가 있다.

(뜻 써 보기)

2) 유리가 다른 사람을 위해 청소를 하는 것이 ⬜⬜⬜.

(뜻 알기) 하지 않던 일을 이제 와서 하는 것이 보기에 두드러진 데가 있다.

(뜻 써 보기)

역겹다

逆 거스를 역

어디선가 기분 나쁜 기름 냄새가 ⬜⬜⬜ 게 풍겨 왔다.

(뜻 알기) 역정이 나거나 속에 거슬리게* 싫다.

(뜻 써 보기)

(어휘 쏙) 거슬리다 순순히 받아들여지지 않고 언짢은 느낌이 들며 기분이 상하다.

역정

逆 거스를 역 | 情 뜻 정

선생님께서는 숙제를 하지 않은 은우에게 ⬜⬜⬜ 을 내셨다.

(뜻 알기) 몹시 언짢거나* 못마땅하여서 내는 성.

(뜻 써 보기)

(어휘 쏙) 언짢다 마음에 들지 않거나 좋지 않다.

울적하다

鬱 답답할 울 | 寂 고요할 적

나는 마음이 ⬜⬜⬜ 하거나 괴로울 때마다 쇼핑을 했다.

(뜻 알기) 마음이 답답하고 쓸쓸하다.

(뜻 써 보기)

흡족

洽 화할 흡 | 足 발 족

내가 해 준 요리를 동생이 맛있게 먹으니 마음이 ⬜⬜⬜ 했다.

(뜻 알기) 조금도 모자람이 없을 정도로 넉넉하여 만족함.

(뜻 써 보기)

01 ~ 04 다음 단어와 그 뜻풀이를 바르게 연결하시오.

01 난감하다 •
· ㉠ 마음이 내키지 않는 데가 있다.

02 떨떠름하다 •
· ㉡ 수줍거나 창피하여 볼 낯이 없다.

03 무안하다 •
· ㉢ 이렇게 하기도 저렇게 하기도 어려워 처지가 매우 딱하다.

04 새삼스럽다 •
· ㉣ 하지 않던 일을 이제 와서 하는 것이 보기에 두드러진 데가 있다.

05 ~ 07 다음 단어의 뜻풀이에 알맞은 단어를 고르시오.

05 분개 : 몹시 (가엾게 | 분하게) 여김.

06 반색하다 : 매우 (반가워하다 | 어색해하다).

07 달갑다 : 거리낌이나 (불안 | 불만)이 없어 마음이 흡족하다.

08 ~ 11 〈보기〉의 글자들을 조합하여 다음 뜻풀이에 알맞은 단어를 쓰시오.

———— • 보기 • ————

겹   족   욕   다   감   곤   흡   만   역

08 솟아오르는 온갖 느낌. ( )

09 심한 모욕. 또는 참기 힘든 일. ( )

10 역정이 나거나 속에 거슬리게 싫다. ( )

11 조금도 모자람이 없을 정도로 넉넉하여 만족함. ( )

12~15 빈칸에 들어갈 알맞은 단어를 〈보기〉에서 찾아 쓰시오.

> ● 보기 ●
>
> 반색   역정   만감   무안   울적   분개

12 30년 만에 고향에 돌아오니 (   )이/가 교차했다.

13 아버지께서는 해고를 당한 후에 부쩍 (   )을/를 잘 내셨다.

14 오랜만에 시댁에 방문하니 어머님께서 (   )하며 맞아 주셨다.

15 심판의 오심에 관중들이 몹시 (   )하여 경기장 밖으로 나가 버렸다.

16 밑줄 친 단어의 쓰임이 적절하지 <u>않은</u> 것은?

① 그의 거만한 웃음소리조차 듣기가 <u>역겨웠다</u>.
② 그곳에 가도 된다고 허락은 했지만 왠지 기분이 <u>달가웠다</u>.
③ 그 제품을 며칠 사용해 본 고객들이 <u>흡족하다</u>는 평가를 내렸다.
④ 나는 그녀의 <u>새삼스러운</u> 고백에 깜짝 놀라서 어찌 할 바를 몰랐다.
⑤ 나는 어제 저지른 실수가 <u>무안하여</u> 사람들 앞에서 고개를 들 수가 없었다.

17 문맥상 〈보기〉의 밑줄 친 단어와 유의 관계인 것은?

> ● 보기 ●
>
> 면회를 갈 수도 없고 안 갈 수도 없고, 정말 <u>곤란하기</u> 이를 데 없다.

① 쑥스럽기   ② 어색하기   ③ 따분하기   ④ 난감하기   ⑤ 창피하기

18~19 다음 단어가 들어간 예문을 찾거나, 스스로 새로운 문장을 만들어 써 보시오.

18 **곤욕** ⇨ _____

19 **울적하다** ⇨ _____

01~03 다음 시를 읽고 물음에 답하시오.

나 보기가 역겨워 / 가실 때에는
㉠말없이 고이 보내 드리우리다.

영변(寧邊)*에 약산(藥山) / 진달래꽃
아름 따다 가실 길에 뿌리우리다.

가시는 걸음걸음 / 놓인 그 꽃을
사뿐히 즈려밟고* 가시옵소서.

나 보기가 역겨워 / 가실 때에는
죽어도 아니 눈물 흘리우리다.

– 김소월, 〈진달래꽃〉

♥ 작품 감상
[해제] 임과의 이별의 상황을 가정하여 임에 대한 사랑과 헌신, 인종(忍從)의 자세를 표현한 현대시이다.
[주제] 이별의 정한(情恨)과 승화

* 영변(寧邊): 평안북도의 한 지명.
* 즈려밟고: '지르밟고'의 평안도 사투리. 위에서 내리눌러 밟고.

01 이 시에 대한 설명으로 적절하지 <u>않은</u> 것은?

① 구체적 지명을 활용하여 향토적인 정서를 나타내고 있다.
② 겉으로는 화자의 실제 정서와 반대되는 정서를 드러내고 있다.
③ 문장의 어순을 바꿔서 슬픔에 대한 극복 의지를 부각하고 있다.
④ 화자에게 현재 일어나고 있는 상황을 바탕으로 시상을 전개하고 있다.
⑤ 첫 부분과 끝부분에 비슷한 구절을 반복하여 화자의 정서를 강조하고 있다.

02 다음의 뜻풀이에 해당하는 단어를 이 시에서 찾아 쓰시오.

• (   ) ⇒ 역정이 나거나 속에 거슬리게 싫다.

창의적 적용

03 ㉠을 통해 알 수 있는 이별에 대한 '화자'의 태도를 '소미'의 태도와 비교하여 서술하시오.(단, '분개'와 '역정'이라는 단어를 포함하여 한 문장으로 쓸 것)

소미 : 내가 싫어졌으니 헤어지자는 남자 친구의 말을 듣고, 너무 화가 나서 그에게 모진 말을 했어.

▶ 정답과 해설 40쪽

04~06 다음 글을 읽고 물음에 답하시오.

> [앞부분 줄거리] 점순이 '나'의 닭을 자꾸 괴롭히자, '나'는 홧김에 점순의 닭을 죽인다.
>
> "이놈아! 너 왜 남의 닭을 때려죽이니?"
>
> "그럼 어때?" / 하고 일어나다가,
>
> "뭐 이 자식아! 누 집 닭인데?" / 하고 복장을 떼미는 바람에 다시 벌렁
> 자빠졌다. 그러고 나서 가만히 생각을 하니 분하기도 하고 ⊙<u>무안</u>도 스럽
> 고, 또 한편 일을 저질렀으니 인젠 땅이 떨어지고 집도 내쫓기고 해야 되는지 모른다.
>
> 나는 비슬비슬 일어나며 소맷자락으로 눈을 가리고는, 얼김에 엉 하고 울음을 놓았다. 그러다 점순이
> 가 앞으로 다가와서,
>
> "그럼, 너 이담부턴 안 그럴 테냐?" / 하고 물을 때에야 비로소 살길을 찾은 듯싶었다. 나는 눈물을 우
> 선 씻고 뭘 안 그러는지 명색도 모르건만 / "그래!" / 하고 무턱대고 대답하였다.
>
> "요담부터 또 그래 봐라, 내 자꾸 못살게 굴 테니." / "그래그래, 인젠 안 그럴 테야!"
>
> "닭 죽은 건 염려 마라. 내 안 이를 테니." 〈중략〉 / 조금 있더니 요 아래서,
>
> "점순아! 점순아! 이년이 바느질을 하다 말구 어딜 갔어?" / 하고 어딜 갔다 온 듯싶은 그 어머니가
> ⓛ<u>역정</u>이 대단히 났다. / 점순이가 겁을 잔뜩 집어먹고 꽃 밑을 살금살금 기어서 산 아래로 내려간 다음
> 나는 바위를 끼고 엉금엉금 기어서 산 위로 치빼지 않을 수 없었다.
>
> — 김유정, 〈동백꽃〉

> ♥ 작품 감상
> [해제] 산골 마을 사춘기 남녀의
> 사랑을 해학적이면서 서정적
> 으로 그린 현대 소설이다.
> [주제] 산골 마을 사춘기 남녀
> 의 순수한 사랑

04 이 글의 등장인물에 대한 설명으로 적절하지 <u>않은</u> 것은?

① '나'와 '점순이'는 처지가 다르다. ② '나'는 닭을 죽인 후 집안 사정을 걱정한다.
③ 당황해 우는 '나'를 '점순이'가 회유한다. ④ '점순이'는 엄마의 목소리에 겁을 먹고 있다.
⑤ '나'는 '점순이'의 말뜻을 알면서 모른 체한다.

05 ⊙과 ⓛ의 의미로 알맞게 짝지어진 것은?

> ⓐ 심한 모욕. 또는 참기 힘든 일. ⓑ 수줍거나 창피하여 볼 낯이 없음.
> ⓒ 마음이 편하지 아니하고 조마조마함. ⓓ 몹시 언짢거나 못마땅하여서 내는 성.

① ⓐ, ⓑ   ② ⓐ, ⓒ   ③ ⓑ, ⓒ   ④ ⓑ, ⓓ   ⑤ ⓒ, ⓓ

▌창의적 적용

06 이 글의 마지막 부분을 통해 짐작할 수 있는 '나'와 '점순이' 사이의 미래를 서술하시오. (단, '달갑다'라는
단어를 사용하여 문장을 완성할 것)

> '나'와 '점순이'가 점순이 어머니의 성난 목소리를 듣고 서로 다른 방향으로 달아나는 모습을 통해
> 점순이 어머니가ㅤ_____

10회 사람의 성격과 생김새

어휘 체크

※ 잘 아는 어휘 ○표! 헷갈리거나 모르는 어휘 ×표! 학습 후 확실하게 이해했으면 ☆표!

겸허 ☐☐	경솔하다 ☐☐	깜냥 ☐☐	속물적 ☐☐	수척하다 ☐☐
심보 ☐☐	영민하다 ☐☐	옹졸하다 ☐☐	유별나다 ☐☐	진취적 ☐☐
탁월하다 ☐☐	파리하다 ☐☐	풍채 ☐☐		

겸허
謙 겸손할 겸 | 虛 빌 허

선생님께 칭찬을 받은 민지는 　　　　 한 태도를 보였다.

(뜻 알기) 스스로 자신을 낮추고 비우는 태도가 있음.

(뜻 써 보기)

유의어 겸손(謙遜) 남을 존중하고 자기를 내세우지 않는 태도가 있음.

경솔하다
輕 가벼울 경 | 率 거느릴 솔

남의 일을 함부로 말하는 것은 　　　　 한 행동이다.

(뜻 알기) 말이나 행동이 조심성 없이 가볍다.

(뜻 써 보기)

반의어 신중(愼重)하다 매우 조심스럽다.

깜냥

내 　　　　 으로는 할 만큼 했는데 결과는 어떨지 모르겠다.

(뜻 알기) 스스로 일을 헤아림. 또는 헤아릴 수 있는 능력.

(뜻 써 보기)

속물적
俗 풍속 속 | 物 만물 물 | 的 과녁 적

그들은 자신들의 이득만 챙기는 　　　　 인 인간이다.

(뜻 알기) 교양이 없거나 식견이 좁고 세속*적인 일에만 신경을 쓰는 것.

(뜻 써 보기)

어휘 쏙 세속(世俗) 사람이 살고 있는 모든 사회를 통틀어 이르는 말.

수척하다
瘦 여윌 수 | 瘠 여윌 척

며칠 잠을 자지 못한 그는 몰라보게 　　　　 해 있었다.

(뜻 알기) 몸이 몹시 야위고 마른 듯하다.

(뜻 써 보기)

심보
心 마음 심

그런 못된 　　　　 로는 사람들과 잘 지낼 수 없다.

(뜻 알기) 마음을 쓰는 속 바탕.

(뜻 써 보기)

영민하다
英 꽃부리 영 | 敏 민첩할 민

머리가   한 그는 어려운 수학 문제도 쉽게 풀었다.

(뜻 알기) 매우 영특하고 민첩하다.

(뜻 써 보기) _____

옹졸하다
壅 막을 옹 | 拙 졸할 졸

그는 작은 일로 화를 낼 만큼   한 사람은 아니다.

(뜻 알기) 성품이 너그럽지 못하고 생각이 좁다.

(뜻 써 보기) _____

(반의어) 관대(寬大)하다 마음이 너그럽고 크다.

유별나다
有 있을 유 | 別 다를 별

우리 식구들 중에서 나만   나게 고기를 좋아한다.

(뜻 알기) 보통의 것과 아주 다르다.

(뜻 써 보기) _____

(유의어) 특이(特異)하다 보통 것이나 보통 상태에 비하여 두드러지게 다르다.

진취적
進 나아갈 진 | 取 가질 취 |
的 과녁 적

목표를 한번 정하면   인 자세로 달려들어야 한다.

(뜻 알기) 적극적으로 나아가 일을 이룩하는* 것.

(뜻 써 보기) _____

(어휘 쏙) 이룩하다 어떤 큰 현상이나 사업 따위를 이루다.

탁월하다
卓 높을 탁 | 越 넘을 월

옷을 고르는 그녀의 안목은 듣던 대로   했다.

(뜻 알기) 남보다 두드러지게 뛰어나다.

(뜻 써 보기) _____

(유의어) 출중(出衆)하다 여러 사람 가운데서 특별히 두드러지다.

파리하다

은호는 몸의 살이 빠져 조금   하게 보였다.

(뜻 알기) 몸이 마르고 낯빛이나 살색이 핏기가 전혀 없다.

(뜻 써 보기) _____

풍채
風 바람 풍 | 采 캘 채

당당한   와 자신감 넘치는 말투에서 자신감이 느껴졌다.

(뜻 알기) 드러나 보이는 사람의 겉모양.

(뜻 써 보기) _____

01 ~ 05 다음 뜻풀이에 해당하는 단어를 말상자에서 찾아 표시하시오.

01 말이나 행동이 조심성 없이 가볍다.

02 성품이 너그럽지 못하고 생각이 좁다.

03 스스로 자신을 낮추고 비우는 태도가 있음.

04 스스로 일을 헤아림. 또는 헤아릴 수 있는 능력.

05 교양이 없거나 식견이 좁고 세속적인 일에만 신경을 쓰는 것.

방	마	름	모	깜	도
속	겸	필	제	옹	냥
물	정	허	초	졸	사
적	별	쌈	목	하	리
통	경	솔	하	다	천

06 ~ 08 다음 단어의 뜻풀이에 알맞은 단어를 고르시오.

06 **풍채** : 드러나 보이는 사람의 (겉모양 | 표정).

07 **유별나다** : 보통의 것과 아주 (비슷하다 | 다르다).

08 **탁월하다** : 남보다 두드러지게 (뒤처지다 | 뛰어나다).

09 ~ 11 제시된 초성을 참고하여 다음 뜻풀이에 알맞은 단어를 쓰시오.

09 마음을 쓰는 속 바탕.

ㅅ ㅂ

10 몸이 몹시 야위고 마른 듯하다.

ㅅ ㅊ ㅎ ㄷ

11 적극적으로 나아가 일을 이룩하는 것.

ㅈ ㅊ ㅈ

▶ 정답과 해설 41쪽

12 ~ 14 빈칸에 들어갈 알맞은 단어를 〈보기〉에서 찾아 쓰시오.

─── 보기 ───

영민   옹졸   탁월   겸허   수척

12 그녀는 몸살을 앓고 나서 핏기가 없는 (   )한 얼굴로 나타났다.

13 그는 이번 대회 결과를 (   )하게 받아들이고, 다시 연습에 열중했다.

14 비싼데도 굳이 그 화장품을 사는 이유는 미백 효과가 (   )하기 때문이다.

15 밑줄 친 단어의 쓰임이 적절하지 <u>않은</u> 것은?

① 발표 자료를 내 깜냥대로 정리해서 제출했다.
② 그녀는 깊이 생각하지 않고 신중하게 일을 처리했다.
③ 손자에 대한 할머니의 유별난 사랑은 동네에서도 유명했다.
④ 수진이는 예의가 바르고 영민하여 사람들의 칭찬을 많이 받았다.
⑤ 파리하게 야윈 몸으로 무거운 짐을 나르는 그녀가 무척 걱정되었다.

16 〈보기〉의 빈칸에 들어갈 단어가 순서대로 바르게 나열된 것은?

─── 보기 ───

• 그녀는 꿈을 위해 무엇이든 열심히 하는 (   )인 성향을 가졌다.
• 그는 넉넉한 (   )만큼이나 사람들 사이에서 인심이 좋기로 소문이 났다.

① 소극적, 풍채   ② 진취적, 안색   ③ 소극적, 용모
④ 개방적, 안색   ⑤ 진취적, 풍채

17 ~ 18 다음 단어가 들어간 예문을 찾거나, 스스로 새로운 문장을 만들어 써 보시오.

17 심보 ⇨ _____

18 속물적 ⇨ _____

01~03 다음 시를 읽고 물음에 답하시오.

> 돌에 / 그늘이 차고, //
> 따로 몰리는 / 소소리바람*.
>
> 앞서거니 하여 / 꼬리 치날리어 세우고, //
> 종종 다리 까칠한 / 산(山)새 걸음걸이.
>
> 여울 지어 / 수척한 흰 물살, //
> 갈갈이 / 손가락 펴고.
>
> 멎은 듯 / 새삼 돋는 빗낯 //
> 붉은 잎 잎 / 소란히 밟고 간다.
>
>   – 정지용, 〈비〉
>
> * 소소리바람: 이른 봄에 살 속으로 스며드는 듯한 차고 매서운 바람.

♥ 작품 감상

[해제] 이 작품은 비가 내리는 모습을 절제된 감정과 정제된 시어를 통해 묘사하고 있는 현대시이다.

[주제] 비 내리는 날의 정경

01 이 시의 표현상 특징으로 적절하지 <u>않은</u> 것은?

① 자연 현상을 섬세하고 감각적으로 그려내고 있다.
② 비 내리는 모습을 시간의 흐름에 따라 보여 주고 있다.
③ 짧은 행과 연의 구분을 통해 여백의 미를 드러내고 있다.
④ 비 오는 날에 화자가 느낀 정서를 직접적으로 나타내고 있다.
⑤ 빗물이 흘러가는 모습을 사람의 모습에 빗대어 표현하고 있다.

02 ㉠에 대한 뜻풀이를 참고하여 ㉠에 들어갈 알맞은 단어를 이 시에서 찾아 쓰시오.

> 병을 앓고 난 후 그녀는 (㉠   ) 모습을 하고 있었다.
> ⇒ ㉠의 뜻풀이: 몸이 몹시 야위고 마른 듯하다.

창의적 적용

03 이 시의 '탁월함'에 대하여 〈조건〉에 맞게 서술하시오.

━━━━ • 조건 • ━━━━

• 시인이 빗방울이 떨어지는 모습을 표현한 방법과 관련지을 것.

04~06 다음 글을 읽고 물음에 답하시오.

교 씨는 비록 나쁜 마음을 품고 있었으나 그 뜻을 이룰 수 없었다. 마지 못하여 부인에게 축하를 올리며 겉으로는 기쁜 듯한 표정을 지었다. 한림 과 사 씨는 여전히 그것을 진정이라 여겼다.

인아가 점점 자라 장주와 같은 장소에서 함께 놀았다. 그런데 인아는 비록 어리기는 하였으나 기상이 ㉠탁월하였다. 장주가 한갓 아름답기만 한 것과는 차이가 있었다. 하루는 한림이 밖에서 집으로 들어와 상의도 벗기 전에 인아를 안고 어루만졌다.

"이 아이는 이마의 골격이 기특하여 돌아가신 아버지와 매우 닮았느니라. 훗날 반드시 우리 가문을 번성하게 할 것이야." / 그리고 다시 그 유모에게 이르는 것이었다.

"각별히 잘 기르도록 하거라." / 이에 장주 유모는 장주를 안고 교 씨에게 달려가 호소했다.

"상공께서 유독 인아만을 어루만지며 장래를 촉망하셨습니다. 하지만 장주를 보더니 못 본 체하고 그 대로 지나가셨습니다." / 마침내 유모가 슬피 울었다. 교 씨는 더욱 근심하면서 속으로 생각했다.

[A] '내가 저 사람과 비교할 때 용모의 아름다움은 전혀 나은 것이 없지. 그러나 본처와 첩의 분수에 맞는 정당한 도리에는 현격한 차이가 있어. 단지 나는 아들을 낳고 저 사람에게는 아들이 없었어. 그 때문에 내가 장부의 후대를 받을 수 있었던 것이야. 그런데 이제 저 사람이 아들을 낳았어. 저 아이가 장차 이 집의 주인이 될 것이야. 내 아이는 아무 쓸데가 없게 될 것이 아닌가?'

– 김만중, 〈사씨남정기〉

♥ 작품 감상
[해제] 이 작품은 처첩 간의 갈등을 통해 인현 왕후를 폐비하고, 장 희빈을 중전으로 책봉한 숙종의 잘못을 일깨우려고 쓴 고전 소설이다.
[주제] 처첩 간의 갈등과 사 씨의 고행

04 이 글의 등장인물에 대한 설명으로 적절하지 <u>않은</u> 것은?

① 한림은 사람의 심리를 파악하는 데 '영민'하지 못하다.
② 교 씨는 '출중'한 외모로 한림에게 대접을 받았다고 생각한다.
③ 장주 유모는 인아에 대한 한림의 애정이 '유별'나다고 판단한다.
④ 한림은 어린 인아의 '탁월'한 모습에 장래가 촉망된다고 생각한다.
⑤ 교 씨는 사 씨를 해치고 싶지만 '경솔'하게 움직일 수 없는 상황이다.

05 다음 중 ㉠의 의미로 알맞은 것은?

① 남보다 두드러지게 뛰어나다.
② 어떠한 한계나 표준을 뛰어넘다.
③ 몸이 몹시 야위고 마른 듯하다.
④ 까다롭거나 힘들지 않아 하기가 쉽다.
⑤ 성품이 너그럽지 못하고 생각이 좁다.

창의적 적용

06 [A] 부분을 통해 알 수 있는 교 씨의 성격을 '속물적'이라는 단어를 사용하여 서술하시오.

사람의 행동

어휘 체크　※ 잘 아는 어휘 ○표! 헷갈리거나 모르는 어휘 ×표! 학습 후 확실하게 이해했으면 ☆표!

고려하다 ☐☐	과시하다 ☐☐	관망하다 ☐☐	늑장 ☐☐	달관 ☐☐
방심하다 ☐☐	분주하다 ☐☐	악행 ☐☐	안간힘 ☐☐	자조 ☐☐
조아리다 ☐☐	직설적 ☐☐	할애하다 ☐☐		

고려하다

考 생각할 고 | 慮 생각할 려

우리는 김 사장의 제안을 신중히 　　　　　 해 보기로 했다.

(뜻 알기) 생각하고 헤아려 보다.

(뜻 써 보기) _____

과시하다

誇 자랑할 과 | 示 보일 시

학생들은 그동안 닦은 기량을 마음껏 　　　　　 했다.

(뜻 알기) 자랑하여 보이다.

(뜻 써 보기) _____

관망하다

觀 볼 관 | 望 바랄 망

조용히 상황을 　　　　　 하던 그가 드디어 말을 하기 시작했다.

(뜻 알기) 한발 물러나서 어떤 일이 되어 가는 형편을 바라보다.

(뜻 써 보기) _____

늑장

이렇게 　　　　　 을 부리다가는 약속 시간에 늦을 것이다.

(뜻 알기) 느릿느릿 꾸물거리는 태도.

(뜻 써 보기) _____

달관

達 통할 달 | 觀 볼 관

그녀는 세상일에 　　　　　 한 도인처럼 담담하게 말했다.

(뜻 알기) 사소한 사물이나 일에 얽매이지 않고 세속을 벗어난 활달한 식견*이나 인생관에 이름. 또는 그 식견이나 인생관.

(뜻 써 보기) _____

(어휘 쏙) 식견(識見) 사물을 분별할 수 있는 능력을 이르는 말.

방심하다

放 놓을 방 | 心 마음 심

경기가 끝날 때까지 절대로 　　　　　 하면 안 된다.

(뜻 알기) 마음을 다잡지 아니하고 풀어 놓아 버리다.

(뜻 써 보기) _____

(유의어) 부주의(不注意)하다 조심스럽지 아니하다.

분주하다

奔 달아날 분 | 走 달릴 주

1) 나는 회사에 늦지 않으려고 _____ 하다가 넘어졌다.

뜻 알기) 몹시 바쁘게 뛰어다니다.

뜻 써 보기) _____

2) 명절을 앞둔 시장은 주부들의 발걸음으로 _____ 했다.

뜻 알기) 이리저리 바쁘고 수선스럽다.

뜻 써 보기) _____

악행

惡 악할 악 | 行 다닐 행

그는 _____ 을 저질렀으니 응당 그 죗값을 치를 것이다.

뜻 알기) 악독한 행위.

뜻 써 보기) _____

반의어) 선행(善行) 착하고 어진 행실.

안간힘

1) 나는 부자가 되기 위해 한평생 _____ 을 썼다.

뜻 알기) 어떤 일을 이루기 위해서 몹시 애쓰는 힘.

뜻 써 보기) _____

2) 끓어오르는 분노를 삭이기 위해 _____ 을 썼다.

뜻 알기) 고통이나 울화* 따위를 참으려고 숨 쉬는 것도 참으면서 애쓰는 힘.

뜻 써 보기) _____

어휘 쏙) 울화(鬱火) 마음속이 답답하여 일어나는 화.

자조

自 스스로 자 | 嘲 비웃을 조

스스로 쓸모없는 인간이라고 _____ 하는 습관은 버려야 한다.

뜻 알기) 자기를 비웃음.

뜻 써 보기) _____

조아리다

그는 쉴 새 없이 머리를 _____ 며 용서를 구했다.

뜻 알기) 상대편에게 존경의 뜻을 보이거나 애원하느라고 이마가 바닥에 닿을 정도로 머리를 자꾸 숙이다.

뜻 써 보기) _____

직설적

直 곧을 직 | 說 말씀 설 | 的 과녁 적

그녀는 _____ 으로 나의 단점을 비판해 댔다.

뜻 알기) 바른대로 말하는 것.

뜻 써 보기) _____

할애하다

割 나눌 할 | 愛 사랑 애

나는 취미 생활에 더 많은 시간을 _____ 했다.

뜻 알기) 소중한 시간, 돈, 공간 따위를 아깝게 여기지 아니하고 선뜻 내어 주다.

뜻 써 보기) _____

01 ~ 04 다음 단어와 그 뜻풀이를 바르게 연결하시오.

01 할애하다 •

• ㉠ 생각하고 헤아려 보다.

02 방심하다 •

• ㉡ 이리저리 바쁘고 수선스럽다.

03 분주하다 •

• ㉢ 마음을 다잡지 아니하고 풀어 놓아 버리다.

04 고려하다 •

• ㉣ 소중한 시간, 돈, 공간 따위를 아깝게 여기지 아니하고 선뜻 내어 주다.

05 ~ 07 다음 단어의 뜻풀이에 알맞은 단어를 고르시오.

05 **자조** : 자기를 (격려함 | 비웃음).

06 **직설적** : (바른대로 | 거짓으로) 말하는 것.

07 **관망하다** : 한발 (물러서서 | 다가가서) 어떤 일이 되어 가는 형편을 바라보다.

08 ~ 11 〈보기〉의 글자들을 조합하여 다음 뜻풀이에 알맞은 단어를 쓰시오.

● 보기 ●

간 장 악 관 늑 행 달 힘 안

08 악독한 행위. ( )

09 느릿느릿 꾸물거리는 태도. ( )

10 어떤 일을 이루기 위해서 몹시 애쓰는 힘. ( )

11 사소한 사물이나 일에 얽매이지 않고 세속을 벗어난 활달한 식견이나 인생관에 이름.

( )

▶ 정답과 해설 42쪽

12 ~ 15 빈칸에 들어갈 알맞은 단어를 〈보기〉에서 찾아 쓰시오.

─● 보기 ●─

관망　　늑장　　방심　　달관　　자조　　할애

12 물건을 사느라 (　　　　　)한 사이에 소매치기를 당했다.

13 그녀는 자신의 나약함을 (　　　　　)하며 쓸쓸하게 웃었다.

14 그는 모든 욕심을 버린 채 (　　　　　)하는 자세로 평생을 살아왔다.

15 문제를 해결하기 위해서는 상황을 냉정히 (　　　　　)하는 것도 필요하다.

16 밑줄 친 단어의 쓰임이 적절하지 <u>않은</u> 것은?

① 혜진이는 <u>늑장</u>을 부리다 학교에 지각하고 말았다.
② 그 가수는 무대에서 뛰어난 춤 솜씨와 가창력을 <u>과시</u>했다.
③ 실수로 물을 엎지른 직원은 연신 머리를 <u>조아리며</u> 사과했다.
④ 바이올리니스트는 대부분의 시간을 바이올린 연습에 <u>고려</u>했다.
⑤ 아이들은 솔직하여 자기의 생각을 <u>직설적</u>으로 말하는 경우가 많다.

17 문맥상 〈보기〉의 밑줄 친 단어와 유의 관계인 것은?

─● 보기 ●─

그녀는 결혼 준비로 눈코 뜰 새 없이 <u>바쁜</u> 하루를 보내고 있다.

① 지친　　　　② 괴로운　　　　③ 분주한　　　　④ 가혹한　　　　⑤ 부지런한

18 ~ 19 다음 단어가 들어간 예문을 찾거나, 스스로 새로운 문장을 만들어 써 보시오.

18 안간힘 ⇨ ＿＿＿＿＿＿＿＿＿＿＿＿＿＿＿＿＿＿＿＿＿＿＿＿＿＿＿

19 고려하다 ⇨ ＿＿＿＿＿＿＿＿＿＿＿＿＿＿＿＿＿＿＿＿＿＿＿＿＿＿

01~03 다음 시를 읽고 물음에 답하시오.

왼손에 잡은 봄빛 오른손으로 옮겨 내어
농부가 흥에 겨워 물이 찬 논에 모종을 옮겨 심으니
아마도 태평한 세상의 즐거운 백성은 이뿐인가 (하노라) 〈제3수〉

첫 김매기* 다음 김매기 풀 맬 적에 저 농부 수고한다
사립* 쓰고 호미 들고 위의 논 아래의 논 분주하다
아마도 때를 놓치면 일 년 농사가 헛일인가 (하노라) 〈제4수〉

애를 쓰며 심은 오곡 날 가물어 근심하니
구름이 뭉게뭉게 피어올라 내리는 비에 나오는 이삭이 거룩하다
아마도 알맞은 비바람은 임금의 덕이신가 (하노라) 〈제5수〉 – 이세보, 〈농부가(農夫歌)〉

♥ 작품 감상
[해제] 전 12수로, 계절에 따른 농부의 일상을 담은 9수와 화자가 농민들을 훈계하는 내용을 담은 3수로 구성된 연시조이다.
[주제] 계절에 따른 농가의 일상과 농부들이 해야 할 일

* 김매기: 논밭의 잡초를 뽑는 일.
* 사립: 짚, 띠 따위로 엮어 허리나 어깨에 걸쳐 두르는 비옷인 도롱이와 비나 햇볕을 막기 위하여 갈대 등으로 엮어서 만든 삿갓을 아울러 이르는 말.

01 이 시의 농부에 대한 설명으로 적절하지 않은 것은?

① 논에서 즐겁게 모내기하는 모습이 드러나 있다.
② 자신이 살아가고 있는 현실을 긍정적으로 느끼고 있다.
③ 여러 번 잡초를 뽑으면서 고생하는 모습이 나타나 있다.
④ 비옷·삿갓을 한 채 호미를 들고 바쁘게 일하러 다니고 있다.
⑤ 비가 내리지 않아서 곡식을 심지 못하는 것을 걱정하고 있다.

02 ㉠에 대한 뜻풀이를 참고하여 ㉠에 들어갈 알맞은 단어를 이 시에서 찾아 쓰시오.

이삿짐을 나르느라 모든 사람들이 (㉠   ).
⇒ ㉠의 뜻풀이: 몹시 바쁘게 뛰어다니다.

창의적 적용

03 이 시의 화자가 '양반'이고 청자가 '농부'라고 할 때, 〈제4수〉에 주목하여 이 시를 쓴 목적을 서술하시오.
(단, '늑장'이라는 단어를 포함하여 한 문장으로 쓸 것)

_____

04~06 다음 글을 읽고 물음에 답하시오.

[앞부분 줄거리] 명망 높은 학자인 북곽 선생이 소문난 열녀인 동리자와 몰래 만나다가 성(姓)이 다른 동리자의 다섯 아들에게 들킬 위기에 처한다.

이에 다섯 아들이 서로 수군댔다. / "예법에 과부의 문에는 함부로 들지 않는다고 했으니, 북곽 선생은 어진 이라 그런 일이 없을 거야."
"내 들으니, 우리 고을의 성문을 헐은 데에 여우 굴이 있다고 하더군요."
"내 들으니, 여우란 놈은 천 년을 묵으면 사람으로 변신할 수 있다 하니, 저건 틀림없이 여우란 놈이 북곽 선생으로 변한 것일 게다."〈중략〉

♥ 작품 감상
[해제] '호랑이'의 입을 빌려 당시 유학자들의 위선적이며 이중적인 인간성을 풍자하고 있는 고전 소설이다.
[주제] 양반 계급의 허위 의식과 이중적인 도덕관 풍자

이에 다섯 아들이 같이 어미의 방을 둘러싸고 쳐들어가니 북곽 선생이 크게 놀라서 도망쳤다. 사람들이 자기를 알아볼까 겁이 나서 다리를 목덜미에 얹고 귀신처럼 춤추고 웃더니, 문을 나가서 내닫다가 그만 들판의 구덩이 속에 빠져 버렸다. 그 구덩이에는 똥이 가득 차 있었다. 간신히 기어올라 머리를 내밀고 바라보니 범이 길을 막고 있었다.

범이 오만상을 찌푸리고 구역질을 하며 코를 싸쥐고, 머리를 왼편으로 돌리며 한숨을 쉬고 말했다.

"어허, 유학을 공부하는 선비여! 구리도다."

북곽 선생이 머리를 ㉠조아리고 엉금엉금 기어 나와서 세 번 절하고 꿇어앉아 우러러 말했다.

"범님의 덕은 지극하시지요."〈중략〉 / 범이 꾸짖었다.

"가까이 오지 마라. 내 듣건대, ㉡유학의 유(儒)는 아첨할 유(諛)라더니 과연 그렇구나." - 박지원, 〈호질〉

04 이 글에 대한 설명으로 적절하지 않은 것은?

① 동리자의 아들들은 상황을 제대로 알지 못하고 있다.
② 북곽 선생은 체면을 그다지 중요하게 여기지 않고 있다.
③ 범을 만난 북곽 선생은 살아남기 위해 범에게 아첨하고 있다.
④ 성이 다른 다섯 아들이 있으므로 동리자는 정절을 지킨 것이 아니다.
⑤ 똥구덩이는 세상에 알려진 것과 다른 북곽 선생의 구린 면모를 강조한다.

05 ㉠을 활용한 예문으로 적절하지 않은 것은?

① 그는 감사의 뜻으로 몇 번이나 머리를 조아렸다.
② 그녀는 난처한 상황을 모면하기 위해 조아리고 또 조아렸다.
③ 순이가 나의 작은 키를 비웃고 조아리자 속상해서 눈물이 났다.
④ 그들은 마을 사람들 덕분에 배고픔을 면하게 되었다고 이마를 조아렸다.
⑤ 당산나무 아래에서 자식의 성공을 빌며 조아리는 그녀의 모습은 성스러웠다.

창의적 적용

06 이 글에서 '범'의 역할이 무엇인지 ㉡을 참고하여 서술하시오.(단, '직설적'이라는 단어를 포함하여 쓸 것)

공부한 날 ( ) 월 ( ) 일

어휘 체크

※ 잘 아는 어휘 ○표! 헷갈리거나 모르는 어휘 ×표! 학습 후 확실하게 이해했으면 ☆표!

거드름 ☐☐	괄시하다 ☐☐	단절하다 ☐☐	보필하다 ☐☐	불청객 ☐☐
소원하다 ☐☐	시기하다 ☐☐	연민 ☐☐	인색하다 ☐☐	적대시 ☐☐
표출 ☐☐	푸대접 ☐☐	흠모 ☐☐		

거드름

그는 최고급 외제 차를 끌고 나타나서 한껏 [   ]을 부렸다.

(뜻 알기) 거만스러운 태도.

(뜻 써 보기) _____

괄시하다
恝 근심 없을 괄 | 視 볼 시

겉모습만 보고 사람을 그렇게 [   ] 하다니 정말 실망이다.

(뜻 알기) 업신여겨 하찮게 대하다.

(뜻 써 보기) _____

단절하다
斷 끊을 단 | 絕 끊을 절

오랜 시간 친구들과 관계를 [   ] 하고 지냈다.

(뜻 알기) 유대나 연관 관계를 끊다.

(뜻 써 보기) _____

보필하다
輔 도울 보 | 弼 도울 필

그는 드라마에서 임금을 [   ] 하는 충신 역을 맡았다.

(뜻 알기) 윗사람의 일을 돕다.

(뜻 써 보기) _____

(유의어) 보좌(補佐)하다 상관(자신보다 직책이 높은 사람)을 도와 일을 처리하다.

불청객
不 아닐 불 | 請 청할 청 | 客 손님 객

공연 중에 갑자기 [   ] 이 뛰어들어 관객들이 모두 놀랐다.

(뜻 알기) 오라고 청하지 않았는데도 스스로 찾아온 손님.

(뜻 써 보기) _____

(유의어) 군손님 와 달라고 하지도 않았는데 불쑥 찾아온 손님.

소원하다
疏 소통할 소 | 遠 멀 원

우리는 크게 한번 싸운 뒤로 남보다도 더 [   ] 하게 지냈다.

(뜻 알기) 지내는 사이가 두텁지 아니하고 거리가 있어서 서먹서먹하다.

(뜻 써 보기) _____

시기하다
猜 시새울 시 | 忌 꺼릴 기

반 아이들이 재주 많은 그 아이를 _____ 했다.

뜻 알기 남이 잘되는 것을 샘하여 미워하다.

뜻 써 보기 _____

연민
憐 불쌍히 여길 연 |
憫 근심할 민

나는 피곤에 지쳐 잠든 남편을 보며 _____ 을 느꼈다.

뜻 알기 불쌍하고 가련하게 여김.

뜻 써 보기 _____

유의어 동정(同情) 남의 어려운 처지를 자기 일처럼 딱하고 가엾게 여김.

인색하다
吝 아낄 인 | 嗇 아낄 색

1) 그는 돈 한 푼에도 벌벌 떨 만큼 _____ 한 사람이다.

뜻 알기 재물을 아끼는 태도가 몹시 지나치다.

뜻 써 보기 _____

2) 우리 선생님께서는 칭찬에 _____ 하시다.

뜻 알기 어떤 일을 하는 데 대하여 지나치게 박하다*.

뜻 써 보기 _____

어휘 쏙 박(薄)하다 마음 씀이나 태도가 너그럽지 못하고 쌀쌀하다.

적대시
敵 원수 적 | 對 대답할 대 |
視 볼 시

그들은 마을에 들어온 낯선 사람들을 _____ 하였다.

뜻 알기 적으로 여겨 봄.

뜻 써 보기 _____

표출
表 겉 표 | 出 날 출

쌓인 감정을 언어폭력으로 _____ 하는 것은 바람직하지 않다.

뜻 알기 겉으로 나타냄.

뜻 써 보기 _____

푸대접
待 기다릴 대 | 接 접할 접

허름한 옷차림 때문에 직원들에게 _____ 을 받았다.

뜻 알기 정성을 들이지 않고 아무렇게나 하는 대접.

뜻 써 보기 _____

반의어 환대(歡待) 반갑게 맞아 정성껏 후하게 대접함.

흠모
欽 공경할 흠 | 慕 사모할 모

나는 _____ 하는 마음을 담은 편지를 그녀에게 보냈다.

뜻 알기 기쁜 마음으로 공경하며 사모함*.

뜻 써 보기 _____

어휘 쏙 사모(思慕)하다 우러러 받들고 마음속 깊이 따르다.

01~05 다음 뜻풀이에 해당하는 단어를 말상자에서 찾아 표시하시오.

01 적으로 여겨 봄.

02 불쌍하고 가련하게 여김.

03 정성을 들이지 않고 아무렇게나 하는 대접.

04 오라고 청하지 않았는데도 스스로 찾아온 손님.

05 지내는 사이가 두텁지 아니하고 거리가 있어서 서먹서먹하다.

편	스	능	연	감	지
의	적	동	민	통	불
푸	대	접	상	장	청
행	시	문	화	르	객
원	류	소	원	하	다

06~08 다음 단어의 뜻풀이에 알맞은 단어를 고르시오.

06 거드름 : (거만스러운 | 조심스러운) 태도.

07 단절하다 : 유대나 연관 관계를 (유지하다 | 끊다).

08 인색하다 : 어떤 일을 하는 데 대하여 지나치게 (너그럽다 | 박하다).

09~11 제시된 초성을 참고하여 다음 뜻풀이에 알맞은 단어를 쓰시오.

09 겉으로 나타냄. ㅍ ㅊ

10 기쁜 마음으로 공경하며 사모함. ㅎ ㅁ

11 남이 잘되는 것을 샘하여 미워하다. ㅅ ㄱ ㅎ ㄷ

▶ 정답과 해설 43쪽

12 ~ 14 빈칸에 들어갈 알맞은 단어를 〈보기〉에서 찾아 쓰시오.

─────● 보기 ●─────

인색   연민   표출   흠모   거드름

12 김 선생님의 높은 인격을 (   )하는 사람들이 무척 많았다.

13 마치 자신이 사장인 양 (   )을/를 피우는 모습이 몹시 거슬렸다.

14 부모를 잃어버린 남매의 딱한 사정을 보고 (   )의 마음이 생겼다.

15 밑줄 친 단어의 쓰임이 적절하지 <u>않은</u> 것은?

① 그 사건 이후로 한동안 그녀에게 <u>소원했던</u> 것 같다.
② 손님을 <u>푸대접하는</u> 그 식당에 다시는 가고 싶지 않다.
③ 웃음에 <u>인색한</u> 그를 웃게 만드는 것은 오직 그녀뿐이었다.
④ 그녀는 사업에 실패한 후로 바깥세상과의 관계를 <u>단결했다</u>.
⑤ 자신이 느끼는 감정을 밖으로 <u>표출하지</u> 못하면 정신 건강에 좋지 않다.

16 〈보기〉의 빈칸에 들어갈 단어가 순서대로 바르게 나열된 것은?

─────● 보기 ●─────

• 그 누구도 나를 (   )하지 못하도록 실력을 키워야겠다.
• 친한 친구들이 나의 성공을 (   )하는 것을 보니 속상한 마음이 들었다.

① 보필, 흠모   ② 괄시, 인색   ③ 보필, 시기
④ 단절, 흠모   ⑤ 괄시, 시기

17 ~ 18 다음 단어가 들어간 예문을 찾거나, 스스로 새로운 문장을 만들어 써 보시오.

17 적대시 ⇨ _____

18 보필하다 ⇨ _____

01~03 다음 시를 읽고 물음에 답하시오.

(가) 나비야 청산(靑山)에 가자 범나비*야 너도 가자.

　　 가다가 저물거든 꽃에 들어가서 자고 가자.

　　 꽃에서 푸대접하거든 잎에서라도 자고 가자.　　　　　 – 작자 미상

(나) 풀이면 다 뿌리가 있는데

　　 부평초만은 매달린 꼭지가 없이

　　 물 위에 둥둥 떠다니며

　　 언제나 바람에 끌려다닌다네.

　　 목숨은 비록 붙어 있지만

　　 더부살이 신세처럼 가냘프기만 해.

　　 연잎은 너무 괄시를 하고

　　 행채*도 이리저리 가리기만 해.

　　 똑같이 한 못 안에 살면서

　　 어쩌면 그리 서로 어그러지기만 할까.　　　　　 – 정약용, 〈고시(古詩) 7〉

* 범나비: 호랑나비.　　　　　 * 행채: 물에서 자라는 마름풀.

♥ 작품 감상

(가) [해제] 자연과 하나가 되고 싶은 마음을 청유형 어미와 반복적 표현으로 드러낸 평시조이다.
[주제] 자연과 하나가 되고 싶은 마음

(나) [해제] 연못 위를 떠도는 부평초의 모습을 통해 지배층에게 억압 받는 백성들의 삶을 드러낸 한시이다.
[주제] 지배층의 횡포와 피지배층의 고통

01 (가)와 (나)의 공통점으로 가장 적절한 것은?

① 비슷한 문장 구조를 사용하여 운율감을 주고 있다.

② 대조적인 자연물을 활용하여 주제를 강조하고 있다.

③ 먼저 경치를 노래한 후에 화자의 정서를 드러내고 있다.

④ 비유적 표현을 활용하여 주제를 효과적으로 형상화하고 있다.

⑤ 스스로 묻고 답하는 형식을 사용하여 시적 의미를 표현하고 있다.

02 다음의 뜻풀이에 해당하는 단어를 이 시에서 찾아 쓰시오.

　 ㉠: (　　　　　) ⇒ 정성을 들이지 않고 아무렇게나 하는 대접.
　 ㉡: (　　　　　) ⇒ 업신여겨 하찮게 대함.

창의적 적용

03 (가)의 '청산'과 (나)의 '부평초'가 화자에게 어떤 존재인지 서술하시오.(단, '동경', '연민'이라는 단어를 사용하여 한 문장으로 쓸 것)

_____

04~06 다음 글을 읽고 물음에 답하시오.

[앞부분 줄거리] 송욱과 덕홍, 탑타는 군자가 친구를 사귀는 방법에 대해 이야기한다.

"내 말을 들어 봐라. 대체로 가난한 사람은 바라는 것이 많기 때문에 정의를 한없이 그리워해서, 저 하늘을 쳐다봐야 가물가물하건만 오히려 곡식이라도 쏟아질 것이라고 생각한단다. 남의 기침 소리만 들어도 목을 석 자나 뽑곤 하지. 그러나 재산을 모으는 자는 ㉠인색하다는 이름쯤은 부끄러워하지도 않으니, 남이 나에게 무엇을 바라는 생각조차 못하게 하는 거야.

또 천한 사람은 아낄 것이 없으므로 그의 충성심은 어떤 어려운 일이라도 사양하지 않는 법이지. 왜 그런가 하면, 물을 건널 때에 옷을 걷지 않는 까닭은 다 떨어진 홑바지를 입었기 때문이고, 수레를 타는 사람이 가죽신 위에다 덧버선을 신는 까닭은 진흙이 스며들까 봐 걱정하기 때문이거든. 가죽신 밑창까지도 아끼는 사람이 제 몸뚱이야 오죽하겠느냐? 그러기에 충성이니 의리니 하고 부르짖는 것은 가난하고 천한 사람들의 상투적인 구호일 뿐이고, 부귀를 누리는 사람들에게는 논의할 거리도 안 되는 거야."

탑타가 처량하고 슬프게 얼굴빛을 붉히면서 말하였다.

"내가 한평생 벗을 하나도 사귀지 못할지언정, 너희들 말처럼 군자의 사귐은 안 하겠다."

그래서 세 사람이 서로 갓과 옷을 찢어 버리고, 때묻은 얼굴과 흐트러진 머리에다 새끼줄을 띠 삼아 졸라매고는 시장 바닥에서 노래 불렀다.

– 박지원, 〈마장전〉

♥ 작품 감상
[해제] 서로 벗이 되어 세상을 떠돌아다니는 세 걸인이 명예, 이익만 추구하는 양반들의 거짓된 사귐을 풍자하고 있는 고전 소설이다.
[주제] 선비들의 믿음과 의리 없는 사귐에 대한 풍자

04 군자의 사귐을 다음과 같이 풀어서 설명할 때, Ⓐ와 Ⓑ에 들어갈 말을 이 글에서 찾아 쓰시오.

군자는 Ⓐ 과 Ⓑ 없이 오직 이익만 생각하면서 친구들을 사귄다.

05 ㉠의 사전적 의미로 알맞게 짝지어진 것은?

ⓐ 사물을 분별하고 판단하여 알다.
ⓑ 괴로움이나 어려움을 참고 견디다.
ⓒ 재물을 아끼는 태도가 몹시 지나치다.
ⓓ 어떤 일을 하는 데 대하여 지나치게 박하다.

① ⓐ, ⓑ　　② ⓐ, ⓒ　　③ ⓐ, ⓓ　　④ ⓑ, ⓒ　　⑤ ⓒ, ⓓ

창의적 적용

06 '걸인들'을 이 글의 등장인물로 설정하여 얻는 효과가 무엇인지 서술하시오.(단, '괄시하다'와 '풍자'라는 단어를 사용하여 한 문장으로 쓸 것)

시·공간적 배경

어휘
체크

※ 잘 아는 어휘 ○표! 헷갈리거나 모르는 어휘 ×표! 학습 후 확실하게 이해했으면 ☆표!

도회지 ☐☐	동리 ☐☐	마름 ☐☐	불모지 ☐☐	사시사철 ☐☐
산천초목 ☐☐	삼경 ☐☐	소학교 ☐☐	연하 ☐☐	유랑민 ☐☐
징용 ☐☐	태평하다 ☐☐	환상적 ☐☐		

도회지
都 도읍 도 | 會 모일 회 |
地 땅 지

복잡한 ▨▨▨ 를 떠나 조용한 시골에서 살고 싶다.

(뜻 알기) 사람이 많이 살고 상공업이 발달한 번잡한 지역.

(뜻 써 보기) _____

동리
洞 고을 동 | 里 마을 리

그 소문은 온 ▨▨▨ 에 퍼져서 모든 사람이 알고 있었다.

(뜻 알기) 주로 시골에서, 여러 집이 모여 사는 곳.

(뜻 써 보기) _____

마름

소작료를 받으러 다니는 ▨▨▨ 이 어슬렁거리며 돌아다녔다.

(뜻 알기) 지주를 대리하여 소작권*을 관리하는 사람.

(뜻 써 보기) _____

(어휘 쏙) 소작권(小作權) 소작료를 내고 남의 땅을 빌려 농사짓는 권리.

불모지
不 아닐 불 | 毛 털 모 |
地 땅 지

1) 그곳은 풀 한 포기 없고 모래바람만 부는 ▨▨▨ 였다.

(뜻 알기) 식물이 자라지 못하는 거칠고 메마른 땅.

(뜻 써 보기) _____

2) 그녀는 의학의 ▨▨▨ 였던 아프리카에서 의료 봉사를 했다.

(뜻 알기) 어떠한 사물이나 현상이 발달되어 있지 않은 곳. 또는 그런 상태를 비유적으로 이르는 말.

(뜻 써 보기) _____

사시사철
四 넉 사 | 時 때 시 |
四 넉 사 | 철

제주도는 관광객들이 ▨▨▨ 끊이지 않는 여행지이다.

(뜻 알기) 봄·여름·가을·겨울 네 철 내내의 동안.

(뜻 써 보기) _____

산천초목
山 뫼 산 | 川 내 천 |
草 풀 초 | 木 나무 목

나는 ▨▨▨ 의 아름다움에 감탄했다.

(뜻 알기) 산과 내와 풀과 나무라는 뜻으로, '자연'을 이르는 말.

(뜻 써 보기) _____

삼경
三 석 삼 | 更 고칠 경

나는 ____에 아름답게 떠 있는 달을 보았다.

(뜻 알기) 하룻밤을 오경(五更)으로 나눈 셋째 부분. 밤 열한 시에서 새벽 한 시 사이이다.

(뜻 써 보기) _____

소학교
小 작을 소 | 學 배울 학 | 校 학교 교

할아버지께서는 ____를 오 년 만에 졸업했다고 하셨다.

(뜻 알기) '초등학교'의 전 용어.

(뜻 써 보기) _____

연하
煙 연기 연 | 霞 노을 하

서쪽 하늘은 ____에 잠기고, 날던 새들은 둥지로 돌아간다.

(뜻 알기) 안개와 노을을 아울러 이르는 말.

(뜻 써 보기) _____

유랑민
流 흐를 유 | 浪 물결 랑 | 民 백성 민

땅을 빼앗긴 백성들은 고향을 떠나 ____이 되었다.

(뜻 알기) 일정한 거처 없이 이리저리 떠돌아다니는 백성.

(뜻 써 보기) _____

징용
徵 부를 징 | 用 쓸 용

그는 ____에 끌려갔다가 광복이 되어 집으로 돌아왔다.

(뜻 알기) 일제 강점기, 일본 제국주의*자들이 조선 사람을 강제로 동원하여 부리던 일.

(뜻 써 보기) _____

(어휘 쏙) 제국(帝國)주의 다른 나라를 정복하여 큰 나라를 건설하려는 침략주의적 경향.

태평하다
太 클 태 | 平 평평할 평

1) 온 나라가 ____하니 백성들이 모두 기쁨의 노래를 불렀다.

(뜻 알기) 나라가 안정되어 아무 걱정 없고 평안*하다.

(뜻 써 보기) _____

(어휘 쏙) 평안(平安) 걱정이나 탈이 없음. 또는 무사히 잘 있음.

2) 할 일이 많은데 승우는 ____하게 잠만 자고 있었다.

(뜻 알기) 마음에 아무 근심 걱정이 없다.

(뜻 써 보기) _____

(반의어) 불안(不安)하다 마음이 편하지 아니하다.

환상적
幻 변할 환 | 想 생각 상 | 的 과녁 적

그 그림에서는 ____인 분위기가 느껴졌다.

(뜻 알기) 생각 따위가 현실적인 기초나 가능성이 없고 헛된 것.

(뜻 써 보기) _____

01 ~ 04 다음 단어와 그 뜻풀이를 바르게 연결하시오.

01 마름 •

• ㉠ 지주를 대리하여 소작권을 관리하는 사람.

02 삼경 •

• ㉡ 나라가 안정되어 아무 걱정 없고 평안하다.

03 징용 •

• ㉢ 일제 강점기, 일본 제국주의자들이 조선 사람을 강제로 동원하여 부리던 일.

04 태평하다 •

• ㉣ 하룻밤을 오경(五更)으로 나눈 셋째 부분. 밤 열한 시에서 새벽 한 시 사이이다.

05 ~ 07 다음 단어의 뜻풀이에 알맞은 단어를 고르시오.

05 연하 : 안개와 (구름 │ 노을)을 아울러 이르는 말.

06 동리 : 주로 (시골 │ 도시)에서, 여러 집이 모여 사는 곳.

07 불모지 : 어떠한 사물이나 현상이 (낙후되어 │ 발달되어) 있지 않은 곳. 또는 그런 상태를 비유적으로 이르는 말.

08 ~ 11 〈보기〉의 글자들을 조합하여 다음 뜻풀이에 알맞은 단어를 쓰시오.

● 보기 ●

도 상 교 천 소 지 초 학 환 회 목 산 적

08 '초등학교'의 전 용어. ( )

09 사람이 많이 살고 상공업이 발달한 번잡한 지역. ( )

10 생각 따위가 현실적인 기초나 가능성이 없고 헛된 것. ( )

11 산과 내와 풀과 나무라는 뜻으로, '자연'을 이르는 말. ( )

▶ 정답과 해설 **44**쪽

12 ~ 15 빈칸에 들어갈 알맞은 단어를 〈보기〉에서 찾아 쓰시오.

● 보기 ●
환상적   소학교   도회지   소작권   불모지   사시사철

12 그 산은 봄부터 겨울까지 (   )의 풍경이 다 아름답다.

13 할아버지께서는 (   )을/를 마치고 농사일을 배웠다고 하셨다.

14 각박한 (   ) 생활이 힘들어서인지 시골의 넉넉한 인심이 그립다.

15 땅을 사기 전에는 그곳이 (   )인지 농경지인지 잘 알아보고 사야 한다.

16 밑줄 친 단어의 쓰임이 적절하지 <u>않은</u> 것은?

① 어린 시절 내가 살던 <u>동리</u>는 작고 조용한 마을이었다.
② 서해 바다의 고요한 풍경이 <u>연하</u> 속으로 펼쳐져 있다.
③ 그 영화는 <u>사실적인</u> 세계를 다루어서 현실성이 조금 없었다.
④ <u>유랑민</u>들은 잠시라도 머물 수 있는 공간을 찾기 위해 떠돌아다녔다.
⑤ 땅 주인도 아니면서 <u>마름</u>이랍시고 소작인들에게 함부로 구는 사람들이 많았다.

17 문맥상 〈보기〉의 밑줄 친 단어와 유의 관계인 것은?

● 보기 ●
풍년이 들고 나라가 <u>평안하니</u> 백성들이 살기 좋은 세상이 되었다.

① 잠잠하니   ② 태연하니   ③ 안식하니   ④ 평범하니   ⑤ 태평하니

18 ~ 19 다음 단어가 들어간 예문을 찾거나, 스스로 새로운 문장을 만들어 써 보시오.

18 삼경 ⇨ _____

19 유랑민 ⇨ _____

01~03 다음 시를 읽고 물음에 답하시오.

연하(煙霞)로 집을 삼고 바람과 달 친구 삼아
태평성대에 병*으로 늙어 가네.
이 중에서 바라는 일은 허물이나 없고자.　　　　　　　　〈제2수〉

고인(古人)*도 날 못 보고 나 또한 고인(古人)을 못 뵙네.
고인(古人)을 못 뵈어도 그분들이 가던 길이 앞에 있네.
가던 길이 앞에 있는데 아니 가고 어찌할 것인가　　　　〈제9수〉

푸른 산은 어찌하여 오랫동안 푸르르며,
흐르는 물은 어찌하여 밤낮으로 그치지 아니하는가
우리도 그치지 말아 영원히 푸르리라.　〈제11수〉 – 이황, 〈도산십이곡(陶山十二曲)〉

* 병: ① 질병. ② 자연을 사랑하는 병.　　* 고인(古人): 학문적 업적이 높은 옛 성현.

♥ 작품 감상
[해제] 이황이 고향으로 돌아와 후학을 양성하면서 자연 속에서 학문 수양의 의지를 다짐하고 있는 연시조이다.
[주제] 자연에 묻혀 살고 싶은 마음과 학문 수양의 의지

01 이 시의 표현상 특징으로 적절하지 <u>않은</u> 것은?

① 비슷한 문장 구조를 반복하는 대구법이 사용되었다.
② 대상을 원래보다 부풀려 표현하는 과장법이 사용되었다.
③ 대상의 일부분으로 대상 전체를 나타내는 대유법이 사용되었다.
④ 의문문 형식으로 상대편이 스스로 판단하게 하는 설의법이 사용되었다.
⑤ 앞 문장의 끝부분을 다음 문장의 처음으로 이어받는 연쇄법이 사용되었다.

02 다음의 뜻풀이에 해당하는 단어를 이 시에서 찾아 쓰시오.

㉠ (　　　　　) ⇒ 안개와 노을을 아울러 이르는 말.
㉡ (　　　　　) ⇒ 나라가 안정되어 아무 걱정 없고 평안함.

창의적 적용

03 〈제11수〉에서 언급한 자연의 특성과 그에 대한 화자의 생각을 〈조건〉에 맞게 서술하시오.

― 조건 ―
• '사시사철'이라는 단어를 포함하여 한 문장으로 서술할 것.

04~06 다음 글을 읽고 물음에 답하시오.

[앞부분 줄거리] 가난하지만 성실한 농민 영식은 자신이 소작하고 있는 콩밭에 금이 묻혔다는 수재의 꼬임에 넘어가 콩밭에서 금을 캐기로 한다.

❤ 작품 감상

[해제] 농민 영식의 이야기로, 인간의 허황된 욕심과 절망적인 농촌 현실을 표현하고 있는 현대 소설이다.

[주제] 허황된 꿈과 욕망에 기대어 사는 인간의 어리석음

"왜 또 파. 이것들이 미쳤나그래!"

산에서 내려오는 ⊙마름과 맞닥뜨렸다. 정신이 떠름하여 그대로 벙벙히 섰다. 오늘은 또 무슨 포악을 들으려는가. / "말라니까 왜 또 파는 게야."

하고 영식이의 바지게 뒤를 지팡으로 꽉 찌르더니,

"갈아먹으라는 밭이지 흙 쓰고 들어가라는 거야? 이 미친 것들아, 콩밭에서 웬 금이 나온다고 이 지랄들이야그래." / 하고, 목에 핏대를 올린다. 밭을 버리면 간수 잘못한 자기 탓이다. 〈중략〉

아내는 아내대로의 셈이 빨랐다. 시체(時體)*는 금광이 판을 잡았다. 섣부르게 농사만 짓고 있다간 결국 비렁뱅이밖에는 더 못 된다. 얼마 안 있으면 산이고 논이고 밭이고 할 것 없이 다 금장이 손에 구멍이 뚫리고 뒤집히고 뒤죽박죽이 될 것이다. 그때는 뭘 파먹고 사나. 자, 보아라. 머슴들은 짜기나 한 듯이 일하다 말고 후딱 하면 금광으로들 내빼지 않는가. 일꾼이 없어서 올엔 농사를 질 수 없느니 마느니 하고 ⓒ동리에서는 떠들썩하다. 그리고 번동 포농이조차 호미를 내던지고 강변으로 개울로 사금을 캐러 달아난다.

– 김유정, 〈금 따는 콩밭〉

* 시체: 그 시대의 풍습 · 유행을 따르거나 지식 따위를 받음. 또는 그런 풍습이나 유행.

04 이 글의 등장인물에 대한 설명으로 적절하지 <u>않은</u> 것은?

① 영식이는 농사를 지으려고 빌린 땅을 금을 찾기 위해 파고 있다.
② 수재는 콩 농사를 성실하게 지으면 부자가 될 수 있다고 믿고 있다.
③ 마을 사람들은 일손이 부족하여 올해 농사를 짓지 못할까 염려하고 있다.
④ 마름은 농사를 짓지 않고 땅만 파헤치고 있는 소작농의 모습에 분개하고 있다.
⑤ 머슴들은 금광에서 일하면 농사일을 하는 것보다 더 많은 돈을 벌 수 있다고 생각한다.

05 ⊙과 ⓒ의 의미로 알맞게 짝지어진 것은?

ⓐ 일정한 거처 없이 떠돌아다니는 백성.   ⓑ 식물이 자라지 못하는 거칠고 메마른 땅.
ⓒ 지주를 대리하여 소작권을 관리하는 사람.   ⓓ 주로 시골에서, 여러 집이 모여 사는 곳.

① ⓐ, ⓑ   ② ⓐ, ⓒ   ③ ⓑ, ⓒ   ④ ⓑ, ⓓ   ⑤ ⓒ, ⓓ

창의적 적용

06 '영식'의 아내가 콩밭에서 금을 캐야 한다고 생각한 이유를 '태평하다'라는 단어를 사용하여 서술하시오.

상황과 분위기

어휘 체크

※ 잘 아는 어휘 ○표! 헷갈리거나 모르는 어휘 ×표! 학습 후 확실하게 이해했으면 ☆표!

경이롭다 ☐☐	고요 ☐☐	낭만적 ☐☐	삼엄하다 ☐☐	수선스럽다 ☐☐
아득하다 ☐☐	우호적 ☐☐	운치 ☐☐	정적 ☐☐	퇴색하다 ☐☐
향락적 ☐☐	호젓하다 ☐☐	횡포 ☐☐		

경이롭다

驚 놀랄 경 | 異 다를 이

작은 씨앗에서 싹이 돋아나는 모습은 볼 때마다 　　　　.

(뜻 알기) 놀랍고 신기한 데가 있다.

(뜻 써 보기) _____

고요

그는 아무도 없는 　　　　한 교실에서 혼자 공부를 하고 있었다.

(뜻 알기) 조용하고 잠잠한 상태.

(뜻 써 보기) _____

낭만적

浪 물결 낭 | 漫 흩어질 만 | 的 과녁 적

우리는 카페에서 커피를 마시며 　　　　인 분위기를 즐겼다.

(뜻 알기) 감미롭고 감상적인 것.

(뜻 써 보기) _____

삼엄하다

森 나무 빽빽할 삼 | 嚴 엄할 엄

이곳 전시회장은 경비가 　　　　하여 아무나 들어올 수 없었다.

(뜻 알기) 무서우리만큼 질서가 바로 서고 엄숙하다.

(뜻 써 보기) _____

유의어 철통(鐵桶)같다 준비나 대책이 튼튼하고 치밀하여 조금도 허점이 없다.

수선스럽다

아이들이 다음 수업을 준비하느라 　　　　스럽다.

(뜻 알기) 정신이 어지럽게 떠들어 대는 듯하다.

(뜻 써 보기) _____

아득하다

1) 언덕 너머에서 물 흐르는 소리가 　　　　하게 들려왔다.

(뜻 알기) 보이는 것이나 들리는 것이 희미하고 매우 멀다.

(뜻 써 보기) _____

2) 어릴 적 친구들과 뛰놀던 시간이 이제는 　　　　하게 느껴진다.

(뜻 알기) 까마득히 오래되다.

(뜻 써 보기) _____

우호적

友 벗 우 | 好 좋을 호 |
的 과녁 적

동생과 나는 　　　　　　인 관계가 아니어서 자주 다투었다.

(뜻 알기) 개인끼리나 나라끼리 서로 사이가 좋은 것.

(뜻 써 보기)

운치

韻 운 운 | 致 이를 치

오래된 도자기 그릇에 차를 담아 마시니 　　　　　가 있다.

(뜻 알기) 고상하고* 우아한 멋.

(뜻 써 보기)

(어휘 쏙) 고상(高尙)하다 품위나 몸가짐의 수준이 높고 훌륭하다.

정적

靜 고요할 정 | 寂 고요할 적

숨소리조차 들리지 않을 만큼 　　　　이 흘렀다.

(뜻 알기) 고요하여 괴괴함*.

(뜻 써 보기)

(어휘 쏙) 괴괴하다 쓸쓸한 느낌이 들 정도로 아주 고요하다.

퇴색하다

退 물러날 퇴 | 色 빛 색

1) 할머니는 칙칙하게 　　　　한 한복을 입고 계셨다.

(뜻 알기) 빛이나 색이 바래다.

(뜻 써 보기)

2) 세계화 시대에는 국경의 의미가 　　　　하고 있다.

(뜻 알기) 무엇이 낡거나 몰락하면서 그 존재가 희미해지거나 볼품없이 되다.

(뜻 써 보기)

향락적

享 누릴 향 | 樂 즐길 락 |
的 과녁 적

그는 　　　　　　인 생활에 빠져 일을 성실하게 하지 않았다.

(뜻 알기) 놀고 즐기는 것.

(뜻 써 보기)

호젓하다

1) 이 계곡은 찾는 사람이 드물어 　　　　하기만 하다.

(뜻 알기) 후미져서 무서움을 느낄 만큼 고요하다.

(뜻 써 보기)

2) 그는 자식들이 떠난 집에서 　　　　하게 살고 있다.

(뜻 알기) 매우 홀가분하여 쓸쓸하고 외롭다.

(뜻 써 보기)

횡포

橫 가로 횡 | 暴 사나울 포

집주인의 　　　　에 참지 못하고 이사를 가기로 했다.

(뜻 알기) 제멋대로 굴며 몹시 난폭함.

(뜻 써 보기)

01 ~ 05 다음 뜻풀이에 해당하는 단어를 말상자에서 찾아 표시하시오.

01 고요하여 괴괴함.

02 조용하고 잠잠한 상태.

03 감미롭고 감상적인 것.

04 놀랍고 신기한 데가 있다.

05 무서우리만큼 질서가 바로 서고 엄숙하다.

해	극	안	충	무	주
소	다	정	배	경	락
낭	만	적	맥	이	분
물	촉	고	요	롭	먼
노	삼	엄	하	다	재

06 ~ 08 다음 단어의 뜻풀이에 알맞은 단어를 고르시오.

06 **퇴색하다** : 빛이나 색이 (바래다 | 선명하다).

07 **횡포** : 제멋대로 굴며 몹시 (난폭함 | 느긋함).

08 **우호적** : 개인끼리나 나라끼리 서로 사이가 (나쁜 | 좋은) 것.

09 ~ 11 제시된 초성을 참고하여 다음 뜻풀이에 알맞은 단어를 쓰시오.

09 놀고 즐기는 것. ㅎ ㄹ ㅈ

10 고상하고 우아한 멋. ㅇ ㅊ

11 후미져서 무서움을 느낄 만큼 고요하다. ㅎ ㅈ ㅎ ㄷ

12 ~ 14 빈칸에 들어갈 알맞은 단어를 〈보기〉에서 찾아 쓰시오.

● 보기 ●

고요   삼엄   낭만   향락   운치   수선

12 그녀는 (   )적이고 무절제한 소비로 점점 빚만 늘어났다.

13 (   )한 새벽녘이 되어서야 흥분되었던 마음이 가라앉았다.

14 개학을 하니 학생들은 못다 한 이야기를 나누느라 (   )스러웠다.

15 밑줄 친 단어의 쓰임이 적절하지 <u>않은</u> 것은?

① 경찰들은 사건 현장을 삼엄하게 지키고 있었다.
② 자녀들을 모두 유학 보내고 호젓한 시간을 보내고 있다.
③ 그녀는 낭만적인 감정에 쉽게 빠져드는 사람인 것 같다.
④ 사람들의 발걸음이 뜸한 고요한 골목길에 운치만이 흘렀다.
⑤ 밤하늘에 흐르는 은하수의 모습이 무척 경이롭다고 생각했다.

16 〈보기〉의 빈칸에 들어갈 단어가 순서대로 바르게 나열된 것은?

● 보기 ●

• 그는 술에 취해 물건을 던지며 (   )을/를 부렸다.
• 어제까지 대립하고 갈등하던 두 나라의 관계가 갑자기 (   )으로 바뀌었다.

① 고집, 공격적   ② 폭동, 우호적   ③ 폭동, 합리적
④ 횡포, 공격적   ⑤ 횡포, 우호적

17 ~ 18 다음 단어가 들어간 예문을 찾거나, 스스로 새로운 문장을 만들어 써 보시오.

17 운치 ⇨ _____

18 아득하다 ⇨ _____

01~03 다음 시를 읽고 물음에 답하시오.

바람도 없는 공중에 수직의 파문을 내며, 고요히 떨어지는 오동잎은 누구의 발자취입니까.

지리한* 장마 끝에 서풍에 몰려가는 무서운 검은 구름의 터진 틈으로, 언뜻언뜻 보이는 푸른 하늘은 누구의 얼굴입니까.

꽃도 없는 깊은 나무에 푸른 이끼를 거쳐서, 옛 탑 위의 고요한 하늘을 스치는 알 수 없는 향기는 누구의 입김입니까.

근원은 알지도 못할 곳에서 나서, 돌부리를 울리고 가늘게 흐르는 작은 시내는 굽이굽이 누구의 노래입니까.

연꽃 같은 발꿈치로 가이없는* 바다를 밟고, 옥 같은 손으로 끝없는 하늘을 만지면서, 떨어지는 날을 곱게 단장하는 저녁놀은 누구의 시(詩)입니까.

타고 남은 재가 다시 기름이 됩니다. 그칠 줄 모르고 타는 나의 가슴은 누구의 밤을 지키는 약한 등불입니까.

– 한용운, 〈알 수 없어요〉

> ♥ 작품 감상
> [해제] 자연 현상에서 드러나는 절대자의 모습과 절대자를 위한 희생 의지를 표현하는 현대시이다.
> [주제] 절대적 존재에 대한 깨달음을 구하는 정신

* 지리한: '지루한'의 잘못. 시간이 오래 걸리거나 같은 상태가 오래 지속되어 따분하고 싫증이 나는
* 가이없는: '가없는'의 잘못. 끝이 없는

01 이 시에 대한 설명으로 적절하지 <u>않은</u> 것은?

① 경어체를 사용하여 경건하고 진지한 분위기를 형성하고 있다.
② 의문문의 형식을 사용하여 '누구'에 대한 신비감을 나타내고 있다.
③ 시상을 점층적으로 전개하여 화자의 깨달음의 깊이를 강조하고 있다.
④ 동일한 문장 구조를 반복하여 운율감과 형태적인 안정감을 주고 있다.
⑤ 이치에 어긋나거나 모순되는 표현을 통해 진실을 드러내려 하고 있다.

02 ㉠에 대한 뜻풀이를 참고하여 ㉠에 들어갈 알맞은 단어를 이 시에서 찾아 쓰시오.

> 그녀는 다가오는 그의 모습을 (㉠   ) 쳐다보고 있었다.
> ⇒ ㉠의 뜻풀이: 조용하고 잠잠하게.

창의적 적용

03 보이지 않는 '절대자'의 모습을 이 시에서 어떻게 표현하고 있는지 서술하시오.(단, '경이롭다'라는 단어를 사용하여 한 문장으로 쓸 것)

_____

04~06 다음 글을 읽고 물음에 답하시오.

이때 천자가 옥새를 목에 걸고 항복하는 문서를 손에 든 채 진문 밖으로 나오다가 보니, 뜻밖에 호통 소리가 나며 어떤 한 대장이 적장 문걸의 머리를 베어 들고 중군으로 들어가거늘, 매우 놀라고 또 기뻐서 말하기를,

"적장 벤 장수 성명이 무엇이냐? 빨리 모시고 들어오라."

충렬이 말에서 내려 천자 앞에서 땅에 엎드리니, 천자 급히 물어 말하기를,

"그대는 뉘신데 죽을 사람을 살리는가?"

충렬이 부친 유심의 죽음과 어려서 홀로 된 자신을 길러 준 장인 강희주의 죽음을 몹시 원통하고 분하게 여겨 통곡하며 여쭈되,

"소장은 동성문 안에 살던 유심의 아들 충렬입니다. 사방을 떠돌아다니면서 빌어먹으며 만 리 밖에 있다가 아비의 원수를 갚으려고 여기 왔습니다. 폐하께서 정한담에게 핍박을 당하리라곤 꿈에도 생각지 못했습니다. 예전에 정한담과 최일귀를 충신이라 하시더니 충신도 역적이 될 수 있습니까? 그자의 말을 듣고 충신을 멀리 귀양 보내어 죽이고 이런 환난을 만났으니, 천지가 ㉠아득하고 해와 달이 빛을 잃은 듯합니다."

하고, 슬피 통곡하며 머리를 땅에 두드리니, 산천초목이 슬퍼하며 진중의 군사들도 눈물을 흘리지 않는 이가 없더라.

– 작자 미상, 〈유충렬전〉

♥ 작품 감상

[해제] 충신 유충렬이 간신 정한담이 일으킨 반란을 해결하고, 위기에 처한 나라와 가문을 구하는 내용의 고전 소설이다.

[주제] 유충렬의 고난과 영웅적 행위

04 이 글의 등장인물에 대한 설명으로 적절하지 <u>않은</u> 것은?

① 강희주는 어려서 일찍 아버지를 잃은 충렬을 도왔다.

② 유심은 충신이었지만 정한담의 모함으로 유배를 떠났다.

③ 충렬은 항복 직전의 상황에서 적을 물리치고 천자를 구했다.

④ 천자는 간신들의 말만 들은 자신의 잘못을 반성하며 울었다.

⑤ 정한담과 최일귀는 충신들을 쫓아내고 나라를 위기에 빠뜨렸다.

05 ㉠의 사전적 의미로 알맞은 것을 <u>모두</u> 고르시오.

① 까마득히 오래되다.

② 정신이 어지럽게 떠들어 대는 듯하다.

③ 후미져서 무서움을 느낄 만큼 고요하다.

④ 무서우리만큼 질서가 바로 서고 엄숙하다.

⑤ 보이는 것이나 들리는 것이 희미하고 매우 멀다.

창의적 적용

06 이 글을 바탕으로, '충렬'이 '천자'에게 말을 하며 슬피 운 까닭을 서술하시오.(단, '횡포'라는 단어를 사용하여 한 문장으로 쓸 것)

어휘 체크

※ 잘 아는 어휘 ○표! 헷갈리거나 모르는 어휘 ×표! 학습 후 확실하게 이해했으면 ☆표!

결속 ☐☐	고역 ☐☐	골몰하다 ☐☐	물정 ☐☐	부조리 ☐☐
분배하다 ☐☐	생계 ☐☐	선입견 ☐☐	안주하다 ☐☐	외면하다 ☐☐
요행 ☐☐	처신하다 ☐☐	허위 ☐☐		

결속
結 맺을 결 | 束 묶을 속

위기를 극복하기 위해서 우리는 더욱 　　　　 해야 합니다.

(뜻 알기) 뜻이 같은 사람끼리 서로 단결*함.

(뜻 써 보기) 　　　　

(어휘 쏙) 단결(團結) 많은 사람이 마음과 힘을 한데 뭉침.

고역
苦 괴로울 고 | 役 부릴 역

여름에 냉방 시설이 없는 차를 타는 것은 　　　　 이다.

(뜻 알기) 몹시 힘들고 고되어 견디기 어려운 일.

(뜻 써 보기) 　　　　

골몰하다
汨 다스릴 골 | 沒 잠길 몰

독서에 　　　　 하다가 밥 먹는 것도 잊어버렸다.

(뜻 알기) 다른 생각을 할 여유도 없이 한 가지 일에만 파묻히다.

(뜻 써 보기) 　　　　

(유의어) 열중(熱中)하다 한 가지 일에 정신을 쏟다.

물정
物 만물 물 | 情 뜻 정

철호는 시골에서 농사만 짓던 사람이라 세상 　　　　 을 모른다.

(뜻 알기) 세상의 이러저러한 실정이나 형편.

(뜻 써 보기) 　　　　

부조리
不 아닐 부 | 條 가지 조 | 理 다스릴 리

그는 사회의 　　　　 를 비판하는 글을 신문에 연재했다.

(뜻 알기) 이치에 맞지 아니하거나 도리에 어긋남. 또는 그런 일.

(뜻 써 보기) 　　　　

분배하다
分 나눌 분 | 配 나눌 배

그는 자신의 재산을 자식들에게 골고루 　　　　 했다.

(뜻 알기) 몫몫이 별러* 나누다.

(뜻 써 보기) 　　　　

(어휘 쏙) 벼르다 일정한 비례에 맞추어서 여러 몫으로 나누다.

생계
生 날 생 | 計 꾀할 계

아저씨는 시장에서 과일을 팔아   를 유지했다.

(뜻 알기) 살림을 살아 나갈 방도. 또는 현재 살림을 살아가고 있는 형편.

(뜻 써 보기) _____

선입견
先 먼저 선 | 入 들 입 | 見 볼 견

예술 작품을 제대로 감상하려면   없이 바라봐야 한다.

(뜻 알기) 어떤 대상에 대하여 이미 마음속에 가지고 있는 고정적인 관념이나 관점.

(뜻 써 보기) _____

안주하다
安 편안할 안 | 住 살 주

1) 그녀는 은퇴 후 한적한 시골에   했다.

(뜻 알기) 한곳에 자리를 잡고 편안히 살다.

(뜻 써 보기) _____

2) 현재에   하지 말고 더 나은 미래를 위해 노력해야 한다.

(뜻 알기) 현재의 상황이나 처지에 만족하다.

(뜻 써 보기) _____

외면하다
外 바깥 외 | 面 낯 면

1) 두 사람은 길에서 마주쳐도 서로   하고 지나갔다.

(뜻 알기) 마주치기를 꺼리어 피하거나 얼굴을 돌리다.

(뜻 써 보기) _____

2) 선우는 심각한 문제를   한 채 자꾸 말장난만 쳤다.

(뜻 알기) 어떤 사상이나 이론, 현실, 사실, 진리 따위를 인정하지 않고 도외시*하다.

(뜻 써 보기) _____

(어휘 쏙) 도외시(度外視) 상관하지 아니하거나 무시함.

요행
僥 요행 요 | 倖 요행 행

그는 공부는 하지 않고   으로 시험에 붙기를 바랐다.

(뜻 알기) 뜻밖에 얻는 행운.

(뜻 써 보기) _____

처신하다
處 곳 처 | 身 몸 신

앞으로는 좀 더 신중히   하도록 해라.

(뜻 알기) 세상을 살아가는 데 가져야 할 몸가짐이나 행동을 취하다.

(뜻 써 보기) _____

허위
虛 빌 허 | 僞 거짓 위

인터넷에는   정보도 많이 있으니 잘 판단해야 한다.

(뜻 알기) 진실이 아닌 것을 진실인 것처럼 꾸민 것.

(뜻 써 보기) _____

(유의어) 거짓 사실과 어긋난 것. 또는 사실이 아닌 것을 사실처럼 꾸민 것.

사전적 의미

01 ~ 04 다음 단어와 그 뜻풀이를 바르게 연결하시오.

01 골몰하다 •

• ㉠ 몫몫이 별러 나누다.

02 분배하다 •

• ㉡ 진실이 아닌 것을 진실인 것처럼 꾸민 것.

03 처신하다 •

• ㉢ 다른 생각을 할 여유도 없이 한 가지 일에만 파묻히다.

04 허위 •

• ㉣ 세상을 살아가는 데 가져야 할 몸가짐이나 행동을 취하다.

05 ~ 07 다음 단어의 뜻풀이에 알맞은 단어를 고르시오.

05 결속 : 뜻이 같은 사람끼리 서로 (대결함 | 단결함).

06 안주하다 : 현재의 상황이나 처지에 (분노하다 | 만족하다).

07 선입견 : 어떤 대상에 대하여 이미 마음속에 가지고 있는 (고정적인 | 긍정적인) 관념이나 관점.

08 ~ 11 〈보기〉의 글자들을 조합하여 다음 뜻풀이에 알맞은 단어를 쓰시오.

┌─ 보기 ─┐

정 리 행 고 물 부 요 역 조

08 뜻밖에 얻는 행운. ( )

09 세상의 이러저러한 실정이나 형편. ( )

10 몹시 힘들고 고되어 견디기 어려운 일. ( )

11 이치에 맞지 아니하거나 도리에 어긋남. 또는 그런 일. ( )

12 ~ 15 빈칸에 들어갈 알맞은 단어를 〈보기〉에서 찾아 쓰시오.

─● 보기 ●─

고역   외면   처신   안주   부조리   선입견

12 친구로부터 바르게 (   )하라는 말을 들었다.

13 진실을 알면서도 (   )한 대가는 반드시 치러야 한다.

14 그가 고향 마을에 집을 사서 (   )하고 있다는 소식을 들었다.

15 그 민족에 대해 가지고 있던 (   )을/를 버리는 계기가 되었다.

16 밑줄 친 단어의 쓰임이 적절하지 않은 것은?

① 가게 문을 닫게 되어 당장 눈앞의 생계가 막막하다.
② 그 문제에 대해 현명하게 안주하지 못해서 후회스럽다.
③ 그는 감독에게 단체전 상금을 공정히 분배해 달라고 요구했다.
④ 너는 모르겠지만 하는 일 없이 집에서 빈둥거리는 것도 고역이다.
⑤ 최선을 다해 노력하지 않고 요행만 바란 나의 잘못을 뉘우치고 있다.

17 문맥상 〈보기〉의 밑줄 친 단어와 유의 관계인 것은?

─● 보기 ●─

아들을 곱게만 키웠더니 세상 돌아가는 형편을 몰라도 너무 모른다.

① 일정   ② 역할   ③ 흔적   ④ 물정   ⑤ 법리

18 ~ 19 다음 단어가 들어간 예문을 찾거나, 스스로 새로운 문장을 만들어 써 보시오.

18 허위 ⇨ _____

19 골몰하다 ⇨ _____

01~03 다음 시를 읽고 물음에 답하시오.

흐르는 모양이 막힘이 없고 기운차니 나를 알 이 누구인가.
평생을 다 살아도 백 년이 못 되는데
공명(功名)이 무엇이라고 평생에 골몰할까.
낮은 벼슬 두루 하고 부귀(富貴)를 이루며 늙었어도
한때의 짧은 꿈이라, 황량*이 덜 익었네.
나는 내 뜻대로 평생을 다 즐겨서
천지에 편안하고 한가롭게 지내고 강산(江山)에 누우니
사시(四時)*의 내 즐김이 어느 때 없을런가.
누추한 집에 편안히 지내며 소박한 음식에 걱정이 없고
속세의 길에 발을 끊어 명성이 감추어져
숨어 지내며 의를 행하는 것을 스스로 허락하고 태평한 세상을 즐기니
내 몸은 속세의 몸이나 내 마음은 신선이오.
속세가 가까우나 지척이 천 리로다.

— 이이, 〈낙지가(樂志歌)〉

♥ 작품 감상

[해제] 자연에 묻혀 살면서 신선과 같은 정신적 자유를 누리고 싶은 소망을 드러낸 가사이다.

[주제] 자연 속에서 누리는 삶의 즐거움

* 황량: 황량지몽(黃粱之夢). 덧없는 꿈이나 한때의 헛된 부귀영화.   * 사시: 봄, 여름, 가을, 겨울의 네 철.

01 이 시의 화자에 대한 이해로 적절하지 <u>않은</u> 것은?

① 공명에 몰두하지 않겠다는 뜻을 밝히고 있군.
② 속세를 멀리하고자 하는 태도를 드러내고 있군.
③ 임금을 향한 충성을 자연에 빗대어 표현하고 있군.
④ 누추한 집과 소박한 음식에도 만족감을 드러내고 있군.
⑤ 벼슬을 하고 부귀를 누렸지만 인생이 덧없다고 느끼고 있군.

02 ㉠에 대한 뜻풀이를 참고하여 ㉠에 들어갈 알맞은 단어를 이 시에서 찾아 쓰시오.

그는 볼거리가 많은 한양에 가서도 지금처럼 과거 공부에만 (㉠   ).
⇒ ㉠의 뜻풀이: 다른 생각을 할 여유도 없이 한 가지 일에만 파묻히다.

창의적 적용

03 〈보기〉를 바탕으로 이 시의 화자가 지향하는 삶을 서술하시오.(단, '안주하다'라는 단어를 사용하여 쓸 것)

• 보기 •

이 시의 제목인 '낙지가(樂志歌)'는 '자신이 지닌 뜻을 평생토록 즐기며 살아가겠다.'는 의미이다.

04~06 다음 글을 읽고 물음에 답하시오.

밤마다 아내와 마주 앉으면 어찌하면 이 살림이 좀 늘어 볼까 불어 볼
까, 애간장을 태우며 갖은 궁리를 되하고 되하였다마는, 별 뾰족한 수는
없었다. 농사는 열심으로 하는 것 같은데 알고 보면 남는 건 겨우 남의 빚
뿐. 이러다가는 결말엔 봉변을 면치 못할 것이다. 하루는 밤이 깊어서 코
를 골며 자는 아내를 깨웠다. 밖에 나아가 우리의 세간이 몇 개나 되는지
세어 보라 하였다. 그리고 저(응칠)는 벼루에 먹을 갈아 찍어 들었다. 벽

♥ 작품 감상
[해제] 응칠과 응오 형제의 삶
을 통해 식민지 농촌 사회의
현실을 생생하게 나타낸 현
대 소설이다.
[주제] 식민지 농촌 사회에서
겪는 농민들의 가혹한 삶

에 바른 신문지는 누렇게 끄을렀다 그 위에다 아내가 불러 주는 물목*대로 일일이 내려 적었다. 독이 세
개, 호미가 둘, 낫이 하나로부터 밥사발, 젓가락, 짚이 석 단까지. 그다음에는 제가 빚을 얻어 온 데, 그
사람들의 이름을 쭉 적어 놓았다. 금액은 제각기 그 아래다 달아 놓고, 그 옆으론 조금 사이를 떼어 역
시 조선문으로 나의 소유는 이것밖에 없노라. 나는 오십사 원을 갚을 길이 없으매 죄진 몸이라 도망하니
그대들은 아예 싸울 게 아니겠고 서로 의논하여 억울치 않도록 ㉠분배하여 가기 바라노라 하는 의미의
성명서를 벽에 남기자 안으로 문들을 걸어 닫고 울타리 밑구멍으로 세 식구가 빠져나왔다. 〈중략〉

그러나 주재소는 그(응칠)를 노려보았다. 툭하면 오라, 가라, 하는데 학질이었다. 어느 동리고 가 있
다가 불행히 일만 나면 누구보다도 그부터 붙들려 간다. 왜냐면 그는 전과 사범이었다. 처음에는 도박으
로, 다음엔 절도로, 또 고 담에는 절도로, 절도로.

– 김유정, 〈만무방*〉

* 물목: 물건의 목록.　　　　　　* 만무방: 염치가 없이 막된 사람.

04 이 글의 '응칠'에 대한 설명으로 적절하지 <u>않은</u> 것은?

① 늘어나는 빚 때문에 봉변을 당할까 걱정했다.
② 가난 때문에 살던 집을 몰래 떠날 수밖에 없었다.
③ 전과 사범이라는 이유로 사람들의 의심을 받았다.
④ 오십사 원을 훔쳐 간 죄목으로 경찰서에 잡혀갔다.
⑤ 농사를 열심히 지었지만 살림살이가 보잘것없었다.

05 다음 중 ㉠의 의미로 알맞은 것은?

① 몫몫이 별러 나누어
② 한곳에 자리를 잡고 편안히 살아
③ 뜻이 같은 사람끼리 서로 단결하여
④ 남이 잘되는 것을 샘하여 미워하여
⑤ 마주치기를 꺼리어 피하거나 얼굴을 돌리어

창의적 적용

06 이 글을 바탕으로 '응칠이'가 '만무방'이 된 원인을 서술하시오. (단, '부조리'라는 단어를 사용하여 쓸 것)

_____

어휘
체크

※ 잘 아는 어휘 ○표! 헷갈리거나 모르는 어휘 ×표! 학습 후 확실하게 이해했으면 ☆표!

간언하다 ☐☐	급제 ☐☐	길쌈 ☐☐	길흉 ☐☐	비천하다 ☐☐
사대부 ☐☐	사리사욕 ☐☐	연군 ☐☐	우국 ☐☐	입신양명 ☐☐
종묘사직 ☐☐	충절 ☐☐	황공하다 ☐☐		

간언하다
諫 간할 간 | 言 말씀 언

신하가 [   ] 하자 왕은 얼굴을 붉히며 화를 냈다.

(뜻 알기) 웃어른이나 임금에게 옳지 못하거나 잘못된 일을 고치도록 말하다.

(뜻 써 보기) _____

급제
及 미칠 급 | 第 차례 제

김 선비는 과거에 [   ] 하여 가문을 빛냈다.

(뜻 알기) 시험이나 검사 따위에 합격함.

(뜻 써 보기) _____

(반의어) 낙제(落第) 시험이나 검사 따위에 떨어짐.

길쌈

예전에는 [   ] 을 하여 옷을 직접 만들어 입었다.

(뜻 알기) 실을 내어 옷감을 짜는 모든 일을 통틀어 이르는 말.

(뜻 써 보기) _____

길흉
吉 길할 길 | 凶 흉할 흉

혜성이 날아오는 방향에 따라 농사의 [   ] 을 판가름했다.

(뜻 알기) 운이 좋고 나쁨.

(뜻 써 보기) _____

비천하다
卑 낮을 비 | 賤 천할 천

그는 [   ] 한 신분에도 사람들에게 존경을 받았다.

(뜻 알기) 지위나 신분이 낮고 천하다.

(뜻 써 보기) _____

(반의어) 존귀(尊貴)하다 지위나 신분이 높고 귀하다.

사대부
士 선비 사 | 大 큰 대 |
夫 남편 부

조선 시대에는 [   ] 와 평민의 구분이 엄격했다.

(뜻 알기) 벼슬이나 문벌*이 높은 집안의 사람.

(뜻 써 보기) _____

(어휘 쏙) 문벌(門閥) 대대로 내려오는 그 집안의 사회적 신분이나 지위.

사리사욕

私 사사 사 | 利 이로울 리 |
私 사사 사 | 慾 욕심 욕

지방 관리들은 백성들의 재물을 빼앗아 _____ 을 채웠다.

(뜻 알기) 사사로운* 이익과 욕심.

(뜻 써 보기) _____

(어휘 쏙) 사사(私私)롭다 공적인 성질이 아니고 개인적인 성질이 있다.

연군

戀 사모할 연 | 君 임금 군

유배를 떠난 선비들이 _____ 의 마음을 담은 시를 지었다.

(뜻 알기) 임금을 그리워함.

(뜻 써 보기) _____

우국

憂 근심 우 | 國 나라 국

그는 _____ 의 마음으로 임금님께 상소를 올렸다.

(뜻 알기) 나랏일을 근심하고 염려함.

(뜻 써 보기) _____

입신양명

立 설 입 | 身 몸 신 |
揚 오를 양 | 名 이름 명

예전에는 낮은 신분으로는 _____ 을 할 수 없었다.

(뜻 알기) 출세하여 이름을 세상에 떨침.

(뜻 써 보기) _____

종묘사직

宗 마루 종 | 廟 사당 묘 |
社 모일 사 | 稷 기장 직

저하께서는 이 나라의 _____ 을 이어 갈 분이십니다.

(뜻 알기) 왕실과 나라를 통틀어 이르는 말.

(뜻 써 보기) _____

충절

忠 충성 충 | 節 마디 절

나라를 위해 목숨을 바친 그들의 _____ 을 잊으면 안 된다.

(뜻 알기) 충성스러운 절개*.

(뜻 써 보기) _____

(어휘 쏙) 절개(節槪) 신념, 신의 따위를 굽히지 아니하고 굳게 지키는 꿋꿋한 태도.

황공하다

惶 두려워할 황 | 恐 두려울 공

모든 것이 너무 _____ 하여 감히 머리를 들지 못하겠습니다.

(뜻 알기) 위엄*이나 지위 따위에 눌리어 두렵다.

(뜻 써 보기) _____

(어휘 쏙) 위엄(威嚴) 존경할 만한 위세가 있어 점잖고 엄숙함. 또는 그런 태도나 기세.

01 ~ 05 다음 뜻풀이에 해당하는 단어를 말상자에서 찾아 표시하시오.

01 운이 좋고 나쁨.

02 사사로운 이익과 욕심.

03 나랏일을 근심하고 염려함.

04 왕실과 나라를 통틀어 이르는 말.

05 실을 내어 옷감을 짜는 모든 일을 통틀어 이르는 말.

동	문	종	묘	사	직
관	사	각	념	타	파
보	리	용	길	쌈	제
하	사	립	흉	찰	우
다	욕	복	완	지	국

06 ~ 08 다음 단어의 뜻풀이에 알맞은 단어를 고르시오.

06 **연군** : 임금을 (원망함 | 그리워함).

07 **급제** : 시험이나 검사 따위에 (떨어짐 | 합격함).

08 **사대부** : 벼슬이나 문벌이 (높은 | 낮은) 집안의 사람.

09 ~ 11 제시된 초성을 참고하여 다음 뜻풀이에 알맞은 단어를 쓰시오.

09 충성스러운 절개.

ㅊ ㅈ

10 출세하여 이름을 세상에 떨침.

ㅇ ㅅ ㅇ ㅁ

11 위엄이나 지위 따위에 눌리어 두렵다.

ㅎ ㄱ ㅎ ㄷ

▶ 정답과 해설 47쪽

12~14 빈칸에 들어갈 알맞은 단어를 〈보기〉에서 찾아 쓰시오.

● 보기 ●

황공   우국   충절   종묘사직   입신양명

12 왕에 대한 (   )을/를 지킨 선비를 기리는 비석을 세웠다.

13 임금께 칭찬을 받은 신하는 (   )한 듯 엎드려 절을 했다.

14 신하들은 임금에게 위태로운 (   )을/를 지켜야 한다고 간언했다.

15 밑줄 친 단어의 쓰임이 적절하지 <u>않은</u> 것은?

① 그는 두 번의 시도 끝에 과거 급제의 꿈을 이루었다.
② 길흉의 마음으로 나라를 위해 목숨을 바칠 것을 결심했다.
③ 조선 시대 사대부의 삶과 정신을 엿볼 수 있는 기획전이 열렸다.
④ 그 여종은 길쌈을 하고, 바느질도 하면서 고단한 하루를 보냈다.
⑤ 사리사욕에 눈이 멀어 타락한 신하들의 모습에 임금은 크게 노했다.

16 〈보기〉의 빈칸에 들어갈 단어가 순서대로 바르게 나열된 것은?

● 보기 ●

• 한 신하가 용기를 내어 임금의 잘못에 대해 (   )했다.
• 그는 신분이 (   )하다며 사람들로부터 온갖 무시를 받았다.

① 직언, 비관   ② 간언, 비관   ③ 간언, 비천
④ 아첨, 비천   ⑤ 아첨, 천박

17~18 다음 단어가 들어간 예문을 찾거나, 스스로 새로운 문장을 만들어 써 보시오.

17 길흉 ⇨ _____

18 입신양명 ⇨ _____

01~03 다음 시를 읽고 물음에 답하시오.

(가) 세상에 버림받은 몸이 전원에서 늙어 가니
　　바깥일은 내가 모르고 하는 일이 무엇인고.
　　이 중에 우국(憂國) 성심(誠心)은 풍년을 바라노라.　　〈제1수〉
　　　　　　　　　　　　　　　　　　　　　　　　　　– 이휘일, 〈전가팔곡〉

(나) 장부(丈夫)*로 태어나서 입신양명(立身揚名) 못할 것이면
　　차라리 다 떨치고 일없이 늙으리라.
　　이 밖에 보잘것없는 일에 거리낄 것이 있겠는가.　　　– 김유기

(다) 불 아니 땔지라도 저절로 익는 솥과
　　여물죽을 아니 먹어도 크고 살져 잘 걷는 말과 길쌈을 잘하는 기생첩과
　　술이 샘솟는 주전자와 양(胖)* 저절로 나는 검은 암소를 두고
　　평생에 이 다섯을 가졌으면 부러워할 것이 있겠는가.
　　　　　　　　　　　　　　　　　　　　　　　　　　– 작자 미상

* 장부(丈夫): 건장하고 씩씩한 사내.　　　　* 양(胖): 소의 위(胃)를 고기로 이르는 말.

♥ 작품 감상
(가) [해제] 전원에 묻혀 사는 사대부가 농촌 생활에 대한 만족감을 노래한 시조이다.
[주제] 풍년을 기원하는 마음

(나) [해제] 장부가 입신양명을 못할 바에는 한가롭게 늙을 것을 다짐한 시조이다.
[주제] 입신양명의 포부

(다) [해제] 소망의 대상을 열거하여 풍족한 삶에 대한 욕구를 드러낸 사설시조이다.
[주제] 편안하고 풍족한 삶에 대한 소망

01 (가)~(다)의 화자에 대한 설명으로 적절하지 <u>않은</u> 것은?

① (가)의 화자는 벼슬을 하지 않고 전원생활을 하고 있다.
② (가)의 화자는 사대부로서 나라를 걱정하는 마음을 가지고 있다.
③ (나)의 화자는 출세하지 못한다면 한가롭게 살겠다고 다짐하고 있다.
④ (다)의 화자는 자신이 가지고 싶은 것들을 나열하고 있다.
⑤ (다)의 화자는 편안하고 풍족한 삶을 살 수 있다고 확신하고 있다.

02 다음의 뜻풀이에 해당하는 단어를 이 시에서 찾아 쓰시오.

- (　　　　　) ⇒ 나랏일을 근심하고 염려함.
- (　　　　　) ⇒ 실을 내어 옷감을 짜는 모든 일을 통틀어 이르는 말.

창의적 적용

03 (가)와 (나)의 화자의 삶의 태도를 '입신양명'이라는 단어를 사용하여 비교하시오.

_____

04~06 다음 글을 읽고 물음에 답하시오.

[앞부분 줄거리] 외모로 박대*를 받던 박 씨는 나라에서 인재를 등용하는 과거 시험이 있자 남편 이시백에게 신비로운 연적을 주어 이시백을 장원 ㉠급제시킨다.

> 상공은 즉시 얼굴빛을 고치고 엄숙하게 말했다. / "부인의 소견이 아무리 얇고 짧다고 한들, 어찌 그렇게 가벼운 말을 하는 것이오? 며느리의 신통한 재주는 옛날 제갈공명의 부인 황 씨를 누를 것이고, 뛰어난 덕행은 주나라의 임사에 비할 것이오. 우리 가문에 과분한 며느리거늘, 부인은 다만 생김새만 보고 속에 품은 재주는 생각하지 않으시니 그저 답답할 따름이오."
>
> 박 씨 곁에는 계화만이 남아 잔치에도 참여하지 못하고 적막한 초당에 앉아 있는 박 씨를 위로했다.
>
> "그간 서방님은 한 번도 부인께 정을 주지 않으셨고, 대부인의 박대마저 심해 이렇게 밤낮으로 홀로 지내고 계십니다. 집안의 대소사에 참여하지 못할 뿐 아니라 오늘같이 기쁜 날에도 독수공방*만 하고 계시니, ㉡비천한 소인조차도 슬픔을 이길 수 없을 듯합니다."
>
> "사람의 ㉢길흉화복은 하늘에 달린 것이라 인력으로는 어찌할 수 없다. 그러기에 공자 같은 성인도 진채에게 욕을 보신 것이 아니겠느냐? 하물며 아녀자가 되어 어찌 남편의 사랑만 기다리고 있겠느냐? 그저 분수를 지키며 하늘의 뜻을 기다리는 것이 옳을 터이니, 다시는 그런 말을 하지 말아라. 혹 바깥 사람들이 들으면 나의 행실을 천하다 할 것이다."
>
> – 작자 미상, 〈박씨전〉

♥ 작품 감상
[해제] 병자호란의 패배감을 여성 영웅의 활약상을 통해 보상 받으려는 의도로 창작된 고전 소설이다.
[주제] 박 씨의 뛰어난 능력과 영웅적인 활약상

* 박대: 정성을 들이지 않고 아무렇게나 하는 대접.   * 독수공방: 아내가 남편 없이 혼자 지내는 것.

04 이 글에 대한 이해로 적절하지 <u>않은</u> 것은?

① 박 씨는 남편이 출세하는 데 도움을 주고 있다.
② 이시백은 흉한 외모를 가지고 있는 박 씨를 멀리하고 있다.
③ 상공은 사람을 제대로 보지 못하는 부인의 소견을 나무라고 있다.
④ 계화는 집안 잔치에도 참여하지 못하는 박 씨의 처지를 안타까워하고 있다.
⑤ 박 씨는 자신의 행실이 천하여 이시백의 사랑을 받지 못한다고 생각하고 있다.

05 다음 중 ㉠~㉢의 뜻에 해당하지 <u>않는</u> 것을 모두 고르시오.

① 운이 좋고 나쁨.
② 지위나 신분이 낮고 천하다.
③ 직위의 등급이나 계급이 오름.
④ 말이나 행동 따위가 상스럽다.
⑤ 시험이나 검사 따위에 합격함.

▋창의적 적용

06 '상공'이 '박 씨'를 대하는 자세를 근거로 하여 '상공'의 성품을 서술하시오. (단, '존귀하다'라는 단어를 사용하여 한 문장으로 쓸 것)

Ⅲ

관용 표현,
헷갈리기 쉬운 말

어휘
체크

※ 잘 아는 한자 성어 ○표! 헷갈리거나 모르는 한자 성어 ×표! 학습 후 확실하게 이해했으면 ☆표!

감언이설 ☐☐	설왕설래 ☐☐	어불성설 ☐☐	군계일학 ☐☐
낭중지추 ☐☐	누란지세 ☐☐	사면초가 ☐☐	풍전등화 ☐☐
고진감래 ☐☐	새옹지마 ☐☐	전화위복 ☐☐	

★ 말

감언이설

甘 달 감 | 言 말씀 언 |
利 이로울 이 | 說 말씀 설

삼촌의   에 속아서 돈을 빌려주고 말았다.

(뜻 알기) 귀가 솔깃하도록 남의 비위*를 맞추거나 이로운 조건을 내세워 꾀는 말.

(뜻 써 보기) _____

(어휘 쏙) **비위(脾胃)** 어떤 것을 좋아하거나 싫어하는 성미. 또는 그러한 기분.

설왕설래

說 말씀 설 | 往 갈 왕 |
說 말씀 설 | 來 올 래

우리는 여행 장소를 정하는 문제로   했다.

(뜻 알기) 서로 변론*을 주고받으며 옥신각신함. 또는 말이 오고 감.

(뜻 써 보기) _____

(어휘 쏙) **변론(辯論)** 사리를 밝혀 옳고 그름을 따짐.

어불성설

語 말씀 어 | 不 아닐 불 |
成 이룰 성 | 說 말씀 설

물이 부족한 지역에 분수대를 설치하자고 하다니,   이다.

(뜻 알기) 말이 조금도 사리에 맞지 아니함.

(뜻 써 보기) _____

★ 뛰어난 사람

군계일학

群 무리 군 | 鷄 닭 계 |
一 하나 일 | 鶴 학 학

잘생긴 인물에 총명한 눈빛을 가진 그는 동료들 사이에
서   이었다.

(뜻 알기) 닭의 무리 가운데에서 한 마리의 학이란 뜻으로, 많은
사람 가운데서 뛰어난 인물을 이르는 말.

(뜻 써 보기) _____

낭중지추

囊 주머니 낭 | 中 가운데 중 |
之 갈 지 | 錐 송곳 추

      라고, 그는 단역으로 출연했는데도 연기력이 눈에 띄었다.

(뜻 알기) 주머니 속의 송곳이라는 뜻으로, 재능이 뛰어난 사람은 숨어 있어도 저절로
사람들에게 알려짐을 이르는 말.

(뜻 써 보기) _____

★ 위태로운 상황

누란지세

累 묶을 누 | 卵 알 란 |
之 갈 지 | 勢 기세 세

우리 조상들은   에 처한 나라를 구하기 위해 온몸을 바쳐 적과 싸웠다.

(뜻 알기) 층층이 쌓아 놓은 알의 형세라는 뜻으로, 몹시 위태로운 형세를 비유적으로 이르는 말.

(뜻 써 보기)

사면초가

四 넉 사 | 面 낯 면 |
楚 가시나무 초 | 歌 노래 가

장군은 적들에게 둘러싸여   의 상태에 처하게 되었다.

(뜻 알기) 사방에서 들리는 초(楚)나라의 노래라는 뜻으로, 아무에게도 도움을 받지 못하는, 외롭고 곤란한 지경에 빠진 형편을 이르는 말.

(뜻 써 보기)

풍전등화

風 바람 풍 | 前 앞 전 |
燈 등잔 등 | 火 불 화

경쟁 업체의 등장으로 인해 우리 회사는   의 위기에 놓이게 되었다.

(뜻 알기) 바람 앞의 등불이라는 뜻으로, 사물이 매우 위태로운 처지에 놓여 있음을 비유적으로 이르는 말.

(뜻 써 보기)

★ 예측하기 힘든 인생

고진감래

苦 괴로울 고 | 盡 다할 진 |
甘 달 감 | 來 올 래

힘들 때마다   라는 말을 떠올리며 어려움을 참아 냈다.

(뜻 알기) 쓴 것이 다하면 단 것이 온다는 뜻으로, 고생 끝에 즐거움이 옴을 이르는 말.

(뜻 써 보기)

새옹지마

塞 변방 새 | 翁 늙은이 옹 |
之 갈 지 | 馬 말 마

인간사는   라고, 이 일이 앞으로 어찌 될지는 아무도 모른다.

(뜻 알기) 인생의 길흉화복*은 변화가 많아서 예측하기가 어렵다는 말.

(뜻 써 보기)

(어휘 쏙) 길흉화복(吉凶禍福) 운이 좋고 나쁨, 재앙과 복됨을 아울러 이르는 말.

전화위복

轉 구를 전 | 禍 재앙 화 |
爲 할 위 | 福 복 복

이번 실패를   의 계기로 삼아 더 크게 성공할 것이다.

(뜻 알기) 재앙과 근심, 걱정이 바뀌어 오히려 복이 됨.

(뜻 써 보기)

사전적 의미

01 ~ 04 다음 뜻풀이에 해당하는 한자 성어를 〈보기〉에서 찾아 쓰시오.

─● 보기 ●─

군계일학   누란지세   새옹지마   설왕설래

01 서로 변론을 주고받으며 옥신각신함. 또는 말이 오고 감.   (   )

02 인생의 길흉화복은 변화가 많아서 예측하기가 어렵다는 말.   (   )

03 층층이 쌓아 놓은 알의 형세라는 뜻으로, 몹시 위태로운 형세를 비유적으로 이르는 말.

(   )

04 닭의 무리 가운데에서 한 마리의 학이란 뜻으로, 많은 사람 가운데서 뛰어난 인물을 이르는 말.

(   )

05 ~ 06 제시된 초성을 활용하여 한자 성어의 뜻풀이를 완성하시오.

05 고진감래 : 쓴 것이 다하면 단 것이 온다는 뜻으로, 고생 끝에 ㅈ ㄱ ㅇ 이 옴을 이르는 말.

06 낭중지추 : 주머니 속의 송곳이라는 뜻으로, ㅈ ㄴ 이 뛰어난 사람은 숨어 있어도 저절로 사람들에게 알려짐을 이르는 말.

07 ~ 10 제시된 초성을 참고하여 다음 뜻풀이에 알맞은 한자 성어를 쓰시오.

07 말이 조금도 사리에 맞지 아니함.   ㅇ ㅂ ㅅ ㅅ

08 재앙과 근심, 걱정이 바뀌어 오히려 복이 됨.   ㅈ ㅎ ㅇ ㅂ

09 귀가 솔깃하도록 남의 비위를 맞추거나 이로운 조건을 내세워 꾀는 말.   ㄱ ㅇ ㅇ ㅅ

10 바람 앞의 등불이라는 뜻으로, 사물이 매우 위태로운 처지에 놓여 있음을 비유적으로 이르는 말.

ㅍ ㅈ ㄷ ㅎ

▶ 정답과 해설 48쪽

11 ~ 13 제시된 초성을 참고하여 밑줄 친 부분과 의미가 통하는 한자 성어를 쓰시오.

11 새로운 공장을 세우는 문제로 <u>서로 변론을 주고받으며 옥신각신하는 상황</u>이 오랫동안 계속되었다.

ㅅ ㅇ ㅅ ㄹ

12 우리 군은 갑작스러운 적의 침략으로 <u>아무에게도 도움을 받지 못하는, 외롭고 곤란한 지경</u>에 빠졌다.

ㅅ ㅁ ㅊ ㄱ

13 성민: 요즈음 집중도 잘 안 되고, 공부하는 것이 너무 힘들어.
미진: <u>고생 끝에 즐거움이 온다</u>고 하잖아. 힘들어도 참고 열심히 공부하면 좋은 결과가 있을 거야.

ㄱ ㅈ ㄱ ㄹ

14 밑줄 친 한자 성어의 쓰임이 적절하지 <u>않은</u> 것은?

① 그 기업은 엄청난 빚 때문에 <u>풍전등화</u>의 위기에 처했다.
② 심각한 홍수로 인해 도시 전체가 <u>누란지세</u>의 상황에 놓여 있다.
③ 많은 사람 속에 있을 때 그의 재능은 <u>군계일학</u>처럼 더욱 돋보였다.
④ <u>낭중지추</u>라고, 그는 짧은 경기 시간에도 기량을 발휘해 승리를 이끌었다.
⑤ 가족을 위해서 일한다지만 정작 가정에 신경을 쓰지 못하니 <u>감언이설</u>이다.

15 〈보기〉의 빈칸에 들어가기에 적절한 한자 성어는?

> ● 보기 ●
>
> 우리 회사는 이번 위기를 (   )의 계기로 삼아 고객의 신뢰를 회복하기 위해 더욱 노력
> 할 것입니다.

① 어불성설(語不成說)　　② 풍전등화(風前燈火)　　③ 전화위복(轉禍爲福)
④ 군계일학(群鷄一鶴)　　⑤ 새옹지마(塞翁之馬)

16 ~ 17 다음 한자 성어가 들어간 예문을 찾거나, 스스로 새로운 문장을 만들어 써 보시오.

16 감언이설 ⇨ _____

17 새옹지마 ⇨ _____

01~03 다음 시를 읽고 물음에 답하시오.

(가) 발가벗은 아이들이 거미줄 테*를 들고 개천으로 왕래하며,

ㄱ발가숭아* 발가숭아, 저리 가면 죽느니라. 이리 오면 사느니라. 부르나니 발가숭이*로다.

　　아마도 세상일이 다 이러한가 하노라.　　　　　　　　　　－ 이정신

(나) 나무도 바윗돌도 없는 산에서 매에게 쫓기는 까투리의 마음과,

ㄴ넓은 바다 한가운데 일천 석 실은 배에 노도 잃고, 닻도 잃고, 돛줄도 끊어지고, 돛대도 꺾어지고, 키도 빠지고, 바람 불어 물결 치고, 안개 뒤섞여 자욱한 날에 갈 길은 천리만리 남았는데, 사방이 어둑어둑 저물고 천지는 적막하여 사나운 파도가 떴는데 해적을 만난 도사공의 마음과,

　　엊그제 임을 여읜 내 마음이야 어디다 비교하리오.

　　　　　　　　　　　　　　　　　　　　　　　　　　　－ 작자 미상

* 거미줄 테: 거미줄로 만든 잠자리채.
* 발가숭이: 옷을 모두 벗은 알몸뚱이. 여기서는 '고추잠자리'와 '벌거벗은 아이'를 가리킴.

♥ 작품 감상

(가) [해제] 고추잠자리를 잡는 놀이를 통해 서로 믿을 수 없는 세태를 풍자한 사설시조이다.
[주제] 서로 속고 속이는 약육강식의 세태 풍자

(나) [해제] 위기에 빠진 '까투리'와 '도사공'의 절박한 심정에 견주어 화자의 슬픔을 표현한 사설시조이다.
[주제] 임을 여읜 슬픔

---

01 (가)와 (나)에 대한 설명으로 적절하지 <u>않은</u> 것은?

① (가)의 '거미줄 테'는 고추잠자리를 위험에 빠뜨릴 수 있는 함정이다.
② (가)의 발가벗은 아이들은 고추잠자리를 잡으려고 거짓말을 하고 있다.
③ (나)의 화자는 까투리의 상황보다 자신의 상황이 더 낫다고 생각하고 있다.
④ (나)의 '안개'와 '어둠'은 도사공의 부정적 상황을 더욱 심화시키는 요소이다.
⑤ (나)의 '나무'나 '바윗돌'은 까투리가 매의 위험으로부터 피할 수 있는 곳이다.

02 ㄱ의 상황과 가장 잘 어울리는 한자 성어는?

① 감언이설(甘言利說)　　② 고진감래(苦盡甘來)　　③ 낭중지추(囊中之錐)
④ 누란지세(累卵之勢)　　⑤ 설왕설래(說往說來)

창의적 적용

03 ㄴ에서 도사공이 마주하고 있는 현실을 〈조건〉에 맞게 서술하시오.

● 조건 ●

1) ㄴ의 상황과 어울리는 한자 성어를 활용하여 한 문장으로 쓸 것.
2) '도움', '상황'이라는 단어를 사용하여 '도사공은 ~ 놓여 있다.'의 형식으로 쓸 것.

04~06 다음 글을 읽고 물음에 답하시오.

[앞부분 줄거리] 장풍운의 셋째 부인 유 씨는 첫째 부인 '이 부인'을 질투하여 장풍운이 집을 비운 사이 시비 난향과 함께 '이 부인'을 모함하여 옥에 가둔다. 이 사실을 모두 안 둘째 부인 '왕 부인'은 '이 부인'의 동생 경운을 불러 이른다.

"이제 공자의 누님이 겪어야 할 환난이 목전에 있는지라, 승상(장풍운)께서 빨리 오시면 옳고 그름이 가려질 것이오. 생각건대 승상이 타시던 준마가 있으니 밤낮을 가리지 아니하고 가서 승상을 모셔 오면, ㉠화가 변하여 복이 되리라."〈중략〉/ 경운이 하직 인사를 드리고 길을 떠났다.

문득 군사가 "경운 공자가 왔다." 알리자, 좌승상이 크게 놀라서 바삐 불러들이라 했다. 경운이 들어와 아무 말도 못하고 기절하는지라 붙들어 구호하며 까닭을 물으니, 경운이 서간을 드리며 그간의 사정을 알렸다. 좌승상이 유씨의 소행으로 짐작하고 부원수에게 "뒤를 따르라." 명하고, 밤낮을 가리지 않고 바삐 경성으로 향하여 갔다. 〈중략〉/ 좌승상이 말을 달려 수많은 사람의 무리를 헤치고 형을 집행하는 관리에게 가서 전후사연을 이르며 "참하는 시각을 늦추라." 하고는, 바로 입궐하여 벌줄 것을 청했다. 천자가 크게 놀라셨지만 먼저 먼 길 갔다 온 것을 위로하시고, 다음으로 옥사(獄事)를 말씀하셨다. 좌승상이 싸움에 나가 이겨 공을 세운 경위를 아뢰고, 옥사에 관한 자신의 의견을 말했다.

"금일 옥사는 저의 집안의 사사로운 일이오니 스스로 맡아서 처리하게 해 주소서."

천자가 이를 허락하셨다. 〈중략〉/ 좌승상이 글을 올려 옥사를 뒤집고, 유 씨를 그 수레에서 사형에 처하고, 난향 등을 능지처참한 후, 이 부인을 구했다.

— 작자 미상, 〈장풍운전〉

♥ 작품 감상
[해제] 이 작품은 영웅 소설이지만, 다른 영웅 소설에 비해 군담이 적은 반면, 가정 내 갈등이 부각된 고전 소설이다.
[주제] 장풍운의 일생과 고난 극복, 권선징악

04 이 글의 등장인물에 대한 설명으로 적절하지 <u>않은</u> 것은?

① 유 씨는 난향과 함께 음모를 꾸미며 '이 부인'을 위험에 빠뜨렸다.
② 좌승상은 '이 부인'을 구하기 위해 부원수와 함께 경성으로 갔다.
③ '이 부인'은 장풍운이 없는 사이에 억울하게 모함을 받고 옥에 갇혔다.
④ 경운은 누나의 문제를 해결하기 위해 좌승상에게 달려가 소식을 전했다.
⑤ 천자는 좌승상을 믿지 않아서 '이 부인'의 옥사에 간섭하지 말 것을 명했다.

05 ㉠과 의미가 통하는 한자 성어로 알맞은 것은?

① 군계일학(群鷄一鶴)　　② 사면초가(四面楚歌)　　③ 새옹지마(塞翁之馬)
④ 어불성설(語不成說)　　⑤ 전화위복(轉禍爲福)

창의적 적용

06 서간에 어떤 내용이 적혀 있을지, '풍전등화'라는 한자 성어를 사용해 한 문장으로 서술하시오.

어휘 체크

※ 잘 아는 한자 성어 ○표! 헷갈리거나 모르는 한자 성어 ×표! 학습 후 확실하게 이해했으면 ☆표!

절차탁마 ☐☐	칠전팔기 ☐☐	형설지공 ☐☐	격세지감 ☐☐
상전벽해 ☐☐	산전수전 ☐☐	오리무중 ☐☐	천신만고 ☐☐
사상누각 ☐☐	섬섬옥수 ☐☐	절세가인 ☐☐	

★ 노력과 도전

절차탁마

切 끊을 절 | 磋 갈 차 |
琢 쪼을 탁 | 磨 갈 마

그는   하여 화가 못지않은 그림 실력을 길렀다.

(뜻 알기) 옥이나 돌 따위를 갈고 닦아서 빛을 낸다는 뜻으로, 부지런히 학문과 덕행을 닦음을 이르는 말.

(뜻 써 보기)

칠전팔기

七 일곱 칠 | 顚 엎드러질 전 |
八 여덟 팔 | 起 일어날 기

나는   의 끈질긴 정신으로 결국 변호사 시험에 합격했다.

(뜻 알기) 일곱 번 넘어지고 여덟 번 일어난다는 뜻으로, 여러 번 실패하여도 굴하지 아니하고 꾸준히 노력함을 이르는 말.

(뜻 써 보기)

형설지공

螢 반딧불이 형 | 雪 눈 설 |
之 갈 지 | 功 공 공

은지는 퇴근 후에   으로 공부하여 대학원을 졸업했다.

(뜻 알기) 반딧불 · 눈과 함께 하는 노력이라는 뜻으로, 고생을 하면서 부지런하고 꾸준하게 공부하는 자세를 이르는 말.

(뜻 써 보기)

★ 세상의 변화

격세지감

隔 사이 뜰 격 | 世 인간 세 |
之 갈 지 | 感 느낄 감

오랜만에 찾은 고향의 모습이 낯설어 그녀는   을 느꼈다.

(뜻 알기) 오래지 않은 동안에 몰라보게 변하여 아주 다른 세상이 된 것 같은 느낌.

(뜻 써 보기)

상전벽해

桑 뽕나무 상 | 田 밭 전 |
碧 푸를 벽 | 海 바다 해

논밭이 있었던 곳에 고층 건물이 들어서니   가 따로 없다.

(뜻 알기) 뽕나무밭이 변하여 푸른 바다가 된다는 뜻으로, 세상일의 변천*이 심함을 비유적으로 이르는 말.

(뜻 써 보기)

(어휘 쏙) 변천(變遷) 세월의 흐름에 따라 바뀌고 변함.

★ 고생, 어려움

산전수전
山 뫼 산 | 戰 싸울 전 |
水 물 수 | 戰 싸울 전

준우는 이십 년 동안 경찰로 일하면서 　　　　　을 다 겪었다고 말했다.

(뜻 알기) 산에서도 싸우고 물에서도 싸웠다는 뜻으로, 세상의 온갖 고생과 어려움을 다 겪었음을 이르는 말.

(뜻 써 보기) _____

오리무중
五 다섯 오 | 里 마을 리 |
霧 안개 무 | 中 가운데 중

작년 말에 집을 나간 그의 행적은 아직까지 　　　　　이다.

(뜻 알기) 오 리나 되는 짙은 안개 속에 있다는 뜻으로, 무슨 일에 대하여 방향이나 갈피*를 잡을 수 없음을 이르는 말.

(뜻 써 보기) _____

(어휘 쏙) 갈피 일이나 사물의 갈래가 구별되는 어름.

천신만고
千 일천 천 | 辛 매울 신 |
萬 일만 만 | 苦 쓸 고

우리는 　　　　　끝에 에베레스트 산 정상에 올랐다.

(뜻 알기) 천 가지 매운 것과 만 가지 쓴 것이라는 뜻으로, 온갖 어려운 고비를 다 겪으며 심하게 고생함을 이르는 말.

(뜻 써 보기) _____

사상누각
沙 모래 사 | 上 위 상 |
樓 다락 누 | 閣 집 각

개념을 모른 채 무작정 문제를 푸는 것은 　　　　　에 불과하다.

(뜻 알기) 모래 위에 세운 누각*이라는 뜻으로, 기초가 튼튼하지 못하여 오래 견디지 못할 일이나 물건을 이르는 말.

(뜻 써 보기) _____

(어휘 쏙) 누각(樓閣) 사방을 바라볼 수 있도록 문과 벽이 없이 다락처럼 높이 지은 집.

★ 아름다움

섬섬옥수
纖 가늘 섬 | 纖 가늘 섬 |
玉 구슬 옥 | 手 손 수

그녀의 가늘고 흰 　　　　　에는 약혼반지가 끼워져 있었다.

(뜻 알기) 가냘프고 고운 손을 이르는 말.

(뜻 써 보기) _____

절세가인
絶 끊을 절 | 世 인간 세 |
佳 아름다울 가 | 人 사람 인

유나는 　　　　　이었던 어머니를 닮아 얼굴이 무척 예뻤다.

(뜻 알기) 세상에 견줄 만한 사람이 없을 정도로 뛰어나게 아름다운 여인.

(뜻 써 보기) _____

사전적 의미

01 ~ 04 다음 뜻풀이에 해당하는 한자 성어를 〈보기〉에서 찾아 쓰시오.

┌──────── 보기 ────────┐
산전수전   절차탁마   절세가인   상전벽해
└───────────────────────┘

01 세상에 견줄 만한 사람이 없을 정도로 뛰어나게 아름다운 여인.   (   )

02 뽕나무밭이 변하여 푸른 바다가 된다는 뜻으로, 세상일의 변천이 심함을 비유적으로 이르는 말.
(   )

03 산에서도 싸우고 물에서도 싸웠다는 뜻으로, 세상의 온갖 고생과 어려움을 다 겪었음을 이르는 말.
(   )

04 옥이나 돌 따위를 갈고 닦아서 빛을 낸다는 뜻으로, 부지런히 학문과 덕행을 닦음을 이르는 말.
(   )

05 ~ 06 제시된 초성을 활용하여 한자 성어의 뜻풀이를 완성하시오.

05 　격세지감　 : 오래지 않은 동안에 몰라보게 변하여 아주 ㄷ ㄹ 세상이 된 것 같은 느낌.

06 　사상누각　 : 모래 위에 세운 누각이라는 뜻으로, ㄱ ㅊ 가 튼튼하지 못하여 오래 견디지 못할 일
이나 물건을 이르는 말.

07 ~ 10 제시된 초성을 참고하여 다음 뜻풀이에 알맞은 한자 성어를 쓰시오.

07 가냘프고 고운 손을 이르는 말.   ㅅ ㅅ ㅇ ㅅ

08 천 가지 매운 것과 만 가지 쓴 것이라는 뜻으로, 온갖 어려운 고비를 다 겪으며 심하게 고생함을 이
르는 말.   ㅊ ㅅ ㅁ ㄱ

09 반딧불·눈과 함께 하는 노력이라는 뜻으로, 고생을 하면서 부지런하고 꾸준하게 공부하는 자세를
이르는 말.   ㅎ ㅅ ㅈ ㄱ

10 일곱 번 넘어지고 여덟 번 일어난다는 뜻으로, 여러 번 실패하여도 굴하지 아니하고 꾸준히 노력함
을 이르는 말.   ㅊ ㅈ ㅍ ㄱ

11~13 제시된 초성을 참고하여 밑줄 친 부분과 의미가 통하는 한자 성어를 쓰시오.

11 그녀는 <u>세상에 견줄 만한 사람이 없을 정도로 뛰어나게 아름다운</u> 여인은 아니지만, 볼수록 정이 가는 매력적인 얼굴이다.

ㅈ ㅅ ㄱ ㅇ

12 하루가 다르게 변해 가는 고향의 모습에 <u>오래지 않은 동안에 몰라보게 변하여 아주 다른 세상이 된 것 같은 느낌</u>을 느꼈다.

ㄱ ㅅ ㅈ ㄱ

13 민지: 이번 시험에 또 떨어졌어. 이제는 정말 포기해야 하나 봐.

윤진: <u>일곱 번 넘어져도 여덟 번 일어난다</u>는 말이 있잖아. 한 번만 더 도전해 보자.

ㅊ ㅈ ㅍ ㄱ

14 밑줄 친 한자 성어의 쓰임이 적절하지 <u>않은</u> 것은?

① 그녀는 다소곳하게 앉아 <u>섬섬옥수</u>로 가야금을 뜯기 시작했다.

② 그는 <u>절차탁마</u>의 각오로 연습하여 수학 경시대회의 우승자가 되었다.

③ 나는 어릴 적부터 해 보지 않은 일이 없을 정도로 <u>격세지감</u>을 다 겪었다.

④ 새로운 보안 전략이 <u>사상누각</u>이 되지 않기 위해 기본 원칙을 잘 지켜야 한다.

⑤ 경찰은 용의자도 특정하지 못한 채, <u>오리무중</u> 상태로 사건 현장을 수사하고 있다.

15 〈보기〉의 빈칸에 들어가기에 적절한 한자 성어는?

> ● 보기 ●
>
> 허허벌판이었던 곳에 고급 주택들이 **빼곡하게** 들어섰으니 (   )이/가 따로 없다.

① 상전벽해(桑田碧海)   ② 천신만고(千辛萬苦)   ③ 절차탁마(切磋琢磨)

④ 칠전팔기(七顚八起)   ⑤ 형설지공(螢雪之功)

16~17 다음 한자 성어가 들어간 예문을 찾거나, 스스로 새로운 문장을 만들어 써 보시오.

16 형설지공 ⇨ _____

17 천신만고 ⇨ _____

01~03 다음 시를 읽고 물음에 답하시오.

잠아 잠아 짙은 잠아 이 내 눈에 쌓인 잠아
염치 불구 이 내 잠아 욕심 언덕 이 내 잠아
어제 간밤 오던 잠이 오늘 아침 다시 오네
잠아 잠아 무삼 잠고 가라 가라 멀리 가라
세상 사람 무수한데 구태 너는 간 데 없어
원치 않는 이 내 눈에 이렇듯이 더 심하냐
밤낮으로 한가하여 달 밝은 동쪽 창에 혼자 앉아 / 삼사경 깊은 밤을 헛되이 보내면서
잠 못 들어 한하는데 그런 사람 있건마는 / 청하지 않은 원망 소리 올 때마다 듣는 거냐
저녁밥을 다 먹고서 황혼이 되자마자 / 낮에 못 한 남은 일을 밤에 하리라 마음먹고
말 끝나자 황혼이라 [㉠] 바삐 들어 / 등잔 앞에 고개 숙여 실 한 바람* 풀어서
드문드문 질긋 바늘 두어 땀* 뜰 듯 말 듯 / 난데없는 이 내 잠이 소리 없이 달려드네
눈썹 속에 숨었는가 눈 아래로부터 솟아 온가 / 이 눈 저 눈 왕래하며 무슨 요술 피우는고
맑고 맑은 이 내 눈이 절로 절로 희미하다
　　　　　　　　　　　　　　　　　　　　　　　　　　　　－ 작자 미상, 〈잠 노래〉

♥ 작품 감상
[해제] '잠'을 의인화하여 고달픈 여인의 삶을 익살스럽게 노래한 민요이다.
[주제] 밤새워 바느질하는 여인들의 고달픈 삶

* 실 한 바람: 한 발 정도 길이의 실을 말함.　　　　* 땀: 바느질할 때 실을 꿴 바늘로 한 번 뜸. 또는 그런 자국.

01 이 시에 대한 설명으로 적절하지 <u>않은</u> 것은?

① 화자는 '잠'을 사람처럼 여기며 대화의 상대로 삼고 있다.
② 화자는 황혼이 지나고 나서 상당히 많은 일을 마무리하고 있다.
③ 밥을 먹고 나서도 쉬지 못하는 화자의 바쁜 일상이 나타나 있다.
④ '바늘'이라는 소재를 통해 화자가 여성이라는 것을 확인할 수 있다.
⑤ 화자는 한가한 사람도 많은데 자신에게만 찾아오는 잠을 원망하고 있다.

02 다음의 뜻풀이를 참고할 때 ㉠에 들어갈 한자 성어로 알맞은 것은?

㉠의 뜻풀이: 가냘프고 고운 손을 이르는 말.

① 격세지감(隔世之感)　　　② 산전수전(山戰水戰)　　　③ 섬섬옥수(纖纖玉手)
④ 오리무중(五里霧中)　　　⑤ 절세가인(絶世佳人)

창의적 적용
03 이 시를 노래하는 당시 여인들의 생활과 삶의 태도를 서술하시오.

다음 글을 읽고 물음에 답하시오.

[앞부분 줄거리] 나라에 공을 세워 벼슬에 오르고 여덟 여인을 만나 인연을 맺은 양소유는 문득 인생의 허망함을 느껴 자신의 심정을 부인들에게 이야기한다.

♥ 작품 감상
[해제] 성진(양소유)이 하룻밤의 꿈속에서 부귀영화를 누린 후 인생무상을 깨닫는 내용의 고전 소설이다.
[주제] 인생무상의 깨달음을 통한 허무의 극복

"소유는 본디 하남(河南)의 베옷을 입은 미천한 선비로, 덕이 있는 천자의 은혜를 입어 벼슬이 장군과 재상에 이르렀으며 낭자들과의 은혜와 정이 백 년이 하루 같으니, 만일 모두 전생의 인연으로 모였다가 인연이 다하여 각각 돌아감은 천지에 떳떳한 일이라. ㉠우리가 돌아간 백 년 후에 높은 대가 무너지고 굽은 연못이 메워지며 춤추던 땅이 변하여 거친 산과 시든 풀이 되면 나무하는 사람과 가축을 기르는 아이들이 그곳을 오르내리며 탄식하여 말하기를, '여기는 옛날 양 승상이 여러 낭자로 더불어 놀던 곳이라. 승상의 부귀 풍류와 여러 낭자의 아름다운 모습은 이제 어디 갔느냐?' 하리니 어찌 인생이 덧없지 아니한가?

내가 생각하니 천하에 유교·도교·불교가 가장 높으니 이를 삼교(三敎)라고 이른다. 유교는 살아 있을 때의 일과 죽은 후에 이름을 전할 뿐이요, 신선은 예로부터 구하여 얻은 자가 드무니 진시황·한 무제·현종 황제를 보면 알 수 있다. 내가 벼슬에서 물러난 후로부터 밤에 잠이 들면 꿈속에서 매번 방석 위에서 참선하는 모습을 보니 이는 필연 불교와 인연이 있는 것이라. 집을 버리고 스승을 구하여 남해를 건너 관세음보살을 찾고, 오대산에 올라 문수보살께 예를 올려 생겨나지도 없어지지도 않는 도를 얻어 인간 세상의 괴로움과 즐거움을 벗어나고자 하되, 그대들과 반평생을 같이 살다가 갑자기 이별하려 하니 슬픈 마음이 자연스레 곡조에 나타난 것이오." — 김만중, 〈구운몽〉

04 이 글의 내용과 일치하지 **않는** 것은?

① 양소유는 자신이 불교와 인연이 깊다고 생각하고 있다.
② 양소유는 벼슬을 하기 전 가난한 선비였다고 밝히고 있다.
③ 양소유는 자신이 판단한 유교와 도교의 한계를 설명하고 있다.
④ 양소유는 인생에서의 허무감을 극복할 수 있는 깨달음을 얻고자 한다.
⑤ 양소유는 여덟 명의 부인에게 함께 불교 공부를 하러 가자고 제안하고 있다.

05 ㉠과 의미가 통하는 한자 성어로 알맞은 것은?

① 사상누각(沙上樓閣)　　② 상전벽해(桑田碧海)　　③ 천신만고(千辛萬苦)
④ 절차탁마(切磋琢磨)　　⑤ 형설지공(螢雪之功)

창의적 적용

06 이 글을 바탕으로 양소유의 삶을 '부귀영화'와 '절세가인'이라는 한자 성어를 사용해 요약하시오.

공부한 날 ◯ 월 ◯ 일

어휘 체크

※ 잘 아는 한자 성어 ◯표! 헷갈리거나 모르는 한자 성어 ✕표! 학습 후 확실하게 이해했으면 ☆표!

근묵자흑 ☐☐	상부상조 ☐☐	타산지석 ☐☐	수구초심 ☐☐
오매불망 ☐☐	침소봉대 ☐☐	허장성세 ☐☐	각골통한 ☐☐
비분강개 ☐☐	궁여지책 ☐☐	속수무책 ☐☐	

★ 교훈, 관계

근묵자흑
近 가까울 근 | 墨 먹 묵 |
者 사람 자 | 黑 검을 흑

어머니는 ▢▢▢▢ 이라며 좋은 친구들을 사귀라고 말씀하셨다.

(뜻 알기) 먹을 가까이하는 사람은 검어진다는 뜻으로, 나쁜 사람과 가까이 지내면 나쁜 버릇에 물들기 쉬움을 비유적으로 이르는 말.

(뜻 써 보기) _____

상부상조
相 서로 상 | 扶 도울 부 |
相 서로 상 | 助 도울 조

이웃끼리 ▢▢▢▢ 하는 것은 우리나라의 아름다운 풍속이다.

(뜻 알기) 서로서로 도움.

(뜻 써 보기) _____

타산지석
他 다를 타 | 山 뫼 산 |
之 갈 지 | 石 돌 석

지난 일을 ▢▢▢▢ 으로 삼아 똑같은 실수를 하지 않기를 바란다.

(뜻 알기) 다른 산의 나쁜 돌이라도 자신의 산의 옥돌을 가는 데에 쓸 수 있다는 뜻으로, 본이 되지 않은 남의 말이나 행동도 자신의 지식과 인격을 수양하는 데에 도움이 될 수 있음을 비유적으로 이르는 말.

(뜻 써 보기) _____

★ 그리움

수구초심
首 머리 수 | 丘 언덕 구 |
初 처음 초 | 心 마음 심

▢▢▢▢ 이라고, 나이가 드니 고향이 더 그리워진다.

(뜻 알기) 여우가 죽을 때에 머리를 자기가 살던 굴 쪽으로 둔다는 뜻으로, 고향을 그리워하는 마음을 이르는 말.

(뜻 써 보기) _____

오매불망
寤 잠 깰 오 | 寐 잠잘 매 |
不 아닐 불 | 忘 잊을 망

꿈에서도 그렇게 ▢▢▢▢ 하던 그를 만나니 반가워 눈물이 났다.

(뜻 알기) 자나 깨나 잊지 못함.

(뜻 써 보기) _____

★ 과장

침소봉대

針 바늘 침 | 小 작을 소 |
棒 막대 봉 | 大 클 대

별일도 아닌 것을 이렇게 　　　　　　로 이야기하다니 과장이 심하군.

(뜻 알기) 작은 일을 크게 불리어 떠벌림.

(뜻 써 보기) _____

허장성세

虛 빌 허 | 張 베풀 장 |
聲 소리 성 | 勢 기세 세

불의를 보면 못 참는다는 그의 말은 　　　　　　에 불과했다.

(뜻 알기) 실속은 없으면서 큰소리치거나 허세*를 부림.

(뜻 써 보기) _____

(어휘 쏙) 허세(虛勢) 실속이 없이 겉으로만 드러나 보이는 기세.

★ 분노, 원한

각골통한

刻 새길 각 | 骨 뼈 골 |
痛 아플 통 | 恨 한할 한

승우는 평생을 바쳐 일한 직장에서 쫓겨난 자신의 처지
를 　　　　　　으로 여겼다.

(뜻 알기) 뼈에 사무칠 만큼 원통하고* 한스러움. 또는 그런 일.

(뜻 써 보기) _____

(어휘 쏙) 원통(寃痛)하다 분하고 억울하다.

비분강개

悲 슬플 비 | 憤 성낼 분 |
慷 강개할 강 | 慨 분개할 개

그는 굶주림에 시달리는 백성들의 모습을 보며 　　　　　　하였다.

(뜻 알기) 슬프고 분하여 마음이 북받침.

(뜻 써 보기) _____

★ 계책

궁여지책

窮 다할 궁 | 餘 남을 여 |
之 갈 지 | 策 꾀 책

경제 상황이 좋지 않아 물건이 잘 팔리지 않자, 박 사장은 가격을 최대한 낮
춰서 파는 　　　　　　을 마련했다.

(뜻 알기) 궁한 나머지 생각다 못하여 짜낸 계책*.

(뜻 써 보기) _____

(어휘 쏙) 계책(計策) 어떤 일을 이루기 위하여 꾀나 방법을 생각해 냄. 또는 그 꾀나 방법.

속수무책

束 묶을 속 | 手 손 수 |
無 없을 무 | 策 꾀 책

갑작스럽게 내리는 폭우에 　　　　　　으로 비를 맞을
수밖에 없었다.

(뜻 알기) 손을 묶은 것처럼 어찌할 도리가 없어 꼼짝 못 함.

(뜻 써 보기) _____

01 ~ 04 다음 뜻풀이에 해당하는 한자 성어를 〈보기〉에서 찾아 쓰시오.

─ 보기 ─

각골통한   근묵자흑   속수무책   오매불망

01 자나 깨나 잊지 못함.   (   )

02 손을 묶은 것처럼 어찌할 도리가 없어 꼼짝 못 함.   (   )

03 뼈에 사무칠 만큼 원통하고 한스러움. 또는 그런 일.   (   )

04 먹을 가까이하는 사람은 검어진다는 뜻으로, 나쁜 사람과 가까이 지내면 나쁜 버릇에 물들기 쉬움을
비유적으로 이르는 말.   (   )

05 ~ 06 제시된 초성을 활용하여 한자 성어의 뜻풀이를 완성하시오.

05 허장성세 : 실속은 없으면서 큰소리치거나 ㅎ ㅅ 를 부림.

06 수구초심 : 여우가 죽을 때에 머리를 자기가 살던 굴 쪽으로 둔다는 뜻으로, ㄱ ㅎ 을 그리워하
는 마음을 이르는 말.

07 ~ 10 제시된 초성을 참고하여 다음 뜻풀이에 알맞은 한자 성어를 쓰시오.

07 서로서로 도움.   ㅅ ㅂ ㅅ ㅈ

08 슬프고 분하여 마음이 북받침.   ㅂ ㅂ ㄱ ㄱ

09 작은 일을 크게 불리어 떠벌림.   ㅊ ㅅ ㅂ ㄷ

10 궁한 나머지 생각다 못하여 짜낸 계책.   ㄱ ㅇ ㅈ ㅊ

문맥적 의미

11 ~ 13 제시된 초성을 참고하여 밑줄 친 부분과 의미가 통하는 한자 성어를 쓰시오.

11 나라를 부당하게 **빼앗긴** 역사에 대해 배우며 <u>슬프고 분한 마음이 북받쳤다</u>. ㅂ ㅂ ㄱ ㄱ

12 그는 어려움에 처한 친구를 보고도 <u>어찌할 도리가 없어 꼼짝 못 하는</u> 자신의 처지에 한숨을 쉬며 탄식했다. ㅅ ㅅ ㅁ ㅊ

13 수진: 정수야, 어제 왜 나에게 그런 거짓말을 했니?
정수: 내키지는 않았지만 <u>궁한 나머지 생각다 못하여 짜낸 계책</u>으로 거짓말을 하게 되었어. 정말 미안해. ㄱ ㅇ ㅈ ㅊ

14 밑줄 친 한자 성어의 쓰임이 적절하지 <u>않은</u> 것은?

① 그녀는 사소한 일을 <u>침소봉대</u>로 말하는 경향이 있다.
② <u>근묵자흑</u>이라고 늘 싸움만 일으키는 사람은 멀리해야 한다.
③ 이산가족들에게 분단의 세월은 <u>각골통한</u>의 세월이었을 것이다.
④ 내 말이 <u>허장성세</u>인지 아닌지 시간이 지나면 알 수 있을 것이다.
⑤ 타국에서 십 년을 살았지만, <u>비분강개</u>라고 고향을 잊은 적이 없다.

15 〈보기〉의 빈칸에 들어가기에 적절한 한자 성어는?

● 보기 ●
그는 무작정 사업을 시작했다가 실패한 친구를 (   )(으)로 삼아 꼼꼼히 사업을 준비했다.

① 궁여지책(窮餘之策)　　② 타산지석(他山之石)　　③ 상부상조(相扶相助)
④ 허장성세(虛張聲勢)　　⑤ 각골통한(刻骨痛恨)

16 ~ 17 다음 한자 성어가 들어간 예문을 찾거나, 스스로 새로운 문장을 만들어 써 보시오.

16 상부상조 ⇨ _____

17 오매불망 ⇨ _____

01 ~ 03 다음 시를 읽고 물음에 답하시오.

> (가) 오늘도 날이 다 새었다, 호미 메고 가자꾸나.
>   ㉠내 논 다 매거든 네 논도 좀 매어 주마.
>   오는 길에 뽕 따다가 누에 먹여 보자꾸나.   〈제13수〉
>   – 정철, 〈훈민가〉
>
>
> (나) 두꺼비가 파리를 물고 두엄* 위에 뛰어올라가 앉아
>   건너편 산 바라보니 흰 송골매*가 떠 있거늘 가슴이 끔찍하여 펄쩍
>   뛰어 내닫다가 두엄 아래 자빠졌구나.
>   ㉡마침 날랜 나였기에 망정이지 피멍이 들 뻔했구나.
>   – 작자 미상
>
> * 두엄: 풀, 짚 또는 가축의 배설물 따위를 썩힌 거름.
> * 송골매: 독수리보다 조금 작은 맷과의 새.

♥ 작품 감상
(가) [해제] 작가가 강원도 관찰사로 있을 때 백성들을 깨우치려고 지은 연시조이다.
[주제] 유교적 윤리의 실천
(나) [해제] 강자에게 비굴하고 약자에게 난폭한 탐관오리를 풍자한 사설시조이다.
[주제] 탐관오리(양반)의 횡포와 허세 풍자

01 (가)와 (나)에 대한 설명으로 적절하지 <u>않은</u> 것은?

① (가)에는 열심히 일하려는 농부의 태도가 드러나 있다.
② (가)의 화자는 다른 농부에게 함께 일하러 가자고 권유하고 있다.
③ (나)의 두꺼비는 자신의 능력에 대해 겸허한 태도를 보이고 있다.
④ (나)에는 강자인 두꺼비가 약자인 파리를 억압하는 모습이 나타나 있다.
⑤ (나)에는 자신보다 강한 송골매 앞에서 비굴한 두꺼비의 모습이 드러나 있다.

02 ㉠의 상황과 관련이 깊은 한자 성어로 가장 적절한 것은?

① 각골통한(刻骨痛恨)   ② 근묵자흑(近墨者黑)   ③ 상부상조(相扶相助)
④ 타산지석(他山之石)   ⑤ 속수무책(束手無策)

창의적 적용

03 (나)에 나타난 두꺼비의 태도를 〈조건〉에 맞게 서술하시오.

─── 조건 ───
1) (나)의 두꺼비는 '탐관오리', 파리는 '백성', 송골매는 '중앙의 높은 관리'라고 가정할 것.
2) ㉡과 관련된 한자 성어를 사용해 한 문장으로 쓸 것.

04~06 다음 글을 읽고 물음에 답하시오.

[앞부분 줄거리] 개성에 사는 이생은 우연히 양반집 담 너머로 아름다운 최 씨를 보게 된다. 서로에게 마음이 끌린 둘은 편지로 마음을 확인하고 사랑하는 사이가 된다.

이생은 그 뒤부터 밤마다 최 씨를 찾아가지 않는 날이 없었다.

어느 날 저녁에 이생의 아버지가 아들에게 물었다.

"네가 아침에 집을 나갔다가 저녁에 돌아오는 것은 옛 성인이 남기신 인의의 가르침을 배우려는 것이다. 그런데 요즘은 황혼 녘에 나갔다가 새벽에야 돌아오니 이게 어찌된 일이냐? 분명 경박한 놈들의 행실을 배워 남의 집 담장을 넘어가서 누구네 집 규수와 정을 통하고 다니는 것일 테지. 이 일이 탄로 나면 남들은 모두 내가 자식을 엄하게 가르치지 못한 탓이라고 책망할 것이다. 또 만일 그 규수가 지체 높은 집안의 딸이라면 필시 네 미친 짓 때문에 가문을 더럽히고 남의 집에 누를 끼치게 될 것이야. 이 일은 작은 일이 아니로다. 너는 지금 당장 영남으로 가서 종들을 거느리고 농사나 감독하여라. 그리고 다시 돌아오지 말아라."

이생은 그 이튿날 울주로 보내졌다. ㉠최 씨는 매일 저녁 화원에서 이생을 기다렸다. 그러나 몇 달이 지나도록 그는 돌아오지 않았다. 최 씨는 이생이 병에 걸렸나 보다고 생각하여 향아를 시켜 이생의 이웃들에게 몰래 물어보게 하였다. 이웃집 사람은 이렇게 말하였다.

"이 도령이 그 부친에게 죄를 지어 영남으로 내려간 지 이미 여러 달이 되었다오."

최 씨는 그 말을 전해 듣고 병이 나서 자리에 눕게 되었다. 몸만 이리 뒤척 저리 뒤척 할 뿐 일어나지도 못하고, 물조차도 삼키기 어려운 지경에 이르렀다. 말도 두서가 없어지고, 얼굴도 초췌해졌다.

– 김시습, 〈이생규장전〉

♥ 작품 감상

[해제] 어떠한 고통과 시련에도 사랑을 포기하지 않는 두 남녀의 이야기를 다룬 고전 소설이다.

[주제] 죽음을 초월한 남녀 간의 애절한 사랑

04 이 글에 대한 설명으로 적절하지 <u>않은</u> 것은?

① 최 씨는 이생을 볼 수 없게 되자 상사병에 걸려 몸져누웠다.

② 이생과 최 씨는 첫눈에 반해 부모의 허락도 받지 않고 몰래 만났다.

③ 최 씨는 이생이 오지 않자 사람을 시켜 이생의 소식을 알아보게 하였다.

④ 최 씨는 연애를 못마땅하게 여기는 아버지에 의해 이생과 이별하게 되었다.

⑤ 이생 아버지는 아들이 지체 높은 집안의 딸과 연애하는 것을 부정적으로 보고 있다.

05 ㉠의 상황과 가장 잘 어울리는 한자 성어는?

① 궁여지책(窮餘之策) ② 비분강개(悲憤慷慨) ③ 수구초심(首丘初心)

④ 오매불망(寤寐不忘) ⑤ 침소봉대(針小棒大)

창의적 적용

06 울주로 보내지는 이생의 상황을 '속수무책'이라는 한자 성어를 사용하여 서술하시오.

어휘
체크

※ 잘 아는 속담 ○표! 헷갈리거나 모르는 속담 ×표! 학습 후 확실하게 이해했으면 ☆표!

고래 싸움에 새우 등 터진다 ☐	사공이 많으면 배가 산으로 간다 ☐	어물전 망신은 꼴뚜기가 시킨다 ☐
벼 이삭은 익을수록 고개를 숙인다 ☐	오르지 못할 나무는 쳐다보지도 마라 ☐	가랑비에 옷 젖는 줄 모른다 ☐
귀에 걸면 귀걸이 코에 걸면 코걸이 ☐	등잔 밑이 어둡다 ☐	물은 건너 보아야 알고 사람은 지내보아야 안다 ☐
낮말은 새가 듣고 밤말은 쥐가 듣는다 ☐	발 없는 말이 천 리 간다 ☐	

★ 부정적 상황

고래 싸움에 새우 등 터진다

말다툼을 하고 계시던 부모님 옆에서 애꿎은 동생이 혼이 나는 상황은 고래 싸움에 　　　　　 터진다는 말을 떠올리게 한다.

뜻 알기　강한 자들끼리 싸우는 통에 아무 상관도 없는 약한 자가 중간에 끼어 피해를 입게 됨을 이르는 말.

뜻 써 보기

사공이 많으면 배가 산으로 간다

사공이 많으면 배가 　　　　　 간다고, 다들 자기 의견만 내세우느라 아무런 결정을 내리지 못했다.

뜻 알기　주관하는 사람 없이 여러 사람이 자기주장만 내세우면 일이 제대로 되기 어려움을 이르는 말.

뜻 써 보기

어물전 망신은 꼴뚜기가 시킨다

어물전 망신은 　　　　　 시킨다더니, 네 잘못으로 팀 전체가 망신을 당했다.

뜻 알기　지지리 못난 사람일수록 같이 있는 동료를 망신시킨다는 말.

뜻 써 보기

★ 겸손, 경계

벼 이삭은 익을수록 고개를 숙인다

벼 이삭은 익을수록 　　　　　 숙인다고, 늘 겸손하기를 바란다.

뜻 알기　교양이 있고 수양을 쌓은 사람일수록 겸손하고 남 앞에서 자기를 내세우려 하지 않는다는 것을 이르는 말.

뜻 써 보기

오르지 못할 나무는 쳐다보지도 마라

동네 뒷산도 오르지 못하면서 에베레스트산을 정복하겠다니 오르지 못할 　　　　　 쳐다보지도 마라.

뜻 알기　자기의 능력 밖의 불가능한 일에 대해서는 처음부터 욕심을 내지 않는 것이 좋다는 말.

뜻 써 보기

★ 삶의 이치

가랑비에 옷 젖는 줄 모른다

옷 젖는 줄 모른다고, 매일 한 시간씩 어휘 공부를 하니 어느새 어휘력이 눈에 띄게 늘었다.

뜻 알기   아무리 사소한 것이라도 그것이 거듭되면 무시하지 못할 정도로 크게 됨을 이르는 말.

뜻 써 보기 _____

귀에 걸면 귀걸이 코에 걸면 코걸이

그는 귀에 걸면 귀걸이 코에 걸면   라며, 모호한 학교 규칙에 대한 불만을 표현했다.

뜻 알기   어떤 원칙이 정해져 있는 것이 아니라 둘러대기에 따라 이렇게도 되고 저렇게도 될 수 있음을 이르는 말.

뜻 써 보기 _____

등잔 밑이 어둡다

밑이 어둡다더니, 핸드폰을 바로 옆에 두고도 계속 찾고 있었다.

뜻 알기   대상에서 가까이 있는 사람이 도리어 대상에 대하여 잘 알기 어렵다는 말.

뜻 써 보기 _____

물은 건너 보아야 알고 사람은 지내보아야 안다

물은 건너 보아야 알고   지내보아야 아는데, 만난 지 두 달 만에 결혼하는 것은 너무 성급하다.

뜻 알기   사람의 됨됨이란 겉만 보아서는 알 수 없고, 서로 오래 겪어 보아야 비로소 알 수 있음을 이르는 말.

뜻 써 보기 _____

★ 말

낮말은 새가 듣고 밤말은 쥐가 듣는다

새가 듣고 밤말은 쥐가 듣는다고, 항상 입조심해야 한다.

뜻 알기   아무리 비밀히 한 말이라도 반드시 남의 귀에 들어가게 되므로 아무도 안 듣는 데서라도 말조심해야 한다는 말.

뜻 써 보기 _____

발 없는 말이 천 리 간다

발 없는 말이   간다더니, 그에 관한 소문이 이미 온 마을에 쫙 퍼져 있었다.

뜻 알기   말은 비록 발이 없지만 천 리 밖까지도 순식간에 퍼진다는 뜻으로, 말을 삼가야 함을 이르는 말.

뜻 써 보기 _____

01~03 다음 속담과 그 뜻풀이를 바르게 연결하시오.

01 가랑비에 옷 젖는 줄 •
모른다

• ㉠ 대상에서 가까이 있는 사람이 도리어 대상에 대하여 잘 알기 어렵다는 말.

02 등잔 밑이 어둡다 •

• ㉡ 아무리 사소한 것이라도 그것이 거듭되면 무시하지 못할 정도로 크게 됨을 이르는 말.

03 벼 이삭은 익을수록 •
고개를 숙인다

• ㉢ 교양이 있고 수양을 쌓은 사람일수록 겸손하고 남 앞에서 자기를 내세우려 하지 않는다는 것을 이르는 말.

04~06 다음 뜻풀이에 해당하는 속담을 〈보기〉에서 찾아 기호를 쓰시오.

─ 보기 ─

㉠ 발 없는 말이 천 리 간다　　　　　㉡ 어물전 망신은 꼴뚜기가 시킨다
㉢ 귀에 걸면 귀걸이 코에 걸면 코걸이

04 지지리 못난 사람일수록 같이 있는 동료를 망신시킨다는 말. （　　　）

05 말은 비록 발이 없지만 천 리 밖까지도 순식간에 퍼진다는 뜻으로, 말을 삼가야 함을 이르는 말.
（　　　）

06 어떤 원칙이 정해져 있는 것이 아니라 둘러대기에 따라 이렇게도 되고 저렇게도 될 수 있음을 이르는 말. （　　　）

07~09 제시된 초성을 활용하여 속담의 뜻풀이를 완성하시오.

07 오르지 못할 나무는 쳐다보지도 마라

➡ 자기의 능력 밖의 불가능한 일에 대해서는 처음부터 ｜ㅇ｜｜ㅅ｜을 내지 않는 것이 좋다는 말.

08 고래 싸움에 새우 등 터진다

➡ 강한 자들끼리 싸우는 통에 아무 상관도 없는 약한 자가 중간에 끼어 ｜ㅍ｜｜ㅎ｜를 입게 됨을 이르는 말.

09 물은 건너 보아야 알고 사람은 지내보아야 안다

➡ 사람의 ｜ㄷ｜｜ㄷ｜｜ㅇ｜란 겉만 보아서는 알 수 없고, 서로 오래 겪어 보아야 비로소 알 수 있음을 이르는 말.

문맥적 의미

10 ~ 12 제시된 초성을 활용하여 문맥에 맞게 속담을 완성하시오.

10 잘생긴 영화배우랑 결혼하고 싶다고? 오르지 못할 ㄴㅁ 는 쳐다보지도 말라고 했어.

11 ㄱㄹㅂ 에 옷 젖는 줄 모른다고, 싸다고 물건을 잔뜩 샀다가는 통장에 남는 돈이 없을 수도 있어.

12 ㅅㄱ 이 많으면 배가 ㅅ 으로 간다고, 다들 자기가 아는 길로 가자고 주장하더니 이상한 곳으로 와 버렸네.

13 다음 중 속담의 쓰임이 적절하지 <u>않은</u> 것은?

① '발 없는 말이 천 리 간다'고, 말이라는 것은 마치 날개를 단 것처럼 정말 빨리 퍼져.
② '벼 이삭은 익을수록 고개를 숙인다'고, 그는 자신의 성공을 행운으로 돌리는 겸손함을 지녔어.
③ '낮말은 새가 듣고 밤말은 쥐가 듣는다'더니, 너와 내가 몰래 한 이야기를 다들 알고 있더라.
④ '어물전 망신은 꼴뚜기가 시킨다'더니, 춤 연습을 하지도 않고 결국 너 혼자 틀려서 우리 다 망신 당했잖아.
⑤ '고래 싸움에 새우 등 터진다'더니, 그렇게 의리 있다고 했던 네 친구가 결국 너를 배신한 것을 보면 사람은 겪어 봐야 알 수 있어.

14 〈보기〉의 ㉠에 들어갈 속담으로 가장 적절한 것은?

┌─────────────── ● 보기 ● ───────────────┐
│ 법이 엄격하고 정확하지 않으면 (㉠   )(라)는 식으로 해석될 수 있다. │
└──────────────────────────────────────┘

① 발 없는 말이 천 리 간다
② 어물전 망신은 꼴뚜기가 시킨다
③ 사공이 많으면 배가 산으로 간다
④ 귀에 걸면 귀걸이 코에 걸면 코걸이
⑤ 오르지 못할 나무는 쳐다보지도 마라

15 ~ 16 다음 속담이 들어간 예문을 찾거나, 스스로 새로운 문장을 만들어 써 보시오.

15 등잔 밑이 어둡다

⇨ _____

16 고래 싸움에 새우 등 터진다

⇨ _____

01~03 다음 글을 읽고 물음에 답하시오.

정선군에 어떤 양반이 살았다. 양반은 어질고 책 읽기를 좋아해서 고을에 군수가 새로 부임할 때마다 반드시 그 집에 찾아가 인사를 차렸다. 하지만 ㉠집이 가난해서 해마다 군(郡)에서 환자*를 빌려다가 먹었는데, 몇 해가 지나고 보니 빌린 곡식이 일천 섬에 이르렀다. 관찰사가 각 고을을 순시하다가 환자 장부를 살펴보고는 몹시 노하여 말했다.

"어떤 놈의 양반이 관아 곡식을 이처럼 축냈단 말이냐!"

관찰사는 양반을 옥에 가두도록 명했다. 군수는 양반이 가난해서 빌린 곡식을 갚을 길이 없는 형편임을 딱하게 여겨 차마 가두지 못했지만, 달리 뾰족한 방법도 없었다. 양반은 밤낮으로 울기만 할 뿐 아무런 대책이 없었다. 그러자 양반의 아내가 나무랐다. / "평생 당신은 책 읽기를 좋아하더니만 환자 갚는 데는 아무 소용도 없구려. 쯧쯧, 양반! 양반은 한 푼어치도 안 되는구려!"

그 마을의 부자가 가족과 상의하며 이렇게 말했다. / "양반은 가난하다 할지라도 늘 존귀하지만, 나는 부자라도 항상 비천해서 감히 말도 탈 수 없고, 양반을 보면 몸을 움츠리고 숨을 죽인 채 설설 기어가 바닥에 엎드려 절해야 하고, 코가 땅에 닿도록 엎어져 무릎으로 기어야 해. 나는 항상 이런 수모를 겪으며 살아왔어. 지금 양반 하나가 가난해서 환자를 갚지 못하다가 큰 곤욕을 치르게 생겼으니, 필시 양반 신분을 유지하지 못할 듯싶어. 내가 장차 그 양반 신분을 사서 가졌으면 해."　– 박지원, 〈양반전〉

* 환자: 조선 시대에, 곡식을 사창(社倉)에 저장하였다가 백성들에게 봄에 꾸어 주고 가을에 이자를 붙여 거두던 일.

♥ 작품 감상
[해제] 양반 신분을 사고파는 과정을 통해 양반들의 무능력과 허례허식을 풍자하는 고전 소설이다.
[주제] 양반들의 무능력과 위선에 대한 풍자

01 이 글에서 알 수 있는 당시 시대 상황으로 적절하지 <u>않은</u> 것은?

① 경제적으로 어려운 양반들도 있었다.　② 관찰사와 평민 간의 갈등이 심각했다.
③ 양반 신분을 돈으로 사고팔 수 있었다.　④ 평민 부자와 같은 새로운 계층이 등장했다.
⑤ 가난한 사람들을 돕는 환곡 제도가 있었다.

02 ㉠의 상황과 관련이 깊은 속담으로 가장 적절한 것은?

① 가랑비에 옷 젖는 줄 모른다　② 사공이 많으면 배가 산으로 간다　③ 등잔 밑이 어둡다
④ 발 없는 말이 천 리 간다　⑤ 벼 이삭은 익을수록 고개를 숙인다

창의적 적용

03 조선 시대의 양반들이 이 글의 '양반'에게 할 수 있는 충고를 〈조건〉에 맞게 서술하시오.

── 조건 ──
• '꼴뚜기'가 들어간 속담과 '경제적 능력'이라는 단어를 사용할 것.

04~06 다음 글을 읽고 물음에 답하시오.

최근 20여 년 동안 자유 무역의 바람이 전 세계로 퍼지면서 세계 시장에서 모든 물품을 자유롭게 거래하는 것을 당연하게 여기는 경향이 있다. 이러한 경향을 따르면 식량도 자유 무역의 대상에서 예외가 될 수 없다. 식량이 자유 무역의 대상이 되어도 괜찮은 것일까?

거대 곡물 회사들이 높은 수익을 얻기 위해 식량 문제의 주도권을 행사할 수 있기 때문에, 식량은 자유 무역의 대상에서 예외가 되어야 한다. 지구는 약 130억 명이 먹을 수 있는 식량을 생산할 능력이 있고, 현재 지구의 인구는 약 70억 명에 불과하다. 공급 능력 대비 수요를 고려하면 굶주림에 시달리는 사람이 없어야 하고, 식량 가격은 지금보다 훨씬 낮아야 한다. 그러나 현실은 그렇지 않다. ㉠일부 거대 곡물 회사들이 세계 곡물 거래량의 80%를 넘는 곡물을 거래하며, 최대치의 이윤을 얻기 위해 곡물 생산량을 임의로 결정하기 때문이다. 2008년 세계 곡물 파동 당시 식량 가격이 마구 치솟아 수많은 빈민들이 굶주림으로 허덕였을 때 오히려 이 회사들의 이익은 40% 이상 높아졌다.

식량은 인간 생존의 필수적인 품목이기 때문에 자유 무역의 대상에서 예외가 되어야 한다. 선진국에서도 식량 문제에 대해서는 이중적인 태도를 보이고 있다. ㉡선진국은 저개발 국가에는 자유 무역에 동참할 것을, 그래서 정부가 시장에 개입하지 못하도록 요구하면서도 자국의 경제를 운용할 때에는 굶주림에 시달리는 국민이 없도록 최소 생존권을 보장하는 정책을 적용하고 있다. 이는 기업의 이윤 극대화보다 더 중요한 것이 인간의 최소 생존권임을 인정하는 것이다.

♥ **문단별 중심 내용**
[1문단] 자유 무역에서의 식량
[2문단] 식량이 자유 무역에서 예외가 되어야 하는 이유 ①
[3문단] 식량이 자유 무역에서 예외가 되어야 하는 이유 ②

04 이 글의 핵심 주장으로 가장 적절한 것은?

① 저개발 국가는 식량 시장을 개방해야 한다.   ② 거대 곡물 회사의 독과점을 막아야 한다.
③ 식량을 자유 무역의 대상에서 제외해야 한다.   ④ 선진국은 국민의 생존권을 보장해야 한다.
⑤ 식량 가격을 낮춰 식량 문제를 해결해야 한다.

05 ㉠의 상황에 어울리는 속담으로 가장 적절한 것은?

① 고래 싸움에 새우 등 터진다   ② 귀에 걸면 귀걸이 코에 걸면 코걸이
③ 어물전 망신은 꼴뚜기가 시킨다   ④ 오르지 못할 나무는 쳐다보지도 마라
⑤ 낮말은 새가 듣고 밤말은 쥐가 듣는다

창의적 적용

06 ㉡에 드러난 자유 무역에 대한 선진국의 태도를 〈보기〉와 같이 정리할 때, 괄호에 들어갈 속담을 쓰시오.

╺ 보기 ╸

선진국은 (   )라는 식으로, 정부가 시장에 개입하지 않는다는 자유 무역의 규칙을 저개발 국가와 자국에 다르게 적용하며 자유 무역에 대한 일관성 없는 태도를 보인다.

★ 환경

개천에서 용 난다

　　　　　　용 난다고, 그는 가난한 집안에서 성공한 사업가가 되었다.

뜻 알기) 미천한 집안이나 변변하지 못한 부모에게서 훌륭한 인물이 나는 경우를 이르는 말.

뜻 써 보기) ＿＿＿＿＿＿＿＿＿＿＿

서당 개 삼 년에 풍월 읊는다

서당 개 삼 년에 풍월 　　　　　　고, 어릴 적부터 주방에서 일을 돕다 보니 웬만한 요리는 다 할 수 있다.

뜻 알기) 어떤 분야에 대해 지식과 경험이 전혀 없는 사람이라도 그 부문에 오래 있으면 얼마간의 지식과 경험을 갖게 됨을 이르는 말.

뜻 써 보기) ＿＿＿＿＿＿＿＿＿＿＿

★ 소용, 실속이 없음

닭 쫓던 개 지붕 쳐다보듯

친구와 시험을 같이 준비했는데 친구만 합격 통보를 받자, 태호는 닭 쫓던 개 지붕 　　　　　　허탈함을 느꼈다.

뜻 알기) 애써 하던 일이 실패로 돌아가거나 남보다 뒤떨어져 어찌할 도리가 없이 됨을 이르는 말.

뜻 써 보기) ＿＿＿＿＿＿＿＿＿＿＿

밑 빠진 독에 물 붓기

돈을 물 쓰듯 펑펑 쓰는 지효에게 돈을 주는 것은 　　　　　　독에 물 붓기나 마찬가지이다.

뜻 알기) 밑 빠진 독에 아무리 물을 부어도 독이 채워질 수 없다는 뜻으로, 아무리 힘이나 밑천을 들여도 보람 없이 헛된 일이 되는 상태를 이르는 말.

뜻 써 보기) ＿＿＿＿＿＿＿＿＿＿＿

빈 수레가 요란하다

　　　　　　요란하다고, 실력도 없으면서 제일 잘난 체하는구나.

뜻 알기) 실속 없는 사람이 겉으로 더 떠들어 댐을 이르는 말.

뜻 써 보기) ＿＿＿＿＿＿＿＿＿＿＿

★ 기대와 다른 결과

믿는 도끼에 발등 찍힌다

믿는 도끼에 발등 　　　　　고, 친한 친구에게 배신을 당했어.

뜻 알기 잘되리라고 믿고 있던 일이 어긋나거나 믿고 있던 사람이 배반하여 오히려 해를 입음을 이르는 말.

뜻 써 보기 _____

빈대 잡으려고 초가삼간 태운다

잡초를 없애려고 밭을 전부 갈아엎는 것은 　　　　　잡으려고 초가삼간 태우는 격이다.

뜻 알기 손해를 크게 볼 것을 생각지 아니하고 자기에게 마땅치 아니한 것을 없애려고 그저 덤비기만 하는 경우를 이르는 말.

뜻 써 보기 _____

★ 성급함

급히 먹는 밥이 목이 멘다

　　　　　밥이 목이 멘다고, 아는 문제도 꼼꼼히 읽고 풀지 않으면 실수할 수 있다.

뜻 알기 너무 급히 서둘러 일을 하면 잘못하고 실패하게 됨을 이르는 말.

뜻 써 보기 _____

우물에 가 숭늉 찾는다

우물에 가 숭늉 　　　　　더니, 여행 계획을 짜지도 않았는데 여행 가방부터 싸고 있니?

뜻 알기 모든 일에는 질서와 차례가 있는 법인데 일의 순서도 모르고 성급하게 덤빔을 이르는 말.

뜻 써 보기 _____

★ 부적절한 행동

다 된 죽에 코 풀기

다 된 죽에 　　　　　라고, 완성한 그림에 물을 엎질러 버렸다.

뜻 알기 거의 다 된 일을 망쳐 버리는 주책없는 행동을 이르는 말.

뜻 써 보기 _____

염불에는 마음이 없고 잿밥에만 마음이 있다

염불에는 마음이 없고 　　　　　마음이 있다더니, 출장을 가서 일할 생각은 하지 않고 음식점만 찾아보고 있다.

뜻 알기 자기가 맡은 일에는 정성을 들이지 않고 잇속*이 있는 데에만 마음을 두는 경우를 이르는 말.

뜻 써 보기 _____

어휘 쏙 잇(利)속 이익이 되는 실속.

01~03 다음 속담과 그 뜻풀이를 바르게 연결하시오.

01 닭 쫓던 개 지붕 쳐다 •
보듯

• ㉠ 거의 다 된 일을 망쳐 버리는 주책없는 행동을 이르는
말.

02 다 된 죽에 코 풀기 •

• ㉡ 모든 일에는 질서와 차례가 있는 법인데 일의 순서도 모
르고 성급하게 덤빔을 이르는 말.

03 우물에 가 숭늉 찾는 •
다

• ㉢ 애써 하던 일이 실패로 돌아가거나 남보다 뒤떨어져 어
찌할 도리가 없이 됨을 이르는 말.

04~06 다음 뜻풀이에 해당하는 속담을 〈보기〉에서 찾아 기호를 쓰시오.

┌─── 보기 ───
│ ㉠ 빈 수레가 요란하다   ㉡ 급히 먹는 밥이 목이 멘다
│ ㉢ 빈대 잡으려고 초가삼간 태운다
└─────────────────

04 실속 없는 사람이 겉으로 더 떠들어 댐을 이르는 말.   (   )

05 너무 급히 서둘러 일을 하면 잘못하고 실패하게 됨을 이르는 말.   (   )

06 손해를 크게 볼 것을 생각지 아니하고 자기에게 마땅치 아니한 것을 없애려고 그저 덤비기만 하는
경우를 이르는 말.   (   )

07~09 제시된 초성을 활용하여 속담의 뜻풀이를 완성하시오.

07 개천에서 용 난다

⇨ 미천한 집안이나 변변하지 못한 부모에게서 [ㅎ][ㄹ][ㅎ] 인물이 나는 경우를 이르는 말.

08 믿는 도끼에 발등 찍힌다

⇨ 잘되리라고 믿고 있던 일이 어긋나거나 믿고 있던 사람이 [ㅂ][ㅂ]하여 오히려 해를 입음을 이르
는 말.

09 염불에는 마음이 없고 잿밥에만 마음이 있다

⇨ 자기가 맡은 일에는 정성을 들이지 않고 [ㅇ][ㅅ]이 있는 데에만 마음을 두는 경우를 이르는 말.

문맥적 의미

10 ~ 12 제시된 초성을 활용하여 문맥에 맞게 속담을 완성하시오.

10 빈대 잡으려고 ㅊㄱㅅㄱ 태운다더니, 차고를 청소한답시고 비싼 공구 세트까지 내버렸어.

11 ㄱㅊ에서 ㅇ 난다더니, 주아가 홀어머니 밑에서 어렵게 공부하더니 의사가 되었다고 해.

12 다 된 ㅈ에 ㅋ 푼다고, 문제를 잘 풀어 점수가 높을 것 같았는데 번호를 밀려 써서 망쳐 버렸어.

13 다음 중 속담의 쓰임이 적절하지 <u>않은</u> 것은?

① '급히 먹는 밥이 목이 멘다'고 일을 서두르면 좋지 않은 결과가 나오게 돼.

② '우물에 가 숭늉 찾는다'고, 자전거 고쳐 달라고 조금 전에 맡겨 놓고는 벌써 찾으러 왔어?

③ '믿는 도끼에 발등 찍힌다'고, 박 사장이 아끼던 직원이 박 사장 몰래 회삿돈을 가지고 도망갔대.

④ '서당 개 삼 년에 풍월 읊는다'고, 나는 어릴 적부터 카센터에서 잡일을 도맡아 했더니 이젠 혼자서 자동차 수리도 할 수 있어.

⑤ '염불에는 마음이 없고 잿밥에만 마음이 있다'고, 모든 일에는 다 절차가 있는 법인데 빨리 하려고만 하니 그 일이 제대로 되겠어?

14 〈보기〉의 ㉠에 들어갈 속담으로 가장 적절한 것은?

─● 보기 ●─

아영이는 자신이 좋아하는 가수의 콘서트를 가려고 열심히 돈을 모았는데 표가 다 팔려서 콘서트에 가지 못했다. 아영이는 (㉠) 맥이 빠져 버렸다.

① 개천에서 용 나듯   ② 닭 쫓던 개 지붕 쳐다보듯
③ 서당개 삼 년에 풍월 읊듯   ④ 빈대 잡으려고 초가삼간 태우듯
⑤ 염불에는 마음이 없고 잿밥에만 마음이 있듯

15 ~ 16 다음 속담이 들어간 예문을 찾거나, 스스로 새로운 문장을 만들어 써 보시오.

15 밑 빠진 독에 물 붓기

⇨ _____

16 빈 수레가 요란하다

⇨ _____

01~03 다음 글을 읽고 물음에 답하시오.

[앞부분 줄거리] '나'는 점순이와 혼인하려고 데릴사위로 들어와 머슴처럼 일하지만, 장인은 점순이가 덜 자랐다며 결혼을 계속 미루기만 한다.

"아! 아! 이놈아! 놔라, 놔, 놔……."

장인님은 헛손질을 하며 솔개미에 챈 닭의 소리를 연해 질렀다. 놓긴 왜, 이왕이면 호되게 혼을 내 주리라 생각하고 짓궂이 더 댕겼다마는, 장인님이 땅에 쓰러져서 눈에 눈물이 피잉 도는 것을 알고 좀 겁도 났다.

"할아버지! 놔라, 놔, 놔, 놔, 놔놔."

그래도 안 되니까, / "얘, 점순아! 점순아!" / 이 악장에 안에 있었든 장모님과 점순이가 헐레벌떡하고 단숨에 뛰어나왔다. / 나의 생각에 장모님은 제 남편이니까 역성을 할는지도 모른다. 그러나 점순이는 내 편을 들어서 속으로 고수해서 하겠지……. 대체 이게 웬 속인지(지금까지도 난 영문을 모른다.), 아버질 혼내 주기는 제가 내래 놓고 이제 와서는 달겨들며, / ㉠"에그머니! 이 망할 게 아버지 죽이네!" 하고 내 귀를 뒤로 잡아댕기며 마냥 우는 것이 아니냐. 그만 여기에 기운이 탁 꺾이어 나는 얼빠진 등신이 되고 말았다. 장모님도 덤벼들어 한쪽 귀마저 뒤로 잡아채면서 또 우는 것이다.

이렇게 꼼짝도 못 하게 해 놓고 장인님은 지게막대기를 들어서 사뭇 나려조졌다. ㉡그러나 나는 구태여 피하려 하지도 않고 암만해도 그 속 알 수 없는 점순이의 얼굴만 멀거니 들여다보았다.

"이 자식! 장인 입에서 할아버지 소리가 나오도록 해?"

– 김유정, 〈봄·봄〉

♥ 작품 감상
[해제] 우직한 데릴사위와 그를 이용하려는 교활한 장인 사이의 갈등을 해학적으로 그려 낸 현대 소설이다.
[주제] 결혼 문제로 인한 장인과 데릴사위 간의 갈등

01 이 글의 등장인물에 대한 이해로 적절하지 않은 것은?

① 점순이는 '나'와 장인님의 싸움에서 '나'가 아닌 자신의 아버지의 편을 들고 있다.
② '나'는 점순이가 덜 자랐다며 결혼을 안 시켜 주는 장인님에게 불만을 가지고 있다.
③ 장인님은 내가 바짓가랑이를 너무 심하게 잡아당겼다고 지게막대기로 호되게 때렸다.
④ '나'는 장인님과의 몸싸움에서 죽을 것 같아 장인님을 할아버지라고 부르며 사정했다.
⑤ 장모님은 위험에 처한 남편을 도우러 나와서 '나'의 행동을 제지하면서 울기까지 했다.

02 ㉠의 상황과 관련이 깊은 속담으로 가장 적절한 것은?

① 개천에서 용 난다   ② 빈 수레가 요란하다   ③ 우물에 가 숭늉 찾는다
④ 믿는 도끼에 발등 찍힌다   ⑤ 서당개 삼 년에 풍월 읊는다

창의적 적용

03 ㉡에 드러난 '나'의 심정을 〈보기〉와 같이 정리할 때, 괄호에 들어갈 속담을 쓰시오.

보기

'나'는 장인님에게 점순이와 혼인시켜 달라고 하기 위해 몸싸움을 벌였는데, 정작 점순이가 '나'의 편을 들지 않자 '나'는 (   ) 허탈감을 느끼고 있다.

04~06 다음 글을 읽고 물음에 답하시오.

매사냥은 매를 이용해 꿩, 토끼 같은 야생 동물을 잡는 사냥법이다. 보통 동물은 사냥을 돕는 보조 역할만 하지만, 매사냥에서 매는 주인을 대신해 짐승을 잡는 사냥꾼 역할을 한다. 매사냥의 주인공은 사람이 아니라 매인 것이다. 그런데 아무 매나 매사냥의 주인공이 될 수는 없다.

매사냥에 쓰이는 매는 새끼 때부터 사람 손에서 길들여진 것이어야 한다. 많은 정성과 시간으로 길들여진 매가 좋은 사냥꾼이 될 수 있다. 사냥을 할 만큼 훈련이 되면 본격적인 매사냥이 시작되는데, 매사냥을 할 때 우선 매사냥꾼은 사방이 잘 보이는 산의 높은 곳으로 매를 들고 올라간다. 준비하고 있던 몰이꾼들이 꿩을 몰면, 매사냥꾼은 날아가는 꿩을 향해 매를 떠나보내며 "매 나간다."라고 소리를 지른다. 그러면 몰이꾼들은 매에 달아 놓은 방울의 소리를 따라 신속히 가서 매를 찾는다.

기록에 따르면 매사냥은 4,000여 년 전 고대 중앙아시아와 서아시아에서 시작되어 세계로 퍼져 나갔다. 우리나라의 경우, 고구려 고분 벽화에 남아 있는 매사냥 그림을 통해 이미 삼국 시대부터 매사냥이 이루어졌음을 알 수 있다. 매사냥은 주로 왕과 귀족들 사이에서 성행했다. ㉠신라 진평왕이 매사냥에 푹 빠져 신하들이 걱정했다는 기록도 있고, 고려 충렬왕이 매사냥을 담당하는 관청을 두고, 몽골에서 기술자를 데려왔다는 기록도 있다.

> ♥ 문단별 중심 내용
> [1문단] 매사냥의 개념
> [2문단] 매사냥을 위한 준비와 매사냥 방법
> [3문단] 우리나라 역사에서 매사냥에 대한 기록

04 이 글의 내용과 일치하지 <u>않는</u> 것은?

① 매사냥은 매사냥꾼, 매, 몰이꾼이 모두 있어야만 이루어질 수 있다.
② 야생에서 자란 매라도 정성을 들여 훈련하면 매사냥에 이용할 수 있다.
③ 우리나라에서 매사냥은 주로 고위층이 즐겼고 담당 관청을 두기도 했다.
④ 매사냥은 아시아에서 시작해 세계로 전파된 것으로 역사가 오래되었다.
⑤ 일반적인 사냥에서 사냥꾼이 사람인 것과 달리 매사냥의 사냥꾼은 매이다.

05 ㉠의 상황과 관련이 깊은 속담으로 가장 적절한 것은?

① 다 된 죽에 코 풀기
② 밑 빠진 독에 물 붓기
③ 급히 먹는 밥이 목이 멘다
④ 빈대 잡으려고 초가삼간 태운다
⑤ 염불에는 마음이 없고 잿밥에만 마음이 있다

창의적 적용

06 다음 길동의 이야기를 읽고, '우물'이 들어가는 속담을 사용해 길동에게 해줄 조언을 쓰시오.

> 매사냥을 하고 싶었던 길동은 새끼 매 한 마리를 잡아 닭장에 넣어 길렀다. 그리고 석 달 후 산에 올라가 날아가는 꿩을 향해 매를 날려 보냈다. 매는 꿩을 잡기는커녕 산 너머로 멀리 날아갔다.

> **어휘 체크**
>
> ※ 잘 아는 관용어 ○표! 헷갈리거나 모르는 관용어 ×표! 학습 후 확실하게 이해했으면 ☆표!
>
> 손을 놓다 ☐☐   손을 뻗치다 ☐☐   손을 씻다 ☐☐   발목을 잡다 ☐☐   발 벗고 나서다 ☐☐
> 발이 닳다 ☐☐   눈에 밟히다 ☐☐   눈에 불을 켜다 ☐☐   눈에 차다 ☐☐   눈을 씻고 보다 ☐☐
> 귀가 뚫리다 ☐☐   귀가 얇다 ☐☐   귀에 못이 박히다 ☐☐

★ 손

손을 놓다

공장 기계를 고치는 동안 직원들은 　　　　　고 있을 수밖에 없었다.

(뜻 알기) 하던 일을 그만두거나 잠시 멈추다.

(뜻 써 보기) _____

손을 뻗치다

1) 대기업들이 수익을 올리기 위해 온갖 사업에 　　　　　쳤다.

(뜻 알기) 활동 범위를 넓히다.

(뜻 써 보기) _____

2) 김 과장은 인맥을 이용해 다른 부서에까지 　　　　　쳤다.

(뜻 알기) 도움이나 간섭 따위의 행위가 멀리까지 미치게 하다.

(뜻 써 보기) _____

손을 씻다

그녀는 범죄 조직에서 　　　　　고 성실하게 살아가고 있다.

(뜻 알기) 부정적인 일이나 찜찜한 일에 대하여 관계를 청산하다.

(뜻 써 보기) _____

★ 발

발목을 잡다

이번 대회에 출전하려고 했지만 또다시 부상이 　　　　　았다.

(뜻 알기) 어떤 일에 꽉 잡혀서 벗어나지 못하게 하다.

(뜻 써 보기) _____

발 벗고 나서다

그는 이웃을 돕는 일에 항상 　　　　　나섰다.

(뜻 알기) 적극적으로 나서거나 적극적인 태도를 취하다.

(뜻 써 보기) _____

발이 닳다

선생님께서는 우리 반 문제라면 항상 　　　　　도록 뛰어다니셨다.

(뜻 알기) 매우 분주하게 많이 다니다.

(뜻 써 보기) _____

★ 눈

눈에 밟히다

집에 두고 온 아이가   혀 일에 집중할 수 없었다.

(뜻 알기) 잊히지 않고 자꾸 눈에 떠오르다.

(뜻 써 보기)

눈에 불을 켜다

1) 며칠 굶은 그녀는 음식을 보자   켜고 달려들었다.

(뜻 알기) 몹시 욕심을 내거나 관심을 기울이다.

(뜻 써 보기)

2) 문구점 아저씨는 물건을 훔치는 아이를 보자   켰다.

(뜻 알기) 화가 나서 눈을 부릅뜨다*.

(뜻 써 보기)

(어휘 쏙) 부릅뜨다 무섭고 사납게 눈을 크게 뜨다.

눈에 차다

백화점에 왔지만   는 물건이 없어서 금방 나왔다.

(뜻 알기) 흡족하게 마음에 들다.

(뜻 써 보기)

눈을 씻고 보다

우리는 피를 나눈 형제이지만   보아도 닮지 않았다.

(뜻 알기) 정신을 바짝 차리고 집중하여 보다.

(뜻 써 보기)

★ 귀

귀가 뚫리다

미국에서 살더니 영어에   렸다.

(뜻 알기) 말을 알아듣게 되다.

(뜻 써 보기)

귀가 얇다

나는   아서 다른 사람의 제안에 금방 마음이 끌린다.

(뜻 알기) 남의 말을 쉽게 받아들인다.

(뜻 써 보기)

귀에 못이 박히다

공부 열심히 하라는 말을   박히도록 들었다.

(뜻 알기) 같은 말을 여러 번 듣다.

(뜻 써 보기)

01 ~ 04 다음 관용어와 그 뜻풀이를 바르게 연결하시오.

01 귀가 뚫리다 •

• ㉠ 말을 알아듣게 되다.

02 발목을 잡다 •

• ㉡ 매우 분주하게 많이 다니다.

03 발이 닳다 •

• ㉢ 하던 일을 그만두거나 잠시 멈추다.

04 손을 놓다 •

• ㉣ 어떤 일에 꽉 잡혀서 벗어나지 못하게 하다.

05 ~ 07 다음 뜻풀이에 해당하는 관용어를 〈보기〉에서 찾아 기호를 쓰시오.

─ 보기 ─

㉠ 눈을 씻고 보다   ㉡ 발 벗고 나서다   ㉢ 귀에 못이 박히다

05 같은 말을 여러 번 듣다. ( )

06 정신을 바짝 차리고 집중하여 보다. ( )

07 적극적으로 나서거나 적극적인 태도를 취하다. ( )

08 ~ 11 제시된 초성을 활용하여 관용어의 뜻풀이를 완성하시오.

08 손을 뻗치다 ⇨ ㅎ ㄷ 범위를 넓히다.

09 귀가 얇다 ⇨ 남의 말을 ㅅ ㄱ 받아들인다.

10 눈에 불을 켜다 ⇨ 몹시 ㅇ ㅅ 을 내거나 관심을 기울이다.

11 손을 씻다 ⇨ 부정적인 일이나 찜찜한 일에 대하여 관계를 ㅊ ㅅ 하다.

12 ~ 15 관용어의 쓰임을 고려하여 빈칸에 들어갈 알맞은 말을 쓰시오.

12 영업 사원인 그는 날마다 (   )이/가 닳도록 고객들을 찾아다녔다.

13 그녀는 어려운 형편의 사람들을 보면 늘 (   ) 벗고 나서서 도와준다.

14 집중적으로 영어 듣기 공부를 하니 이제 조금 (   )이/가 뚫리는 것 같다.

15 (   )이/가 얇은 은진이는 가게 주인의 말에 또 넘어가서 엉뚱한 물건을 사 왔다.

16 밑줄 친 관용어의 쓰임이 적절하지 <u>않은</u> 것은?

① 그 선배에게 군대 이야기를 <u>귀가 뚫리게</u> 여러 번 들었다.
② 나는 <u>눈을 씻고</u> 보아도 그 보고서의 오류를 발견할 수 없었다.
③ 그녀는 만나는 남자들이 <u>눈에 차지</u> 않았는지 번번이 퇴짜를 놓았다.
④ 밀린 업무가 그의 <u>발목을 잡고</u> 있어서 그는 밤에도 편히 잘 수 없었다.
⑤ 사회 각 분야의 지도자가 이 가난한 소녀의 가정에 도움의 <u>손을 뻗쳤다</u>.

17 관용어를 사용하여 〈보기〉의 문장을 완성할 때, ㉠과 ㉡에 들어갈 말이 바르게 나열된 것은?

> ● 보기 ●
> • 학창 시절에 불량소년이었던 그는 이제 손을 (㉠) 새 삶을 살고 있다.
> • 집안 청소를 하시던 어머니께서는 피곤하셨는지 잠시 손을 (㉡) 쉬셨다.

① 보고 – 놓고   ② 씻고 – 놓고   ③ 놓고 – 쓰고
④ 빼고 – 내밀고   ⑤ 맞잡고 – 뻗치고

18 ~ 19 다음 관용어가 들어간 예문을 찾거나, 스스로 새로운 문장을 만들어 써 보시오.

18 눈에 밟히다 ⇨ _____

19 눈에 불을 켜다 ⇨ _____

01~03 다음 글을 읽고 물음에 답하시오.

[앞부분 줄거리] 허 생원, 조 선달, 동이는 메밀꽃이 핀 산길을 걸어가게 된다.

♥ 작품 감상

[해제] 떠돌이 장돌뱅이의 삶을 살아가는 한 인물의 추억과 애환을 그린 현대 소설이다.
[주제] 떠돌이 삶의 애환 속에 펼쳐지는 인간 본연의 애정

"장 선 꼭 이런 날 밤이었네. 객줏집 토방이란 무더워서 잠이 들어야지. 밤중은 돼서 혼자 일어나 개울가에 목욕하러 나갔지. 봉평은 지금이나 그제나 마찬가지지. 보이는 곳마다 메밀밭이어서 개울가나 어디 없이 하얀 꽃이야. 돌밭에 벗어도 좋을 것을 달이 너무도 밝은 까닭에 옷을 벗으러 물레방앗간으로 들어가지 않았나. 이상한 일도 많지. 거기서 난데없는 성 서방네 처녀와 마주쳤단 말이네. 봉평서야 제일가는 일색이었지." / "팔자에 있었나 부지." / 아무렴 하고 응답하면서 말머리를 아끼는 듯이 한참이나 담배를 빨 뿐이었다. 구수한 자줏빛 연기가 밤기운 속에 흘러서는 녹았다.

"날 기다린 것은 아니었으나, 그렇다고 달리 기다리는 놈팽이가 있는 것두 아니었네. 처녀는 울고 있단 말야. 짐작은 대고 있었으나 성 서방네는 한창 어려워서 들고날 판인 때였지. 〈중략〉 그러나 처녀란 울 때같이 정을 끄는 때가 있을까. 처음에는 놀라기도 한 눈치였으나 걱정 있을 때는 누그러지기도 쉬운 듯해서 이럭저럭 이야기가 되었네…… 생각하면 무섭고도 기막힌 밤이었어."

"제천인지로 줄행랑을 놓은 건 그다음 날이렸다."

"다음 장도막에는 벌써 온 집안이 사라진 뒤였네. 〈중략〉 ⊙제천 장판을 몇 번이나 뒤졌겠나. 허나 처녀의 꼴은 꿩 궈 먹은 자리야. 첫날밤이 마지막 밤이었지. 그때부터 봉평이 마음에 든 것이 반평생을 두고 다니게 되었네. ⓒ평생인들 잊을 수 있겠나."

– 이효석, 〈메밀꽃 필 무렵〉

01 이 글에 대한 설명으로 적절하지 <u>않은</u> 것은?

① 허 생원은 성 서방네 처녀를 미인이라고 기억하고 있다.
② 허 생원은 성 서방네 처녀와 인연을 맺은 날을 회상하고 있다.
③ 성 서방네는 몰래 봉평을 떠나야 할 정도로 경제적으로 어려웠다.
④ 허 생원과 성 서방네 처녀는 무더운 여름밤 물레방앗간에서 만났다.
⑤ 성 서방네 처녀는 밤늦도록 기다리던 사람이 오지 않아 울고 있었다.

02 ⊙의 상황과 관련이 깊은 관용어로 가장 적절한 것은?

① 손을 놓다　　　　② 발이 닳다　　　　③ 손을 뻗치다
④ 귀가 뚫리다　　　⑤ 귀에 못이 박히다

창의적 적용

03 이 글을 읽고 '허 생원'이 봉평 장을 빼놓지 않고 들른 이유를 서술하시오. (단, ⓒ과 의미가 통하는 관용어를 사용하여 쓸 것)

04~06 다음 글을 읽고 물음에 답하시오.

최근 '힙합'이라는 음악 장르가 유행하면서 힙합 음악의 중요한 창작 수단으로 인식되어 온 '샘플링'이 관심의 대상이 되고 있다. 1960년대 미국에서 힙합이 '거리 음악'으로 막 시작되고 성장해 가던 시기의 샘플링은 단순히 ㉠자신의 마음에 드는 원곡의 일부나 혹은 전체를 빌려 쓰는 것이었다. 당시에는 완전히 새로운 음악 창작 방법이었으며, 저작권에 대한 인식이 확고하지 않았던 때라 샘플링에 큰 제약도 없었다. 샘플링에 대한 이런 인식은 1990년대 초반까지 이어지며 확대되었다.

하지만 힙합 음악이 대중적으로 관심을 끌면서 샘플링에 대한 인식도 점차 발전적으로 변화하였다. 특히 1992년 미국에서 샘플링과 관련하여 제기된 저작권 소송이 변화의 중요한 계기가 되었다. 이후 힙합 음악에서 샘플링은 원곡에 대한 충분한 이해와 원작자에 대한 존경심을 바탕으로 그의 허락을 받아 자신만의 방식으로 재해석하는 예술 기법으로 인식되고 있다.

이런 변화 속에서 우리나라에서도 1990년대에 힙합 음악이 본격적으로 발표되기 시작했고, 지금까지 많은 양적, 질적 성장을 이루어 내고 있다. 그런데 우리나라의 일부 힙합 가수들은 여전히 샘플링을 쉽고 간단한 '복사하고 붙여 넣기' 방법 정도로 이해하고 있다. 이러한 베끼기 수준의 샘플링은 표절 문제를 피하기 어렵다. 원곡에 새로운 의미를 부여하거나 원곡의 가치를 더 높이려는 태도를 보이지 않는다면, 힙합 음악의 대중화 열풍을 가져왔던 샘플링이 오히려 힙합 발전을 방해할 수도 있다.

♥ **문단별 중심 내용**
[1문단] 힙합 음악의 시작과 초창기 샘플링의 특징
[2문단] 힙합 음악의 대중화와 샘플링에 대한 인식의 변화
[3문단] 우리나라 힙합 음악의 성장과 샘플링의 문제점

04 이 글에 대한 이해로 적절하지 <u>않은</u> 것은?

① 샘플링에 대한 인식은 시대에 따라 변화하고 있다.
② 1992년 미국에서 샘플링과 관련된 저작권 소송이 일어났다.
③ 1990년 이전부터 원곡의 전체를 빌려 쓰는 것에 제약이 따랐다.
④ 우리나라 힙합 가수들도 샘플링이라는 창작 수단을 사용하고 있다.
⑤ 힙합 음악은 미국의 길거리 음악에서 시작하여 대중음악으로 발전하였다.

05 ㉠과 의미가 통하는 관용어로 가장 적절한 것은?

① 귀가 얇다　　　　　② 손을 씻다　　　　　③ 눈에 차다
④ 발 벗고 나서다　　　⑤ 눈을 씻고 보다

창의적 적용

06 이 글을 바탕으로 '우리나라 힙합 음악 발전'의 발목을 잡을 것이 무엇인지 서술하시오.

관용어 ②

★ 머리

머리가 굳다

나이가 드니 　　　　　　　어서 그런지 젊은이를 이해할 수 없다.

뜻 알기　사고방식이나 사상 따위가 융통성 없이 올곧고 고집이 세다.

뜻 써 보기 _____

머리를 맞대다

소풍 장소를 정하기 위해 　　　　　　　　고 한참 이야기를 나누었다.

뜻 알기　어떤 일을 의논하거나 결정하기 위하여 서로 마주 대하다.

뜻 써 보기 _____

머리를 식히다

　　　　　　기 위해 잠시 눈을 감고 명상을 했다.

뜻 알기　흥분되거나 긴장된 마음을 가라앉히다.

뜻 써 보기 _____

★ 입

입만 아프다

고집이 센 준우에게 무슨 말을 해 봤자 내 　　　　　　　다.

뜻 알기　여러 번 말하여도 받아들이지 아니하여 말한 보람이 없다.

뜻 써 보기 _____

입에 침이 마르다

여름에 해외여행을 갔다 왔다고 　　　　　　　마르도록 자랑했다.

뜻 알기　다른 사람이나 물건에 대하여 거듭해서 말하다.

뜻 써 보기 _____

입을 씻다

그녀는 전국 대회의 단체전에서 상금을 받아 놓고, 우리와 상금을 나누지 않으려고 　　　　　　　고 모른 체를 했다.

뜻 알기　이익 따위를 혼자 차지하거나 가로채고서는 시치미를 떼다.

뜻 써 보기 _____

★ 간

간도 쓸개도 없다

우리를 괴롭힌 그 아이 편을 들다니, 넌 정말   없구나.

(뜻 알기) 용기나 줏대 없이 남에게 굽히다.

(뜻 써 보기) _____

간에 기별도 안 가다

이깟 빵 한 조각으로는   안 가니 치킨을 시켜 줘.

(뜻 알기) 먹은 것이 너무 적어 먹으나 마나 하다.

(뜻 써 보기) _____

간이 콩알만 해지다

나는 아버지의 갑작스러운 호통에   해졌다.

(뜻 알기) 몹시 두려워지거나 무서워지다.

(뜻 써 보기) _____

★ 목, 고개

목이 빠지게 기다리다

택배 기사님이 오기만을   기다렸다.

(뜻 알기) 몹시 안타깝게 기다리다.

(뜻 써 보기) _____

고개가 수그러지다

부모님의 은혜를 생각하면 저절로   진다.

(뜻 알기) 존경하는 마음이 일어나다.

(뜻 써 보기) _____

★ 허리

허리가 휘다

대학 등록금을 마련하려면   도록 일해야 한다.

(뜻 알기) 감당하기 어려운 일을 하느라 힘이 부치다.

(뜻 써 보기) _____

허리를 굽히다

그는 자신의 잘못을 인정하고 사람들에게   혀 사과했다.

(뜻 알기) 남에게 겸손한 태도를 취하다.

(뜻 써 보기) _____

01 ~ 04 다음 관용어와 그 뜻풀이를 바르게 연결하시오.

01 간에 기별도 안 가다 •

02 목이 빠지게 기다리다 •

03 머리가 굳다 •

04 입만 아프다 •

• ㉠ 몹시 안타깝게 기다리다.

• ㉡ 먹은 것이 너무 적어 먹으나 마나 하다.

• ㉢ 여러 번 말하여도 받아들이지 아니하여 말한 보람이 없다.

• ㉣ 사고방식이나 사상 따위가 융통성 없이 올곧고 고집이 세다.

05 ~ 07 다음 뜻풀이에 해당하는 관용어를 〈보기〉에서 찾아 기호를 쓰시오.

─● 보기 ●─

㉠ 허리가 휘다   ㉡ 머리를 식히다   ㉢ 간이 콩알만 해지다

05 몹시 두려워지거나 무서워지다. (   )

06 흥분되거나 긴장된 마음을 가라앉히다. (   )

07 감당하기 어려운 일을 하느라 힘이 부치다. (   )

08 ~ 11 제시된 초성을 활용하여 관용어의 뜻풀이를 완성하시오.

08 허리를 굽히다 ➪ 남에게 ㄱ ㅅ 한 태도를 취하다.

09 고개가 수그러지다 ➪ ㅈ ㄱ 하는 마음이 일어나다.

10 간도 쓸개도 없다 ➪ 용기나 ㅈ ㄷ 없이 남에게 굽히다.

11 입을 씻다 ➪ 이익 따위를 혼자 차지하거나 가로채고서는 ㅅ ㅊ ㅁ 를 떼다.

12 ~ 15 관용어의 쓰임을 고려하여 빈칸에 들어갈 알맞은 말을 쓰시오.

12 ( )을/를 식히기 위해 집 근처 공원에서 산책을 했다.

13 우리 부부는 어려운 일이 생길 때마다 ( )을/를 맞대고 의논했다.

14 아이 셋이 모두 학교에 다니고부터는 할 일이 너무 많아 ( )이/가 휜다.

15 그는 우리에게 소란을 피워 죄송하다며 ( )을/를 굽혀 정중히 사과했다.

16 밑줄 친 관용어의 쓰임이 적절하지 <u>않은</u> 것은?

① 그녀는 딸이 안전하게 귀가하기를 <u>목이 빠지게</u> 기다렸다.
② 점심을 <u>간이 콩알만 해지게</u> 먹었더니 계속 먹을 것을 찾게 된다.
③ 조국의 독립을 위해 희생하신 분들께 저절로 <u>고개가 수그러진다</u>.
④ 저녁으로 조그마한 애플파이 한 개를 먹었더니 <u>간에 기별도 안 간다</u>.
⑤ 선생님께서는 늘 솔선수범하는 민석이를 <u>입에 침이 마르게</u> 칭찬하셨다.

17 관용어를 사용하여 〈보기〉의 문장을 완성할 때, ㉠과 ㉡에 들어갈 말이 바르게 나열된 것은?

─────● 보기 ●─────
• 사장님은 이번 일이 잘 끝나면 보너스를 준다고 하더니 입을 (㉠).
• 일찍 들어오라고 아무리 잔소리를 해 봤자 듣지를 않으니 내 입만 (㉡).

① 모았다 − 쓰다   ② 막았다 − 달다   ③ 씻었다 − 아프다
④ 다물었다 − 더럽다   ⑤ 맞추었다 − 마르다

18 ~ 19 다음 관용어가 들어간 예문을 찾거나, 스스로 새로운 문장을 만들어 써 보시오.

18 머리가 굳다 ⇨ _____

19 간도 쓸개도 없다 ⇨ _____

01~03 다음 글을 읽고 물음에 답하시오.

"어데서 오시는 길입니까?" / "흥, 고향에서 오누마."

하고 그는 휘 한숨을 쉬었다. 그러자 그의 신세타령의 실마리는 풀려나왔다. 그의 고향은 대구에서 멀지 않은 K군 H란 외딴 동리였다. 한 백 호 남짓한 그곳 주민은 전부가 역둔토*를 파먹고 살았는데, 역둔토로 말하면 사삿집* 땅을 부치는 것보다 떨어지는 것이 후하였다. 그러므로 넉넉지는 못할망정 평화로운 농촌으로 남부럽지 않게 지낼 수 있었다. 그러나 세상이 뒤바뀌자 그 땅은 전부가 동양 척식 회사*의 소유에 들어가고 말았다. 직접으로 회사에 소작료를 바치게나 되었으면 그래도 나으련만 소위 중간 소작인이란 것이 생겨나서 저는 손에 흙 한 번 만져 보지도 않고 동척엔 소작인 노릇을 하며 실제 소작인에게는 지주 행세를 하게 되었다. ⓐ동척에 소작료를 물고 나서 또 중간 소작인에게 긁히고 보니 실제 소작인의 손에는 곡식의 삼 할도 떨어지지 않았다. 그 후로 '죽겠다', '못 살겠다' 하는 소리는 중이 염불하듯 그들의 입길에서 오르내리게 되었다. 이고 지고 타처로 떠도는 사람만 늘고 동리는 점점 쇠진해 갔다. / 지금으로부터 구 년 전, 그가 열일곱 살 되던 해 봄에 〈중략〉 그의 집안은 살기 좋다는 바람에 서간도로 이사를 갔다.

– 현진건, 〈고향〉

♥ 작품 감상

[해제] 일제 강점기 유랑민이 된 조선 민중들의 비참한 삶을 그린 현대 소설이다.

[주제] 일제 강점기 우리 민중들의 비참한 현실 고발

* 역둔토: 역에 딸린 소작지와, 지방에 주둔하는 군대의 경비를 조달하기 위한 소작지. * 사삿집: 개인 소유의 집.
* 동양 척식 회사: 일제가 조선의 토지와 자원을 수탈하기 위해 1908년에 설립한 국책 회사.

01 이 글에 대한 이해로 적절하지 <u>않은</u> 것은?

① 개인 소유의 땅보다 역둔토에서 농사를 짓는 것이 더 많은 이익을 볼 수 있었다.
② 실제 소작인들이 일제 강점기 이전에는 수확량의 삼 할보다는 많은 몫을 가져갔다.
③ 일제 강점기의 중간 소작인들은 직접 농사를 짓고 소작료도 동척에 직접 납부했다.
④ 일제 강점기 이전에 '그'의 고향은 주민들이 굶주림을 걱정하지 않을 만큼 평화로웠다.
⑤ 역둔토가 동양 척식 회사의 소유가 되자 실제 소작인들은 먹고 살기가 더 힘들어졌다.

02 ⓐ에 나타난 실제 소작인들의 상황과 관련이 깊은 관용구는?

① 입을 씻다   ② 허리가 휘다   ③ 간도 쓸개도 없다
④ 입에 침이 마르다   ⑤ 목이 빠지게 기다리다

창의적 적용

03 〈보기〉는 H 동리에 살았던 '실제 소작인'과 나눈 가상 인터뷰의 내용이다. 괄호에 들어갈 관용구를 쓰시오.

─ 보기 ─

　소작료를 모두 내고 남은 것으로 밥을 지어 먹으면 아이들이 (　　　　　　　)며 아우성칩니다. 항상 배고파서 우는 아이들을 위해서라도 가족들과 함께 이 마을을 떠나려고 합니다.

04~06 다음 글을 읽고 물음에 답하시오.

유머는 어원상 '사람의 기질'을 뜻한다. 이것이 '인간의 행동이나 말이 내포하는 웃음'을 뜻하는 것으로 발전하게 되었다. 풍자와 비교해 유머를 설명해 볼 때, 풍자는 우월한 태도로 상대방을 우습게 보이도록 만든다는 점에서 공격성이 담겨 있다고 할 수 있다. 하지만, 유머는 소재나 대상에 대한 공감의 태도를 담고 있으며, 우월의 태도는 담고 있지 않아서 풍자보다 따뜻하다고 할 수 있다. 요즘은 기업체나 관공서, 또는 학교에서도 유머에 대한 관심이 대단하다. 유머는 기본적으로 상대를 편안하게 하여 상대의 마음을 여는 기술이다. ㉠사고가 경직되고 완고했던 우리 사회가 변화하면서 사람들로부터 호감을 이끌어 내는 일이 중요해졌고, 그 방법으로 유머가 각광을 받게 된 것이다.

유머를 구사할 때, 기본적으로 몇 가지 고려해야 할 점이 있다. ㉡유머를 구사하려면 먼저 청자의 특징을 파악해서 청자에 맞는 유머를 해야 한다. 어린이들한테 우스갯소리를 하려면 가끔 괴성도 지르거나 바보짓도 해 줘야 한다. 청소년들에게는 짧은 퀴즈, 삼행시 등의 방법을 이용하는 것이 적절하고, 어른들에게는 정치나 경제 쪽으로 분야를 확대해도 괜찮을 것이다.

간단한 유머의 예로 '일 더하기 일은 얼마인가?'라고 물으면 '2'라고 답하는 대신 '과로'라고 답하는 것이다. 이렇게 유머는 청자의 예상을 비켜 나감으로써 웃음을 유발한다. 예상하지 못한 엉뚱한 표현을 하면 대부분 웃기 마련이다. 이런 방법을 쓴다면 누구나 유머를 쉽게 구사할 수 있다.

♥ **문단별 중심 내용**
[1문단] 유머의 특징
[2문단] 유머를 구사할 때 고려해야 하는 점
[3문단] 유머가 웃음을 유발하는 원리

04 이 글에 대한 이해로 적절하지 <u>않은</u> 것은?

① 유머에는 풍자와 달리 상대에 대한 공감과 따뜻함이 담겨 있다.
② 유머는 호감을 이끌어 내는 것이 중요한 사회에서 주목을 받고 있다.
③ 바보짓을 하거나 괴성을 지르면 어린아이들의 웃음을 유발할 수 있다.
④ 청소년들에게는 짧은 퀴즈나 경제와 관련된 유머를 구사하는 것이 좋다.
⑤ 유머를 쉽게 구사하는 방법은 청자의 예상에 벗어나는 표현을 하는 것이다.

05 ㉠과 의미가 통하는 관용구로 가장 적절한 것은?

① 머리가 굳다 ② 머리를 맞대다 ③ 허리를 굽히다
④ 간도 쓸개도 없다 ⑤ 간이 콩알만 해지다

창의적 적용

06 이 글을 읽고, 유머를 구사할 때 ㉡을 지키지 않으면 발생하는 문제점을 〈조건〉에 맞게 서술하오.

─ 조건 ●
1) '입'이 들어가는 관용구를 사용할 것. 2) 유머를 듣는 청자의 반응을 예상하여 쓸 것.

어휘 체크

※ 의미 차이를 알면 ○표! 의미 차이를 모르면 ×표! 학습 후 확실하게 이해했으면 ☆표!

가게 vs 가계 ☐☐	걷잡다 vs 겉잡다 ☐☐	거저 vs 그저 ☐☐
겨누다 vs 겨루다 ☐☐	개발 vs 계발 ☐☐	바치다 vs 받치다 vs 받히다 ☐☐

★ 가게 vs 가계

가게	하영이는 식료품 가게에 들러서 두부 한 모를 샀다.
	(뜻 알기) 작은 규모로 물건을 파는 집.
가계 家 집 가 ｜ 計 셀 계	그는 어려운 가계에 도움을 주겠다며 일자리를 알아보러 다녔다.
	(뜻 알기) 집안 살림을 꾸려 나가는 방도나 형편.

(헷갈리지 말자!) 집안 살림의 수입과 지출을 적는 장부를 '가계부'라고 하죠. 이처럼 '가계'는 '한집안 살림의 수입과 지출의 상태.'를 의미하기도 하고, 더 나아가 '집안 살림을 꾸려 나가는 방도나 형편.'을 의미하기도 합니다.

★ 걷잡다 vs 겉잡다

걷잡다	세차게 몰아치는 바람 때문에 해일은 걷잡을 수 없이 심각해졌다.
	(뜻 알기) 한 방향으로 치우쳐 흘러가는 형세 따위를 붙들어 잡다.
겉잡다	시험공부를 완벽하게 끝내려면 겉잡아도 한 달은 걸린다.
	(뜻 알기) 겉으로 보고 대강 짐작하여 헤아리다.

(헷갈리지 말자!) '걷잡다'는 '거두어 잡다'로, 지나가는 것을 막거나 붙잡는 것입니다. 반면 '겉잡다'는 '겉으로 보고 어림잡다'로, 대충 짐작하는 것입니다. 두 단어가 헷갈린다면 단어를 풀어서 생각해 봅니다.

★ 거저 vs 그저

거저	그들은 내가 찍은 사진을 돈도 안 내고 거저 사용하려 했다.
	(뜻 알기) 아무런 노력이나 대가 없이.
그저	유리는 묻는 말에 그저 "예, 예." 하며 대답만 하고 있었다.
	(뜻 알기) 다른 일은 하지 않고 그냥.

(헷갈리지 말자!) '거저'와 '그저'는 모음 하나만 다르지만 뜻이 완전히 다른 단어입니다. '거저'는 '공짜로'와 의미가 유사하지만, '그저'는 '그대로'와 의미가 유사합니다.

⭐ 겨누다 vs 겨루다

겨누다

새로 산 원피스를 집에 있는 옷과 <u>겨누어</u> 보니 원피스가 조금 작았다.

(뜻 알기) 한 물체의 길이나 넓이 따위를 대중이 될 만한 다른 물체와 견주어 헤아리다.

겨루다

아이들은 누가 점수를 더 받는지를 <u>겨루었다.</u>

(뜻 알기) 서로 버티어 승부를 다투다.

(헷갈리지 말자!) '겨누다'는 한 물건을 다른 대상과 비교하여 길이나 넓이를 짐작할 때 사용합니다. 하지만 '겨루다'는 대상의 우열, 즉 나음과 못함을 따지는 상황에서 사용합니다.

⭐ 개발 vs 계발

개발
開 열 개 | 發 필 발

1) 도시 주변의 녹지 공간을 보호하기 위해 이 지역은 <u>개발</u>이 제한되어 있다.

(뜻 알기) 토지나 천연자원 따위를 유용하게 만듦.

2) 우리 회사는 사원들의 능력을 <u>개발</u>하기 위한 지원을 아끼지 않는다.

(뜻 알기) 지식이나 재능 따위를 발달하게 함.

계발
啓 열 계 | 發 필 발

평소에 자기 <u>계발</u>을 꾸준히 한 사람만이 좋은 기회를 얻을 수 있다.

(뜻 알기) 슬기나 재능, 사상 따위를 일깨워 줌.

(헷갈리지 말자!) '개발'은 '계발'보다 더 많은 뜻을 가지고 있습니다. '개발'은 '토지나 천연자원을 유용하게 만듦', '산업이나 경제를 발전하게 함', '새로운 물건이나 아이디어를 내어놓음.' 등과 같은 뜻을 더 가지고 있습니다.

⭐ 바치다 vs 받치다 vs 받히다

바치다

마을 어르신께 음식을 만들어 <u>바쳤다.</u>

(뜻 알기) 신이나 웃어른에게 정중하게 드리다.

받치다

아이는 커피가 쏟아질까 봐 커피 잔을 쟁반에 <u>받치고</u> 조심조심 걸어왔다.

(뜻 알기) 물건의 밑이나 옆 따위에 다른 물체를 대다.

받히다

모퉁이를 돌다가 불쑥 튀어나온 자전거에 <u>받히고</u> 말았다.

(뜻 알기) 머리나 뿔 따위에 세차게 부딪히다.

(헷갈리지 말자!) '바치다', '받치다', '받히다'는 발음이 비슷하지만, 쓰임이 모두 다릅니다. 윗사람에게 무엇인가를 정중하게 내놓을 때에는 '바치다'를 사용하고, 어떤 것이 떨어지지 않도록 손이나 물건을 댈 때에는 '받치다'를 씁니다. 무엇이 다른 것에 부딪침을 당했을 때에는 '받히다'를 사용합니다.

`01 ~ 05` 다음 단어와 그 뜻풀이를 바르게 연결하시오.

01 가계 • • ㉠ 작은 규모로 물건을 파는 집.

02 가게 • • ㉡ 머리나 뿔 따위에 세차게 부딪히다.

03 바치다 • • ㉢ 신이나 웃어른에게 정중하게 드리다.

04 받치다 • • ㉣ 집안 살림을 꾸려 나가는 방도나 형편.

05 받히다 • • ㉤ 물건의 밑이나 옆 따위에 다른 물체를 대다.

`06 ~ 08` 다음 뜻풀이에 알맞은 단어를 고르시오.

06 [거저 | 그저] : 다른 일은 하지 않고 그냥.

07 [걷잡다 | 겉잡다] : 한 방향으로 치우쳐 흘러가는 형세 따위를 붙들어 잡다.

08 [겨누다 | 겨루다] : 한 물체의 길이나 넓이 따위를 대중이 될 만한 다른 물체와 견주어 헤아리다.

`09 ~ 11` 제시된 초성을 활용하여 단어의 뜻풀이를 완성하시오.

09 거저 ⇨ 아무런 노력이나 ⬚ㄷ ⬚ㄱ 없이.

10 겨루다 ⇨ 서로 버티어 ⬚ㅅ ⬚ㅂ 를 다투다.

11 개발 ⇨ 지식이나 재능 따위를 ⬚ㅂ ⬚ㄷ 하게 함.

▶ 정답과 해설 55쪽

12 ~ 15 다음 문장에서 적절한 단어를 고르시오.

12 퇴근하는 길에 반찬 (가게 | 가계)에 들러 저녁 반찬을 사 가야겠다.

13 만약 저 두 선수가 서로 (겨눈다면 | 겨룬다면) 누가 이길지 정말 궁금하다.

14 횡단보도를 건너던 학생이 달려오던 자동차에 (받치는 | 받히는) 사고가 일어났다.

15 이번 작업은 (걷잡아 | 겉잡아) 하루면 될 것 같았는데, 막상 작업해 보니 삼 일이나 걸렸다.

16 밑줄 친 단어의 쓰임이 적절하지 <u>않은</u> 것은?

① 요즈음 물가가 <u>걷잡을</u> 수 없이 오르는 것 같다.
② 자기 <u>계발</u>을 위해 끊임없이 노력하는 젊은이들이 많다.
③ 인심 좋은 서점 주인은 팔다 남은 책을 <u>거저</u> 가져가라고 했다.
④ 아버지께서는 퇴직 후에 <u>가게</u>가 빠듯하자 쉬지 않고 계속 일을 하셨다.
⑤ 옷을 직접 입어 보지 않고 내 체격에 대충 <u>겨누어</u> 보고만 샀더니 너무 크다.

17 〈보기〉의 빈칸에 들어갈 말이 바르게 나열된 것은?

━━━━● 보기 ●━━━━

• 주변 환경을 고려하지 않는 무분별한 토지 (   )이 문제가 되고 있다.
• 마을 사람들은 마을의 안녕을 빌기 위해 신에게 (   ) 제물을 준비했다.

① 계발 – 바칠   ② 개발 – 받칠   ③ 계발 – 받힐
④ 개발 – 바칠   ⑤ 계발 – 받칠

18 ~ 19 다음 단어가 들어간 예문을 찾거나, 스스로 새로운 문장을 만들어 써 보시오.

18 그저 ⇨ _____

19 받치다 ⇨ _____

01~03 다음 글을 읽고 물음에 답하시오.

[앞부분 줄거리] 남쪽 바닷가의 백성들이 해적들의 노략질과 심한 흉년으로 고통을 받고 있었으나, 벼슬아치들은 서로 권세를 ㉠겨루느라 이들을 모른 체했다. 신기한 재주를 지닌 전우치는 백성들을 돕기 위해 하늘나라의 관리로 변신하여 대궐을 찾아간다.

❤ 작품 감상
[해제] 초인적 능력을 가진 전우치가 불의한 자들을 응징하고 어려운 백성들을 돕는 내용의 고전 소설이다.
[주제] 전우치의 의로운 행동

임금이 모든 신하의 축하 인사를 받으시니, 문득 오색 고운 구름이 가득하고 향기로운 바람이 코를 찌르더니 공중에서 말하여 가로되,
"국왕은 옥황상제의 명령을 받으라."
하거늘, 임금이 놀라서 급히 여러 신하를 거느리시고 전각에서 내려와 향을 피우고 바라보니, 하늘나라 관리가 오색구름 가운데서 이르되, / "㉡이제 옥황상제께서 천하에 어렵게 살다 죽은 영혼을 위로하실 양으로 태화궁을 창건하시니, 인간 세상의 각국에서 황금 대들보 하나씩을 만들어 올리되, 길이가 오 척이요, 너비는 칠 척이니, 삼월 보름날에 올라가게 하라."
하고 말을 마치매 하늘로 올라가거늘, 임금이 신기하게 여기시며 전각에 오르셔서 신하들을 모아 의논하시니, 간의 태우가 여쭈옵길, / "이제 팔도에 반포하여 금을 모아 하늘의 명령을 받듦이 옳으니이다."
임금이 옳게 여기셔서 팔도에 금을 모아 바치라 하고, 한편으로 장인들을 불러 금을 단련하여 길이와 너비의 치수에 맞춰 만드니, 왕족이나 벼슬아치의 집안에 있는 것은 말도 말고, 팔도에 금이 동나고 심지어 비녀에 입힌 금까지 벗겨 올리니, 임금이 기뻐하시며 삼 일 동안 몸과 마음을 깨끗이 하시고 그날을 기다려 자리를 펴고 미리 기다렸다.

– 작자 미상, 〈전우치전〉

01 이 글의 내용으로 적절하지 <u>않은</u> 것은?

① 심한 흉년과 해적들의 노략질로 일부 지역의 백성들이 어려움에 처했다.
② 왕족이나 벼슬아치들은 어려운 백성들을 돕기 위해 정성을 다하고 있다.
③ 전우치는 다른 사람의 모습으로 변신할 수 있는 신기한 능력을 가지고 있다.
④ 임금은 전우치가 요구한 황금 대들보가 완성된 것에 대하여 만족하고 있다.
⑤ 당시에는 옥황상제의 존재를 믿었고, 그분의 명령에 따라야 한다고 생각했다.

02 ㉠의 뜻풀이로 알맞은 것은?

① 서로 버티어 승부를 다투다.
② 머리나 뿔 따위에 세차게 부딪히다.
③ 신이나 웃어른에게 정중하게 드리다.
④ 슬기나 재능, 사상 따위를 일깨워 주다.
⑤ 토지나 천연자원 따위를 유용하게 만들다.

창의적 적용

03 '전우치'가 황금 대들보를 요구한 진짜 이유를 〈조건〉에 맞게 서술하시오.

조건
1) [앞부분 줄거리]와 ㉡을 관련지을 것.
2) '바치다'라는 단어를 활용할 것.

04~06 다음 글을 읽고 물음에 답하시오.

시장이 새롭게 형성되는 초반에는 생산자나 소비자가 많지 않고 그 존재 여부도 잘 알려지지 않아 경쟁자가 거의 없다. 이러한 시장을 경제학에서는 평화로운 푸른 바다를 의미하는 '블루 오션'이라고 한다. 블루 오션은 경쟁자가 거의 없는 시장이므로, 시장의 수요가 경쟁이 아니라 창조에 의해 형성된다. 그리고 시장의 규모가 정해져 있지 않아 높은 수익을 얻을 수 있고 빠르게 성장할 수 있는 기회도 있다.

그러나 블루 오션은 시간이 흐르면서 더 이상 블루 오션이 아닐 수 있다. 이익을 얻고자 하는 새로운 기업들이 해당 시장에 뛰어들면 ㉠걷잡을 수 없이 경쟁이 발생하기 때문이다. 이러한 시장 상황을 바다의 포식자들이 먹이를 낚아채기 위해 서로 경쟁하는 상황에 비유하여 '레드 오션'이라고 한다. 즉 레드 오션은 경쟁 업체들이 고객을 확보하기 위해 치열한 경쟁을 벌이는 상태를 말한다.

레드 오션의 치열한 경쟁 속에서 기업들은 새로운 전략을 고민하기도 한다. 레드 오션이 된 시장에서 눈이 높은 소비자들의 요구를 파악하고 여기에 새 아이디어나 기술 등을 적용해 새로운 시장을 형성한다. 이를 '퍼플 오션'이라고 한다. 퍼플 오션을 찾기 위한 대표적인 전략은 이미 인기를 얻은 소재를 다른 장르에 적용하여 그 파급 효과를 노리는 것이다. 가령 특정 만화가 인기를 끌면 이것을 드라마나 영화로 만들고 캐릭터 상품을 개발한다. 이런 전략은 실패 위험이 적고 제작 비용과 시간을 줄일 수 있는 장점이 있다.

♥ 문단별 중심 내용
[1문단] 블루 오션의 개념과 특징
[2문단] 레드 오션의 개념과 특징
[3문단] 퍼플 오션의 개념과 특징

04 이 글의 내용과 일치하지 않는 것은?

① 퍼플 오션 전략에는 대중의 인기를 얻은 소재를 이용하는 방법이 있다.
② 블루 오션은 경쟁 상대가 없어서 시간이 지나도 높은 수익을 얻을 수 있다.
③ 경쟁이 없는 시장은 새로운 수요를 창조하여 시장을 빠르게 성장시킬 수 있다.
④ 레드 오션이 된 시장에서 새로운 시장을 형성하는 것을 퍼플 오션이라고 한다.
⑤ 독점적인 시장에 새로운 경쟁 업체들이 생겨나면 시장은 레드 오션으로 바뀐다.

05 ㉠이 쓰인 예문으로 적절하지 않은 것은?

① 소문이란 언제나 걷잡을 수가 없다.   ② 손실액이 걷잡을 수 없이 늘어났다.
③ 의혹의 불길이 걷잡을 수 없이 커졌다.   ④ 그녀가 어떤 행위를 할지 걷잡을 수 없었다.
⑤ 그 회사는 걷잡지 못할 어려운 지경에 빠졌다.

창의적 적용

06 이 글을 바탕으로 〈보기〉의 A 기업이 앞으로 어떤 전략을 펼칠지 서술하시오.(단, '개발'이라는 단어를 쓸 것)

─ 보기 ─
최초로 즉석 밥을 판매한 A 기업이 고수익을 얻자, 새로운 기업들이 즉석 밥 시장에 뛰어들었다.

어휘
체크

※ 의미 차이를 알면 ○표! 의미 차이를 모르면 ×표! 학습 후 확실하게 이해했으면 ☆표!

드러내다 vs 들어내다 ☐☐	로서 vs 로써 ☐☐	벌리다 vs 벌이다 ☐☐
배다 vs 베다 ☐☐	안치다 vs 앉히다 ☐☐	조리다 vs 졸이다 ☐☐

★ 드러내다 vs 들어내다

드러내다

무표정이었던 재민이가 갑자기 하얀 이를 드러내고 웃었다.

(뜻 알기) 가려 있거나 보이지 않던 것을 보이게 하다.

들어내다

그들은 손에 장갑을 낀 채 방에서 이삿짐을 들어내고 있다.

(뜻 알기) 물건을 들어서 밖으로 옮기다.

(헷갈리지 말자!) '드러내다'는 가려 있던 것을 보이게 하는 것이고, '들어내다'는 사물을 밖으로 이동시키는 것입니다. 간혹 '들어나다'라는 말을 쓰는 경우가 있는데, 이는 사전에 없는 단어입니다.

★ 로서 vs 로써

로서

그녀는 학생 대표로서 점심시간을 늘려 달라고 요구했다.

(뜻 알기) 지위나 신분 또는 자격을 나타내는 격 조사.

로써

세영이는 친구와 싸우고 싶지 않아 대화로써 오해를 풀려고 했다.

(뜻 알기) 어떤 일의 수단이나 도구를 나타내는 격 조사.

(헷갈리지 말자!) '로서'와 '로써'의 자리에 '~을/를 가지고' 또는 '~을/를 사용해서'를 넣어 봅니다. 이를 넣었을 때 문장이 자연스럽다면 '로써'를 사용하고, 문장이 어색하다면 '로서'를 사용합니다.

★ 벌리다 vs 벌이다

벌리다

꼬마는 잠이 오는지 입을 크게 벌리고 하품을 했다.

(뜻 알기) 둘 사이를 넓히거나 멀게 하다.

벌이다

우리 동아리는 에너지를 절약하기 위한 캠페인을 벌이기로 했다.

(뜻 알기) 일을 계획하여 시작하거나 펼쳐 놓다.

(헷갈리지 말자!) '벌리다'의 반대말인 '닫다', '오므리다', '다물다'를 문장에 사용해 보세요. 반대말을 넣어도 의미가 통한다면 '벌리다'를, 그렇지 않다면 '벌이다'를 사용합니다.

★ 배다 vs 베다

배다

날씨가 더워지기 시작해 옷에 땀이 배었다.

(뜻 알기) 스며들거나 스며 나오다.

베다

❶ 아이는 엄마의 무릎을 베고 누워야만 잠을 잔다.

(뜻 알기) 누울 때, 베개 따위를 머리 아래에 받치다.

❷ 그는 땔감을 마련하기 위해 하루 종일 나무를 베었다.

(뜻 알기) 날이 있는 연장 따위로 무엇을 끊거나 자르거나 가르다.

(헷갈리지 말자!) '배다'는 다의어로, 위의 뜻 외에도 '버릇이 되어 익숙해지다.', '냄새가 스며들어 오래도록 남아 있다.', '느낌, 생각 따위가 깊이 느껴지거나 오래 남아 있다.'는 의미로 사용됩니다. 반면 '베다'는 동음이의어로, 단어의 생김새는 같지만 전혀 다른 두 가지 의미로 사용됩니다.

★ 안치다 vs 앉히다

안치다

엄마는 쌀을 씻어 밥솥에 안치고 된장찌개를 끓였다.

(뜻 알기) 밥, 떡, 찌개 따위를 만들기 위하여 그 재료를 솥이나 냄비 따위에 넣고 불 위에 올리다.

앉히다

새 학기가 되자 선생님은 학생들을 성적 순서대로 자리에 앉혔다.

(뜻 알기) 사람이나 동물이 윗몸을 바로 한 상태에서 엉덩이에 몸무게를 실어 다른 물건이나 바닥에 몸을 올려놓게 하다.

(헷갈리지 말자!) '안치다'는 음식 재료를 그릇에 담고 불 위에 올리는 것이고, '앉히다'는 사람이나 동물을 다른 물건이나 바닥에 앉게 하는 것입니다. 발음은 동일하지만 '안치다'와 '앉히다'가 사용되는 상황은 완전히 다릅니다.

★ 조리다 vs 졸이다

조리다

요리사는 간장 국물을 끼얹으며 생선을 조렸다.

(뜻 알기) 양념한 고기, 생선, 채소 따위를 국물에 넣고 바짝 끓여서 양념이 배어들게 하다.

졸이다

1) 재료에 물을 붓고 약한 불에 10분 졸이면 찌개가 완성된다.

(뜻 알기) 찌개, 국, 한약 따위의 물을 증발시켜 분량을 적어지게 하다.

2) 영호는 시험에 떨어질까 두려워서 발표 날까지 마음을 졸였다.

(뜻 알기) 속을 태우다시피 초조해하다.

(헷갈리지 말자!) '조리다'는 양념 국물이 재료에 완전히 스며들도록 하는 것이고, '졸이다'는 찌개나 국의 물을 증발시켜 국물의 맛을 더욱 진하게 하는 것입니다. 의미의 미묘한 차이를 알아 둡시다.

01 ~ 05 다음 단어와 그 뜻풀이를 바르게 연결하시오.

01 들어내다 •   • ㉠ 스며들거나 스며 나오다.

02 로써 •   • ㉡ 물건을 들어서 밖으로 옮기다.

03 벌이다 •   • ㉢ 일을 계획하여 시작하거나 펼쳐 놓다.

04 배다 •   • ㉣ 어떤 일의 수단이나 도구를 나타내는 격 조사.

05 안치다 •   • ㉤ 밥, 떡, 찌개 따위를 만들기 위하여 그 재료를 솥이나 냄비 따위에
                                   넣고 불 위에 올리다.

06 ~ 08 다음 뜻풀이에 알맞은 단어를 고르시오.

06 [벌리다 | 벌이다] : 둘 사이를 넓히거나 멀게 하다.

07 [드러내다 | 들어내다] : 가려 있거나 보이지 않던 것을 보이게 하다.

08 [졸이다 | 조리다] : 양념한 고기, 생선, 채소 따위를 국물에 넣고 바짝 끓여서 양념이 배어들게 하다.

09 ~ 11 제시된 초성을 활용하여 단어의 뜻풀이를 완성하시오.

09 졸이다 ⇨ 속을 태우다시피 ㅊ ㅈ 해하다.

10 로서 ⇨ 지위나 신분 또는 ㅈ ㄱ 을 나타내는 격 조사.

11 베다 ⇨ 누울 때, 베개 따위를 머리 아래에 ㅂ ㅊ ㄷ .

▶ 정답과 해설 56쪽

12 ~ 15 다음 문장에서 적절한 단어를 고르시오.

12 너무 높은 베개를 (베고 | 배고) 누우면 목뒤가 아플 수 있다.

13 그 단체는 연말이 되면 불우 이웃 돕기 운동을 (벌리고 | 벌이고) 있다.

14 된장찌개에 국물이 많으니까 약한 불에 좀 더 (조려야 | 졸여야) 할 것 같다.

15 창고에 쌓여 있던 상자를 모두 (들어내고 | 드러내고) 바닥 청소를 하기 시작했다.

16 밑줄 친 단어의 쓰임이 적절하지 <u>않은</u> 것은?

① 인간의 마음은 말로<u>써</u> 다 표현될 수는 없다.
② 농번기가 되어 이른 아침부터 벼를 <u>베는</u> 사람들이 많다.
③ 내 동생은 멸치와 고추를 간장에 <u>조린</u> 반찬을 아주 좋아한다.
④ 이번 여름휴가에 팔다리를 모두 <u>들어낸</u> 옷을 입었더니 살이 탔다.
⑤ 지하철에서 다리를 <u>벌리고</u> 앉으면 옆 사람에게 불쾌감을 줄 수 있다.

17 〈보기〉의 빈칸에 들어갈 말이 바르게 나열된 것은?

───● 보기 ●───

• 오늘은 국물을 살짝 (   ) 걸쭉하게 끓인 들깨 수제비를 먹었다.
• 그는 다리에 깁스를 한 나를 버스 빈자리에 (   ) 창문 밖을 바라보았다.

① 졸여서 – 안치고   ② 조려서 – 안치고   ③ 졸여서 – 앉히고
④ 조려서 – 앉히고   ⑤ 졸려서 – 안치고

18 ~ 19 다음 단어가 들어간 예문을 찾거나, 스스로 새로운 문장을 만들어 써 보시오.

18 안치다 ⇨ _____

19 드러내다 ⇨ _____

01~03 다음 글을 읽고 물음에 답하시오.

[앞부분 줄거리] 평국(계월)은 변방의 적들을 정벌하는 도중 천자의 위급함을 느끼고, 천자가 있는 곳으로 급히 온다. 적장 맹길이 평국을 보자 두려움에 도망가려 한다.

　"네가 가면 어디로 가겠느냐? 도망가지 말고 내 칼을 받으라."

　이와 같이 말하며 철통같이 달려가니 원수의 준총마가 주홍 같은 입을 ㉠벌리고 순식간에 맹길의 말 꼬리를 물고 늘어졌다. 맹길이 매우 놀라 몸을 돌려 긴 창을 높이 들고 원수를 찌르려고 하자 원수가 크게 성을 내 칼을 들어 맹길을 치니 맹길의 두 팔이 땅에 떨어졌다. 원수가 또 좌충우돌해 적 졸병을 모조리 베어 죽이니 피가 흘러 내를 이루고 시체가 산처럼 쌓였다.

　이때 천자와 신하들이 넋을 잃고 어쩔 줄을 모르고 천자께서는 항복 문서를 쓰려고 손가락을 깨물려 하고 있었다. 원수가 급히 말에서 내려 엎드려 통곡하며 여쭈었다.

　"폐하께서는 옥체를 돌보소서. 평국이 왔나이다."〈중략〉/ "짐이 모래사장의 외로운 넋이 될 것을 원수의 덕으로 나라를 보전하게 되었도다. 원수의 은혜를 무엇으로 갚으리오?" / 이렇게 말씀하시고,

　"원수는 만 리 변방에서 어찌 알고 와 짐을 구했는고?" / 하시니, 원수가 엎드려 아뢰었다.

　"하늘의 기운을 살펴보고 군사를 중군장에게 부탁한 후 즉시 황성에 왔사옵니다. 장안은 비어 있고 폐하의 거처를 몰라 주저하던 차에 시아버지 여공이 피신했던 수챗구멍에서 나오므로 물어서 급히 와 적장 맹길을 사로잡은 것이옵니다."

　　　　　　　　　　　　　　　　　　　　　　　　　　　　　– 작자 미상, 〈홍계월전〉

♥ 작품 감상

[해제] 남성보다 뛰어난 여성 영웅이 비범한 능력을 발휘하여 나라를 구하는 과정을 그린 고전 소설이다.

[주제] 여성인 홍계월의 영웅적 활약상

01 이 글의 등장인물에 대한 설명으로 적절하지 <u>않은</u> 것은?

① 평국은 하늘의 기운을 읽을 수 있는 신기한 능력을 지녔다.
② 맹길은 도망가려는 평국을 꾸짖어 평국의 기세를 꺾으려 했다.
③ 천자와 신하들은 맹길과 그의 졸병들의 난입으로 두려움에 떨었다.
④ 천자는 평국이 도우러 온 것을 모르고 항복 문서를 작성하려고 했다.
⑤ 평국은 시아버지가 준 정보로 황제가 있는 곳을 찾아 적병을 물리쳤다.

02 ㉠이 적절하게 사용된 예문이 <u>아닌</u> 것은?

① 간격을 <u>벌리다.</u>　　② 철조망을 <u>벌리다.</u>　　③ 두 팔을 <u>벌리다.</u>
④ 사업을 <u>벌리다.</u>　　⑤ 눈을 크게 <u>벌리다.</u>

창의적 적용

03 이 글에 드러난 평국의 영웅적 행동을 〈조건〉에 맞게 서술하시오.

● 조건 ●

• 천자가 처한 상황과 평국이 이룬 결과를 쓰되, '베다'와 '졸이다'의 단어를 활용할 것.

04~06 다음 글을 읽고 물음에 답하시오.

　자신의 생각이나 감정을 표현하기 위해 표정이나 몸짓을 사용하는 것을 신체 언어라고 한다. 말과 신체 언어가 서로 다른 메시지를 전달할 때 일반적으로 사람들은 말보다는 신체 언어를 더 신뢰한다. 가령 상대방이 '괜찮다'고 말하면서도 표정에 슬픔이 　⑤　 있으면, 우리는 '괜찮다'는 그 말을 믿지 않는다. 이처럼 신체 언어는 의사소통 과정에서 중요한 역할을 한다.

　신체 언어는 다양한 신체 부위를 통해 표현할 수 있지만, 그중에서도 손짓은 좀 더 특별한 의미를 지닌다. 손은 다른 신체 부위에 비해 움직임이 자유로워, 손짓을 이용해 다양한 감정과 생각을 표현할 수 있기 때문이다. 박수는 칭찬을, 기도하는 두 손은 염원을, 토닥이는 두 손은 위로를 전할 수 있다. 또한 손짓은 다른 신체 부위와 결합하여 다양한 의미를 생산한다. 손짓은 팔, 얼굴, 귀 등과 결합해 무려 3천여 가지의 다양한 움직임을 만들어 낸다. 꼭 다문 입술에 집게손가락을 대면 '조용히 하세요.'라는 의미를 표현할 수 있고, 머리 위에 하트를 그리면 사랑의 감정을 강하게 전달할 수도 있다.

　하지만 손짓이 모두 같은 의미로 사용되는 것은 아니다. 손짓은 각자의 행동 양식과 관습에 따른 문화를 반영하므로, 다른 지역에서는 그곳의 관습과 문화에 따라 전혀 다른 의미로 받아들여지기도 한다. 그렇기 때문에 서로 다른 문화권의 사람들이 각자의 문화에 근거하여 손짓을 사용할 경우, 그 손짓이 다른 의미로 해석됨으로써 오해와 갈등이 생겨나기도 한다.

♥ 문단별 중심 내용
[1문단] 의사소통에서 중요한 신체 언어
[2문단] 손짓의 다양한 의미
[3문단] 관습과 문화에 따라 다른 의미를 지니는 손짓

04 이 글에 대한 설명으로 적절하지 <u>않은</u> 것은?

① 손짓을 이용해 상대방을 칭찬하거나 위로할 수 있다.
② 신체 언어를 이용해 자신의 생각이나 감정을 표현할 수 있다.
③ 손짓에는 개인의 행동 양식과 관습에 따른 문화가 반영되어 있다.
④ 손짓은 다른 신체 부위와 결합하여 다양한 의미를 생산할 수 있다.
⑤ 다른 나라의 문화를 고려하여 손짓을 사용하면 오해가 생길 수 있다.

05 다음의 뜻풀이를 참고할 때 ⑤에 들어갈 단어로 알맞은 것은?

　⑤의 뜻풀이 : 스며들거나 스며 나오다.

① 조려　　　② 안쳐　　　③ 벌려　　　④ 배어　　　⑤ 베어

창의적 적용

06 〈보기〉를 참고하여 '엄지손가락을 치켜세우는 손짓'의 의미를 우리나라의 경우와 비교하여 쓰시오.

● 보기 ●
　태국에서 엄지손가락을 올리는 것은 어린아이가 혀를 내밀며 '메롱'을 하는 것과 비슷하다.

공부한 날 ( ) 월 ( ) 일

어휘
체크

※ 의미 차이를 알면 ○표! 의미 차이를 모르면 ×표! 학습 후 확실하게 이해했으면 ☆표!

| 일절 vs 일체 | ☐☐ | 잃어버리다 vs 잊어버리다 | ☐☐ | 좇다 vs 쫓다 | ☐☐ |
| 지그시 vs 지긋이 | ☐☐ | -째 vs 체 vs 채 | ☐☐ | 해어지다 vs 헤어지다 | ☐☐ |

★ 일절 vs 일체

일절
一 하나 일 | 切 끊을 절

보나는 집에 혼자 있으면 외부 사람들과 일절 연락하지 않는다.

(뜻 알기) 아주, 전혀, 절대로의 뜻으로, 흔히 행위를 그치게 하거나 어떤 일을 하지 않을 때에 쓰는 말.

일체
一 하나 일 | 切 모두 체

그녀는 재산 일체를 자선 단체에 기부했다.

(뜻 알기) 모든 것. 또는 모든 것을 다.

(헷갈리지 말자!) '일절'은 행위를 부인하거나 금지할 때 사용하므로, '않다, 말다' 등 부정어와 어울립니다. 반면 '일체'는 '모두, 전부'라는 뜻으로 주로 긍정적 표현과 쓰이지만, 부정적인 표현과 함께 쓰이기도 합니다.

★ 잃어버리다 vs 잊어버리다

잃어버리다

친구는 오랫동안 쓰던 물건을 잃어버려 속이 상해 울었다.

(뜻 알기) 가졌던 물건이 자신도 모르게 없어져 그것을 아주 갖지 아니하게 되다.

잊어버리다

졸업한 지가 오래되어 학교에서 배운 것을 모두 잊어버렸다.

(뜻 알기) 한번 알았던 것을 모두 기억하지 못하거나 전혀 기억하여 내지 못하다.

(헷갈리지 말자!) '잃어버리다'와 '잊어버리다'는 둘 다 '무엇인가 사라져 버렸다'는 점에서 의미가 비슷합니다. 하지만 '잃어버리다'는 물건이 없어졌을 때, '잊어버리다'는 기억이나 생각이 사라졌을 때 사용합니다.

★ 좇다 vs 쫓다

좇다

그는 돈과 권력만을 좇아 살아온 삶을 후회했다.

(뜻 알기) 목표, 이상, 행복 따위를 추구하다.

쫓다

나는 귀여운 강아지를 쫓아 골목으로 달려갔다.

(뜻 알기) 어떤 대상을 잡거나 만나기 위하여 뒤를 급히 따르다.

(헷갈리지 말자!) '좇다'와 '쫓다'는 둘 다 '무엇을 따른다'는 점에서 의미가 비슷합니다. 하지만 '좇다'는 목표, 이상, 행복 등 추상적인 대상과 함께 쓰이는 경우가 많고, '쫓다'는 구체적인 대상과 함께 쓰이는 경우가 많습니다.

★ 지그시 vs 지긋이

지그시

툭 건드리면 눈물이 쏟아질 것 같아 입술을 <u>지그시</u> 깨물었다.

(뜻 알기) 슬며시 힘을 주는 모양.

지긋이

1) 나이가 <u>지긋이</u> 든 노인이 정류장에서 버스를 기다리고 있었다.

(뜻 알기) 나이가 비교적 많아 듬직하게.

2) 그 아이는 어른들 옆에 <u>지긋이</u> 앉아서 이야기가 끝나기
   를 기다렸다.

(뜻 알기) 참을성 있게 끈지게.

(헷갈리지 말자!) '지긋이'는 형용사인 '지긋하다'의 의미를 그대로 사용하기 때문에 '지긋'의 모양을 밝혀 적어야 합니다. 하지만 '지그시'는 '지긋'의 의미와 관련이 없고, 관련된 원형도 밝힐 수 없기 때문에 소리 나는 대로 적습니다.

★ -째 vs 체 vs 채

-째

사과는 껍질째 먹어야 건강에 좋다는 말을 들었다.

(뜻 알기) '그대로', 또는 '전부'의 뜻을 더하는 접미사.

체

길을 가다 우연히 만난 친구가 나를 보고도 못 본 체했다.

(뜻 알기) 그럴듯하게 꾸미는 거짓 태도나 모양.

채

동생이 피곤했는지 벽에 기대앉은 <u>채</u>로 잠이 들었다.

(뜻 알기) 이미 있는 상태 그대로 있다는 뜻을 나타내는 말.

(헷갈리지 말자!) '-째'는 '채'와, '체'는 '채'와 종종 헷갈립니다. '-째'는 앞에 오는 단어에 붙여 쓰지만, '채'는 '-은/는 채'의 꼴로 쓰여 앞말과 띄어 씁니다. '체'는 '척'으로 바꾸어 '못 본 척', '잘난 척' 등으로 쓸 수 있지만, '채'는 '척'으로 바꾸어 쓸 수 없습니다.

★ 해어지다 vs 헤어지다

해어지다

경기를 앞두고 연습을 많이 한 탓인지 운동화가 다 <u>해어졌다</u>.

(뜻 알기) 닳아서 떨어지다.

헤어지다

수업이 끝난 후 우리는 간단하게 저녁을 먹고 <u>헤어졌다</u>.

(뜻 알기) 모여 있던 사람들이 따로따로 흩어지다.

(헷갈리지 말자!) '해어지다'와 '헤어지다'는 각각 '해지다'와 '헤지다'로 줄여 쓸 수 있습니다. 하지만 대개 '해어지다'는 '해지다'로 줄여서 사용하고, '헤어지다'는 줄이지 않고 그대로 사용합니다.

01 ~ 05 다음 단어와 그 뜻풀이를 바르게 연결하시오.

01 일절 •

• ㉠ 닳아서 떨어지다.

02 잊어버리다 •

• ㉡ 이미 있는 상태 그대로 있다는 뜻을 나타내는 말.

03 쫓다 •

• ㉢ 어떤 대상을 잡거나 만나기 위하여 뒤를 급히 따르다.

04 채 •

• ㉣ 한번 알았던 것을 모두 기억하지 못하거나 전혀 기억하여 내지 못하다.

05 해어지다 •

• ㉤ 아주, 전혀, 절대로의 뜻으로, 흔히 행위를 그치게 하거나 어떤 일을 하지 않을 때에 쓰는 말.

06 ~ 08 다음 뜻풀이에 알맞은 단어를 고르시오.

06 [지긋이 | 지그시] : 슬며시 힘을 주는 모양.

07 [일체 | 일절] : 모든 것. 또는 모든 것을 다.

08 [해어지다 | 헤어지다] : 모여 있던 사람들이 따로따로 흩어지다.

09 ~ 11 제시된 초성을 활용하여 단어의 뜻풀이를 완성하시오.

09 지긋이 ⇨ [ㅊ] [ㅇ] [ㅅ] 있게 끈지게.

10 쫓다 ⇨ 목표, 이상, 행복 따위를 [ㅊ] [ㄱ] 하다.

11 체 ⇨ 그럴듯하게 꾸미는 [ㄱ] [ㅈ] 태도나 모양.

12~15 다음 문장에서 적절한 단어를 고르시오.

12 엄마가 지난주에 사 준 가방을 그만 (잃어버렸다 | 잊어버렸다).

13 이번 행사에 드는 (일절 | 일체) 비용은 회사가 지불할 것이라고 했다.

14 오늘 우리가 만난 회사 관계자는 나이가 (지그시 | 지긋이) 든 신사였다.

15 젊은 시절에는 돈과 명예를 (좇았지만 | 쫓았지만) 다 부질없음을 알게 되었다.

16 밑줄 친 단어의 쓰임이 적절하지 <u>않은</u> 것은?

① 잡초는 뿌리<u>째</u> 뽑아 흔적 없이 태워 버려야 한다.
② 나는 못 이기는 <u>체</u>하며 그의 사과를 받아 주었다.
③ 나는 바쁜 일이 있어 엄마와 식사만 하고 바로 <u>헤어졌다</u>.
④ 줄이 꽤 길었지만 나의 차례가 올 때까지 <u>지긋이</u> 기다렸다.
⑤ 나는 사냥감을 끝까지 <u>좇아</u> 사냥감이 지쳐 쓰러지면 잡았다.

17 〈보기〉의 빈칸에 들어갈 말이 바르게 나열된 것은?

> ● 보기 ●
> • 나는 뒷짐을 진 (   ) 거실을 어슬렁어슬렁 걸어 다녔다.
> • 자주 입고 다니는 겉옷이 다 (   ) 버리고 새로 사야 할 것 같다.

① 체 – 헤어져서   ② 채 – 해어져서   ③ 째 – 헤어져서
④ 체 – 해어져서   ⑤ 채 – 헤어져서

18~19 다음 단어가 들어간 예문을 찾거나, 스스로 새로운 문장을 만들어 써 보시오.

18 일절 ⇨ _____

19 지그시 ⇨ _____

01~03 다음 글을 읽고 물음에 답하시오.

[앞부분 줄거리] 외국 생활을 하다 돌아온 방삼복이 미스터 방으로 권세를 누리자, 백 주사는 겉으로 그의 비위를 맞추면서도 속으로는 그를 못마땅하게 생각한다.

♥ 작품 감상
[해제] 광복 직후의 혼란스러운 사회에 교묘히 적응하는 인물들을 풍자한 현대 소설이다.
[주제] 기회주의적인 인간에 대한 풍자와 비판

이렇듯 근지는 미천하고 속에 든 것 없고, 가랑이가 찢어지게 가난하고, 생화라는 것이 고작 거리에 앉아 오는 사람 가는 사람 ㉠해어지고 고린내 나는 구두짝 꿰매어 주고 징 박아 주고 닦아 주고 하는 천업이고 하던, 그 코삐뚤이 삼복이었다. / '흥, 개구리가 올챙이 적을 못 생각한다더니. 발칙한 놈. 고얀 놈.'

백 주사는 생각하자니 속으로 이렇게 분개스럽지 않을 수가 없었다. / 그러나 일변으로는, 그러던 코삐뚤이 삼복이가 그야말로 선영이 명당엘 들었단 말인지, 무슨 조화를 지녔단 말인지, 불과 몇 달지간에 이렇게 훌륭히 되고, 부자가 되고, 미스터 방인지 구리다 방인지가 되고 하여 가지고는, 갖은 호강 다 하며 천하에 무서울 것이 없고, 기광이 나서 막 이러니, 한편 생각하면 신기하기도 하고 부럽기도 하고 또한 안타깝기도 하였다. / '사람의 운수란 참 모를 일이야.' / 백 주사는 속으로 절절히 이렇게 탄복도 아니치 못하였다. / 코삐뚤이 삼복의 이 눈부신 발신은, 그러나 백 주사가 희한히 여기는 것처럼 무슨 명당 바람이 났다거나 조화를 지녔다거나 그런 신기한 곡절이 있는 바가 아니요, 지극히 간단하고도 수월한 것이었다. 다못 몸에 지닌 재주 가운데 총기가 좀 좋아서 일찍이 영어 마디나 익힌 것을 잊어버리지 아니하였다는, 일종의 특수 조건이 없던 바는 아니지만. — 채만식, 〈미스터 방〉

01 이 글의 등장인물에 대한 이해로 적절하지 <u>않은</u> 것은?

① 방삼복은 원래 구두 깁는 장수로 생계를 유지했다.
② 백 주사는 직업에 대한 귀천 의식이 강한 사람이다.
③ 방삼복은 형편이 나아진 후에도 겸손하게 행동했다.
④ 방삼복은 짧은 기간에 권세를 얻고 부유하게 되었다.
⑤ 백 주사는 방삼복이 잘된 것에 대해 착잡함을 느꼈다.

02 ㉠의 뜻풀이로 알맞은 것은?

① 기억하지 못하다.
② 닳아서 떨어지다.
③ 목표, 이상, 행복 따위를 추구하다.
④ 모여 있던 사람들이 따로따로 흩어지다.
⑤ 있던 게 없어져 아주 갖지 아니하게 되다.

창의적 적용

03 이 글을 읽고, '방삼복'이 출세할 수 있었던 이유를 〈조건〉에 맞게 서술하시오.

• 조건 •

• '잃어버리다'와 '잊어버리다' 중 한 단어를 선택해 문장에 포함할 것.

04~06 다음 글을 읽고 물음에 답하시오.

방송 프로그램의 출연자가 특정 회사의 상표가 드러난 옷을 입거나 자동차를 타는 장면을 본 적이 있을 것이다. 이렇게 상업적 의도를 감춘 ⊙채 프로그램 내에 배치된 제품이나 기업의 상징물 등을 소비자가 인식하도록 만드는 광고를 '간접 광고'라고 한다. 우리나라에서 간접 광고는 2010년부터 허용되었는데 초기에는 간접 광고의 정도가 미미했지만, 해가 갈수록 시청자들의 몰입을 방해할 정도로 심해지고 있다. 그렇다면 간접 광고는 우리에게 어떤 영향을 미칠까?

간접 광고는 앞에서 언급한 몰입 방해 외에도, 특정 기업이나 상품 등에 대한 무의식적인 각인 효과를 시청자에게 심어 준다는 문제가 있다. 이렇게 되면 시청자들이 비판적 판단을 하지 못하고 간접 광고가 다루는 대상을 무조건 신뢰하는 일이 벌어지게 된다. 또 간접 광고는 시청자들의 선택권을 빼앗아 시청자를 더욱 수동적인 존재로 만든다. 프로그램 앞뒤에 하는 광고는 시청자가 볼지 말지 선택할 수 있지만, 간접 광고는 프로그램 내에 포함되어 있어 그렇게 할 수 없기 때문이다.

한편 간접 광고로 인해 드라마나 오락 프로그램의 완성도가 떨어질 수 있다. 간접 광고의 대가로 광고주들은 방송 프로그램의 제작비를 지원하는데, 광고주들은 간접 광고를 더 길게 더 자주 넣도록 요구하기 때문이다. 그 결과 프로그램의 완성도가 떨어지는 경우가 빈번하고, 완성도가 떨어지는 프로그램을 보아야 하는 시청자들로서는 큰 피해가 아닐 수 없다.

> ♥ 문단별 중심 내용
> [1문단] 간접 광고의 개념과 심각성 정도
> [2문단] 시청자를 수동적인 존재로 만드는 간접 광고
> [3문단] 프로그램의 완성도를 떨어뜨리는 간접 광고

04 이 글에 대한 설명으로 적절하지 <u>않은</u> 것은?

① 간접 광고에 자주 노출된 시청자들은 해당 제품을 신뢰하게 된다.
② 간접 광고의 노출 횟수가 증가하면 프로그램의 완성도가 감소한다.
③ 상업적 의도를 숨긴 간접 광고는 시청자들의 몰입을 방해하지 않는다.
④ 광고주들은 프로그램 제작자에게 간접 광고를 더 자주 넣도록 요구한다.
⑤ 시청자들은 프로그램에 포함된 간접 광고를 볼지 말지 선택하지 못한다.

05 다음 중 ⊙의 사용이 적절하지 <u>않은</u> 것은?

① 팔짱을 낀 채 걸었다.　　② 노루를 산 채로 잡았다.　　③ 입을 벌린 채 잠들었다.
④ 아픔도 모른 채 뛰었다.　　⑤ 손짓으로 아는 채를 했다.

창의적 적용

06 이 글을 읽은 시청자가 방송 프로그램 담당자에게 요구할 내용을 〈조건〉에 맞게 서술하시오.

— 조건 —

1) 이 글의 3문단의 내용을 고려할 것.
2) '광고주', '좇다'라는 단어를 사용하여 한 문장으로 서술할 것.

어휘 체크

※ 학습 후 제시된 동음이의어의 의미 차이를 확실하게 이해했으면 ☆표!

부유하다 ☐☐	수상하다 ☐☐	유용 ☐☐
양식 ☐☐	부상 ☐☐	훔치다 ☐☐

★ 부유하다

부유하다¹
富 부유할 부 | 裕 넉넉할 유

유미는 <u>부유한</u> 집안에서 태어나 험한 일을 해 보지 않았다.

(뜻 알기) 재물이 넉넉하다.

부유하다²
浮 뜰 부 | 遊 놀 유

새어 들어온 햇빛 속에는 미세한 먼지들이 <u>부유하고</u> 있었다.

(뜻 알기) 물 위나 물속, 또는 공기 중에 떠다니다.

★ 수상하다

수상하다¹
殊 다를 수 | 常 떳떳할 상

사람들은 마을에 나타난 낯선 사내가 <u>수상하다</u>며 수군댔다.

(뜻 알기) 보통과는 달리 이상하여 의심스럽다.

수상하다²
受 받을 수 | 賞 상줄 상

그녀는 국제 대회에서 금상을 <u>수상했다</u>.

(뜻 알기) 상을 받다.

★ 유용

유용¹
有 있을 유 | 用 쓸 용

전자계산기는 복잡한 계산을 재빨리 하기에 <u>유용하다</u>.

(뜻 알기) 쓸모가 있음.

유용²
流 흐를 유 | 用 쓸 용

임 부장은 회삿돈을 개인적인 용도로 <u>유용했다</u>는 의심을 받았다.

(뜻 알기) 남의 것이나 다른 곳에 쓰기로 되어 있는 것을 다른 데로 돌려씀.

★ 양식

양식¹
樣 모양 양 | 式 법 식

선생님은 주어진 <u>양식</u>에 따라 독후감을 쓰라고 하셨다.

뜻 알기 | 일정한 모양이나 형식.

양식²
養 기를 양 | 殖 번성할 식

삼촌께서는 직접 <u>양식</u>한 굴을 해마다 우리 집에 보내 주신다.

뜻 알기 | 물고기나 해조, 버섯 따위를 인공적으로 길러서 번식하게 함.

양식³
糧 양식 양 | 食 먹을 식

곳간에 <u>양식</u>이 가득해 이번 겨울은 무사히 보낼 수 있다.

뜻 알기 | 생존을 위하여 필요한 사람의 먹을거리.

★ 부상

부상¹
負 짐질 부 | 傷 상처 상

그는 앞서 달리던 선수와 부딪혀 <u>부상</u>을 입었다.

뜻 알기 | 몸에 상처를 입음.

부상²
浮 뜰 부 | 上 위 상

1) 이 자동차는 비가 올 때 물 위로 <u>부상</u>할 수 있도록 만들어졌다.

뜻 알기 | 물 위로 떠오름.

2) 원래 순위권에 없었던 그녀의 소설이 갑자기 베스트셀러로 <u>부상</u>했다.

뜻 알기 | 어떤 현상이 관심의 대상이 되거나 어떤 사람이 훨씬 좋은 위치로 올라섬.

부상³
副 버금 부 | 賞 상줄 상

희원이는 노래 대회에서 수상하여 <u>부상</u>으로 상품권을 받았다.

뜻 알기 | 본상에 딸린 상금이나 상품.

★ 훔치다

훔치다¹

예리는 책상에 엎지른 물을 손수건으로 얼른 <u>훔쳤다</u>.

뜻 알기 | 물기나 때 따위가 묻은 것을 닦아 말끔하게 하다.

훔치다²

그는 보석상에서 다이아몬드를 <u>훔치다</u>가 경찰에게 붙잡혔다.

뜻 알기 | 남의 물건을 남몰래 슬쩍 가져다가 자기 것으로 하다.

사전적 의미

01 ~ 04 밑줄 친 단어의 뜻풀이로 알맞은 것을 고르시오.

01 저기 물속에서 <u>부유</u>하고 있는 식물은 개구리밥이다.

㉠ 재물이 넉넉하다.
㉡ 물 위나 물속, 또는 공기 중에 떠다니다.

02 은채는 우리 학교 댄스 팀의 히든카드로 <u>부상</u>하고 있다.

㉠ 본상에 딸린 상금이나 상품.
㉡ 어떤 현상이 관심의 대상이 되거나 어떤 사람이 훨씬 좋은 위치로 올라섬.

03 이번 보고서는 보내 드린 문서 <u>양식</u>에 맞춰 작성하여 주십시오.

㉠ 일정한 모양이나 형식.
㉡ 생존을 위하여 필요한 사람의 먹을거리.

04 주연이는 엄마가 시킨 대로 자신의 방을 걸레로 깨끗이 <u>훔쳤다</u>.

㉠ 물기나 때 따위가 묻은 것을 닦아 말끔하게 하다.
㉡ 남의 물건을 남몰래 슬쩍 가져다가 자기 것으로 하다.

05 ~ 09 제시된 초성을 활용하여 밑줄 친 단어의 뜻풀이를 완성하시오.

05 제호는 <u>부유한</u> 살림에도 불구하고 남에게 돈을 빌렸다.

⇨ 부유하다: ㅈ ㅁ 이 넉넉하다.

06 주위를 자꾸 두리번두리번하는 그의 태도가 <u>수상</u>해 보였다.

⇨ 수상하다: 보통과는 달리 이상하여 ㅇ ㅅ 스럽다.

07 정태는 <u>부상</u> 때문에 다리를 절뚝이면서도 경기를 계속했다.

⇨ 부상: 몸에 ㅅ ㅊ 를 입음.

08 이 참고서는 교과서 내용을 모두 담고 있어 예습하기에 <u>유용</u>하다.

⇨ 유용: ㅆ ㅁ 가 있음.

09 예전에는 바위에서 자연산 굴을 땄지만, 요즘은 대부분 <u>양식</u>을 한다.

⇨ 양식: 물고기나 해조, 버섯 따위를 ㅇ ㄱ ㅈ 으로 길러서 번식하게 함.

▶ 정답과 해설 58쪽

10 ~ 12 밑줄 친 단어가 제시된 의미로 사용된 예문을 고르시오.

10 양식: 생존을 위하여 필요한 사람의 먹을거리.

　① 그 호텔에서는 최고 수준의 한식 및 양식을 제공한다.

　② 어머니께서는 가족들이 먹을 양식을 넉넉히 마련해 놓으셨다.

11 훔치다: 남의 물건을 남몰래 슬쩍 가져다가 자기 것으로 하다.

　① 범인은 편의점 앞에 서 있던 남의 차를 훔쳐 타고 달아났다.

　② 청소기를 돌리고 바닥을 걸레로 훔치며 열심히 청소했더니 힘이 들었다.

12 유용: 남의 것이나 다른 곳에 쓰기로 되어 있는 것을 다른 데로 돌려씀.

　① 박 대리는 회사 공금을 유용한 혐의로 경찰에 붙잡혔다.

　② 우리는 이산화 탄소를 유용한 물질로 전환하는 기술을 개발하고 있다.

13 밑줄 친 두 단어의 의미가 같지 않은 것은?

　① • 주어진 양식에 맞게 이력서를 제출했다.

　　　• 양식에 맞추어 지원서를 작성하지 않아 감점을 받았다.

　② • 나는 식탁을 행주로 훔치고 저녁상을 차렸다.

　　　• 현아는 땀범벅이 된 얼굴을 수건으로 훔쳐 내었다.

　③ • 저 멀리 푸른 하늘을 부유하는 풍선을 바라보았다.

　　　• 작은 물고기들이 커다란 어항 속을 부유하며 돌아다녔다.

　④ • 그는 대상을 차지하여 상장과 함께 노트북을 부상으로 받았다.

　　　• 올해 우리 대학은 수석 졸업생한테 금반지를 부상으로 주었다.

　⑤ • 해외 영화제에서 대상을 수상한 작품이 드디어 내일 개봉한다.

　　　• 동생이 평소에 안 하던 행동을 하니 수상해서 뒤를 몰래 따라가 보았다.

14 ~ 15 다음 단어가 들어간 예문을 찾거나, 스스로 새로운 문장을 만들어 써 보시오.

14 양식 : 물고기나 해조, 버섯 따위를 인공적으로 길러서 번식하게 함.

　⇨ _____

15 부상 : 어떤 현상이 관심의 대상이 되거나 어떤 사람이 훨씬 좋은 위치로 올라섬.

　⇨ _____

01~03 다음 글을 읽고 물음에 답하시오.

세상에 머슴살이같이 잇속 적은 생업은 없다. / 싸울래 싸운 것이 아니라 김 영감 편에서 투정을 건 셈이다. 지금 와 보면 처음부터 쫓아낼 의사였던 것이 확실하다. 중실은 머슴 산 지 칠 년에 아무것도 쥔 것 없이 맨주먹으로 살던 집을 쫓겨났다. ㉠원통은 하였으나 애통하지는 않았다.

해마다 사경을 또박또박 받아 본 일이 없다. 옷 한 벌 버젓하게 얻어 입은 적 없다. 명절에는 놀이할 돈도 푼푼이 없이 늘 개 보름 쇠듯 하였다. 장가들이고 집 사고 살림을 내준다던 것도 헛소리였다. 첩을 건드렸다는 생퉁 같은 다짐이었으나, 그것은 처음부터 계책한 억지요, 졸색의 둥글개 따위에는 손댈 염도 없었던 것이다. 빨래하러 갔던 첩과 동구 밖에서 마주쳐 나뭇짐을 지고 앞서고 뒤서서 돌아왔다고 의심받을 법은 없다. 첩과 ㉡수상한 놈팡이는 도리어 다른 곳에 있는 것을, 애매한 중실에게 엉뚱한 분풀이가 돌아온 셈이었다. 가살스런 첩의 행실을 휘어잡지 못하고 늘그막판에 속 태우는 영감의 신세가 하기는 가엾기는 하다. 더욱 엉크러질 앞일을 생각하고 중실은 차라리 하직하고 나온 것이었다.

넓은 하늘 밑에서도 갈 곳이 없다. 제일 친한 곳이 늘 나무하러 가던 산이었다. 짚북더기보다는 부드러운 두툼한 나뭇잎의 맛이 생각났다. 그 넓은 세상은 사람을 배반할 것 같지는 않았다. 빈 지게만을 걸머지고 산으로 들어갔다. 그 속에서 얼마 동안이나 견딜 수 있을까가 한 시험도 되었다. — 이효석, 〈산〉

♥ 작품 감상
[해제] 머슴살이를 그만두고 산 속에서 만족하며 살아가는 인물을 그린 현대 소설이다.
[주제] 자연과 더불어 사는 소박한 삶과 자연에 대한 사랑

01 이 글을 읽고 난 뒤의 반응으로 적절하지 <u>않은</u> 것은?

① 중실은 김 영감에게 밀린 사경을 달라고 하다가 결국 쫓겨났다.
② 김 영감은 중실에게 장가도 보내 주고 살림도 내준다고 약속했었다.
③ 중실은 김 영감의 집에 남아 있으면 더 험한 일을 당할 것이라고 생각했다.
④ 김 영감은 말씨와 행동이 되바라진 첩의 행실을 바로잡지 못하고 속만 태웠다.
⑤ 중실은 넓은 자연은 자신을 배반하지 않을 것이라는 믿음으로 산으로 들어갔다.

02 ㉡의 뜻풀이로 알맞은 것은?

① 상을 받다.　　　　　② 쓸모가 있다.　　　　　③ 말끔하게 하다.
④ 재물이 넉넉하다.　　⑤ 이상하여 의심스럽다.

창의적 적용

03 이 글을 읽고, 중실이 ㉠과 같이 생각하는 이유를 〈조건〉에 맞게 서술하시오.

● 조건 ●
• 원통한 이유와 애통하지 않은 이유를 각각 설명하되, 한 문장으로 쓸 것.

04~06 다음 글을 읽고 물음에 답하시오.

우리나라에서 지렁이는 소나 돼지처럼 법으로 정한 가축이다. 가축이란 인간 생활에 [㉠] 사용하기 위해 기르는 동물이다. 그렇다면 지렁이는 어떤 이유에서 가축이 되었을까? 우선 지렁이는 농업에 도움이 된다. 지렁이는 소화 과정에서 해로운 미생물을 제거하고, 식물 생장에 필수적인 영양소가 포함된 분변토를 배출한다. 이 분변토를 사용하면 화학 비료를 적게 쓸 수 있어서 땅의 산성화를 막는 데 도움이 된다. 또 지렁이는 표면과 땅속을 오가면서 지표면의 물질과 땅속의 흙을 순환시키고, 흙과 흙 사이사이의 틈인 공극을 만든다. 공극은 식물의 뿌리가 성장하는 데 도움을 준다. 아울러 비가 오면 공극에 빗물이 스며들어 식물에 필요한 수분을 저장하고 지하수를 확보하는 데에 도움이 된다.

그리고 지렁이는 환경을 위해 쓰인다. 우리나라에서는 하루 2만 톤 정도의 음식물 쓰레기가 발생한다. 이것이 그대로 버려지면 썩어서 토양과 물이 오염된다. 음식물 쓰레기를 모두 처리하려면 대규모의 시설을 지어야 하는데, 이에 많은 돈과 노력이 필요하다. 그런데 지렁이가 음식물 쓰레기를 먹는다면 음식물 쓰레기 처리에 드는 비용을 줄일 수 있을 것이다.

하지만 우리나라에서 지렁이를 농업과 환경 분야에 대규모로 사용하는 경우는 많지 않다. 지렁이를 이용하는 것이 쉽지 않기 때문이다. 지렁이의 먹이는 염분 농도가 낮아야 하므로, 우리 음식 문화에서는 소금기를 낮추는 별도의 처리가 필요하다. 또한 지렁이는 적합한 환경이 아니면 살 수 없으므로, 온도는 15~25도, 흙의 수분은 20%로 유지해야 하는 어려움이 있다.

♥ **문단별 중심 내용**
[1문단] 농업 분야에 이용되는 지렁이
[2문단] 환경 분야에 이용되는 지렁이
[3문단] 지렁이 이용의 어려움

04 이 글의 제목으로 가장 적절한 것은?

① 가축의 정의와 종류
② 음식물 처리 기술의 발전
③ 지렁이의 활용과 그 한계
④ 지렁이의 특성과 사육 방법
⑤ 토양 오염의 심각성과 해결책

05 다음 ㉠의 뜻풀이를 참고할 때 ㉠에 들어갈 단어로 알맞은 것은?

• ㉠의 뜻풀이: 쓸모가 있다.

① 훔치게 ② 부유하게 ③ 수상하게 ④ 유용하게 ⑤ 부상하게

창의적 적용

06 이 글을 읽고, 지렁이가 앞으로 어떻게 활용될 수 있을지 예측하여 〈조건〉에 맞게 서술하시오.

─ 조건 ─
1) 3문단에서 다루고 있는 '지렁이 관리의 어려움'이 해결되었다고 가정할 것.
2) '분야'와 '부상'이라는 단어를 포함하여 쓸 것.

공부한날 ◯ 월 ◯ 일

어휘 체크

※ 학습 후 제시된 다의어의 의미 차이를 확실하게 이해했으면 ☆표!

| 사이 ☐☐ | 어리다 ☐☐ | 흐리다 ☐☐ |
| 기르다 ☐☐ | 나누다 ☐☐ | 풀다 ☐☐ |

사이

1) 서울에서 인천 <u>사이</u>의 거리는 얼마나 될까요?

〔뜻 알기〕 한곳에서 다른 곳까지, 또는 한 물체에서 다른 물체까지의 거리나 공간.

2) 내가 잠시 한눈을 판 <u>사이</u> 언니가 내 간식을 몰래 먹었다.

〔뜻 알기〕 한때로부터 다른 때까지의 동안.

3) 하루 종일 손님들이 와서 편하게 앉아 있을 <u>사이</u>가 없었다.

〔뜻 알기〕 어떤 일에 들이는 시간적인 여유나 겨를.

4) 재영이와 나는 친구 <u>사이</u>로 지낸 지 벌써 십 년째이다.

〔뜻 알기〕 서로 맺은 관계. 또는 사귀는 정분.

어리다

1) 아이의 눈에는 눈물이 그렁그렁 <u>어리어</u> 있었다.

〔뜻 알기〕 눈에 눈물이 조금 괴다.

2) 우리는 타지에서 외로워하는 그에게 정성 <u>어린</u> 편지를 보냈다.

〔뜻 알기〕 어떤 현상, 기운, 추억 따위가 배어 있거나 은근히 드러나다.

흐리다

1) 강아지를 키운 것은 너무 어렸을 때의 일이어서 기억이 <u>흐리다</u>.

〔뜻 알기〕 기억력이나 판단력 따위가 분명하지 아니하다.

2) 시냇물이 <u>흐려서</u> 물고기가 잘 보이지 않았다.

〔뜻 알기〕 잡것*이 섞여 깨끗하지 못하다.

〔어휘 쏙〕 잡(雜)것 순수하지 못하고 여러 가지가 섞여 있는 잡스러운 물건.

3) 하늘이 <u>흐려서</u> 그런지 금방이라도 비가 내릴 것 같다.

〔뜻 알기〕 하늘에 구름이나 안개 따위가 끼어 햇빛이 밝지 못하다.

기르다

1) 우리 할아버지는 정원에서 강아지를 <u>기르셨다</u>.

뜻 알기 동식물을 보살펴 자라게 하다.

2) 그는 아이를 <u>기르기</u> 위해서 다니던 직장을 그만두었다.

뜻 알기 아이를 보살펴 키우다.

3) 종국이는 체력을 <u>기르기</u> 위해 매일 운동을 한다.

뜻 알기 육체나 정신을 단련하여 더 강하게 만들다.

4) 아버지께서는 아침에 일찍 일어나는 습관을 <u>기르라고</u> 말씀하셨다.

뜻 알기 습관 따위를 몸에 익게 하다.

나누다

1) 케이크를 다섯 조각으로 <u>나누어</u> 각 그릇에 덜었다.

뜻 알기 하나를 둘 이상으로 가르다.

2) 선생님은 학생들을 청군과 백군으로 <u>나누어</u> 편을 갈랐다.

뜻 알기 여러 가지가 섞인 것을 구분하여 분류하다.

3) 상금으로 받은 돈을 팀원들에게 공평하게 <u>나누어</u> 주었다.

뜻 알기 몫을 분배하다.

4) 고통은 <u>나누면</u> 작아지고, 즐거움은 <u>나누면</u> 커진다는 말이 있다.

뜻 알기 즐거움이나 고통, 고생 따위를 함께하다.

풀다

1) 그 신발에는 신발 끈을 <u>풀고</u> 조일 수 있는 장치가 있다.

뜻 알기 묶이거나 감기거나 얽히거나 합쳐진 것 따위를 그렇지 않은 상태로 되게 하다.

2) 좋아하는 음악을 듣고 나니 우울했던 기분이 조금 <u>풀렸다</u>.

뜻 알기 일어난 감정 따위를 누그러뜨리다.

3) 지영이는 어려운 수학 문제를 <u>풀어</u> 선생님께 칭찬을 받았다.

뜻 알기 모르거나 복잡한 문제 따위를 알아내거나 해결하다.

4) 홍 사장은 비밀리에 사람을 <u>풀어</u> 그들의 행적*을 조사했다.

뜻 알기 사람을 동원하다.

어휘 쏙 행적(行跡) 행위의 실적이나 자취.

01 ~ 04 밑줄 친 단어의 뜻풀이로 알맞은 것을 고르시오.

01 물건들을 불량품과 정품으로 <u>나누는</u> 작업을 했다.

    ㉠ 몫을 분배하다.

    ㉡ 여러 가지가 섞인 것을 구분하여 분류하다.

02 그는 재미있는 이야기가 생각났는지 입가에 미소가 <u>어렸다</u>.

    ㉠ 눈에 눈물이 조금 괴다.

    ㉡ 어떤 현상, 기운, 추억 따위가 배어 있거나 은근히 드러나다.

03 화가 난 동생의 기분을 <u>풀어</u> 주기 위해 맛있는 피자를 사 왔다.

    ㉠ 일어난 감정 따위를 누그러뜨리다.

    ㉡ 모르거나 복잡한 문제 따위를 알아내거나 해결하다.

04 실패해도 포기하지 않고 꾸준히 한다면 인내심을 <u>기를</u> 수 있다.

    ㉠ 아이를 보살펴 키우다.

    ㉡ 육체나 정신을 단련하여 더 강하게 만들다.

05 ~ 09 제시된 초성을 활용하여 밑줄 친 단어의 뜻풀이를 완성하시오.

05 경찰을 <u>풀어</u> 도주한 범인을 잡았다.

    ⇨ **풀다**: 사람을 ⬚ㄷ ⬚ㅇ 하다.

06 선생님께서 옆에 앉아 계셔서 쉴 <u>사이</u> 없이 공부해야만 했다.

    ⇨ **사이**: 어떤 일에 들이는 시간적인 ⬚ㅇ ⬚ㅇ 나 겨를.

07 사람들이 불만을 가지지 않도록 일감을 똑같이 <u>나누어</u> 주었다.

    ⇨ **나누다**: 몫을 ⬚ㅂ ⬚ㅂ 하다.

08 돈을 모으기 위해서는 돈을 계획적으로 쓰는 습관을 <u>길러야</u> 한다.

    ⇨ **기르다**: ⬚ㅅ ⬚ㄱ 따위를 몸에 익게 하다.

09 준우는 가끔씩 판단력이 <u>흐려서</u> 그에게는 중요한 일을 맡길 수가 없다.

    ⇨ **흐리다**: ⬚ㄱ ⬚ㅇ ⬚ㄹ 이나 판단력 따위가 분명하지 아니하다.

10 ~ 13 밑줄 친 단어가 제시된 의미로 사용된 예문을 고르시오.

10 기르다: 동식물을 보살펴 자라게 하다.

① 할머니께서는 시골에서 염소를 삼백 마리나 기르신다.

② 부모님께서는 우리 삼 남매를 정성을 다해 길러 주셨다.

11 흐리다: 잡것이 섞여 깨끗하지 못하다.

① 과장 광고는 소비자들의 판단력을 흐리게 한다.

② 미세 먼지로 인해 공기가 흐리다고 하니 외출을 삼가야겠다.

12 나누다: 즐거움이나 고통, 고생 따위를 함께하다.

① 어머니께서는 피자를 먹기 좋게 여러 조각으로 나누어 주셨다.

② 우리 부부는 삼십 년 동안 기쁨과 슬픔을 함께 나누며 살아왔다.

13 풀다: 묶이거나 감기거나 얽히거나 합쳐진 것 따위를 그렇지 않은 상태로 되게 하다.

① 우리는 목적지에 도착해 안전벨트를 풀고 차에서 내렸다.

② 아이들은 재미있는 수수께끼를 풀면서 쉬는 시간을 보냈다.

14 〈보기〉의 밑줄 친 말과 문맥적 의미가 유사하게 쓰인 것은?

● 보기 ●

일식이란 달이 지구와 태양 사이를 지나면서 태양의 일부나 전부를 가리는 현상이다.

① 그 많은 일을 하룻밤 사이에 다 하다니 정말 고생했다.

② 친한 친구 사이에도 기본적으로 지켜야 할 예절이 있다.

③ 오랜만에 조카를 만났는데 못 보던 사이에 의젓해져 있었다.

④ 과제를 하느라 밤을 새고, 눈을 붙일 사이도 없이 바로 학교로 갔다.

⑤ 섬과 육지 사이에 다리가 놓여서 주민들이 편리하게 이용할 수 있게 되었다.

15 ~ 16 다음 단어가 들어간 예문을 찾거나, 스스로 새로운 문장을 만들어 써 보시오.

15 어리다 : 눈에 눈물이 조금 괴다.

⇨ _____

16 흐리다 : 하늘에 구름이나 안개 따위가 끼어 햇빛이 밝지 못하다.

⇨ _____

01~03 다음 글을 읽고 물음에 답하시오.

[앞부분 줄거리] 부자는 광문을 의롭게 여긴 집주인의 소개를 받고 광문을 고용한다.

오랜 후 어느 날 그 부자가 문을 나서다 말고 자주자주 뒤를 돌아보다, 도로 다시 방으로 들어가서 자물쇠가 걸렸나 안 걸렸나를 살펴본 다음 문을 나서는데, 마음이 몹시 미심쩍은 눈치였다. 얼마 후 돌아와 깜짝 놀라며, 광문을 물끄러미 살펴보면서 무슨 말을 하고자 하다가, 안색이 달라지면서 그만두었다. 광문은 실로 무슨 영문인지 몰라서 날마다 아무 말

♥ 작품 감상
[해제] 거지 광문의 성실하고 믿음직한 인품을 예찬하여 위선적인 양반 사회를 은근히 풍자하는 고전 소설이다.
[주제] 신의 있고 정직한 삶에 대한 예찬

도 못하고 지냈는데, 그렇다고 그만두겠다고 말할 수도 없었다. 그 후 며칠이 지나, 부자의 처조카가 돈을 가지고 와 부자에게 돌려주며, / "얼마 전 제가 아저씨께 돈을 빌리러 왔다가, 마침 아저씨가 계시지 않아서 제멋대로 방에 들어가 가져갔는데, 아마도 아저씨는 모르셨을 것입니다."
하는 것이었다. 이에 부자는 광문에게 너무도 부끄러워서 그에게, / "나는 소인이다. 장자의 마음에 상처를 주었으니 나는 앞으로 너를 볼 낯이 없다." / 하고 사죄하였다. 그러고는 알고 지내는 여러 사람들과 다른 부자와 큰 장사치들에게 광문을 의로운 사람이라고 두루 칭찬을 하고, 또 임금의 친척의 귀한 손님들과 높은 벼슬아치의 가까운 사람들에게도 지나치리만큼 칭찬을 해 대니, 이들이 모두 이야깃거리를 만들어 밤이 되면 자기 주인에게 들려주었다. 그래서 두어 달이 지나는 ㉠사이에 사대부까지도 모두 광문이 옛날의 훌륭한 사람들과 같다는 이야기를 듣게 되었다.   – 박지원, 〈광문자전〉

01 이 글에 대한 설명으로 가장 적절한 것은?

① 과거와 현재를 교차하여 사건을 전개하고 있다.
② 인물과 관련된 일화를 중심으로 서술하고 있다.
③ 의인화를 통해 현실을 우회적으로 비판하고 있다.
④ 비현실적이거나 환상적인 요소들이 나타나고 있다.
⑤ 공간의 이동에 따라 인물 간의 갈등이 심화되고 있다.

02 ㉠의 뜻풀이로 알맞은 것은?

① 서로 맺은 관계.   ② 시간적인 여유나 겨를.   ③ 아이를 보살펴 키움.
④ 하나를 둘 이상으로 가름.   ⑤ 한때로부터 다른 때까지의 동안.

창의적 적용

03 이 글을 읽고, '광문'에 대한 '부자'의 태도를 〈조건〉에 맞게 서술하시오.

조건
1) 돈이 없어지기 전과 진실을 알고 난 후의 '부자'의 태도를 반영하여 쓸 것.
2) '기억력이나 판단력 따위가 분명하지 아니하다.'라는 뜻의 '흐리다'를 활용하여 쓸 것.

다음 글을 읽고 물음에 답하시오.

우리는 가끔 밤하늘에서 유성(별똥별)을 볼 수 있다. 우주 공간을 떠도는 암석이 유성체라면, 이 암석이 지구 중력에 이끌려서 대기권에 진입하면 유성이 된다. 유성은 대기와의 마찰로 빛을 내며 녹게 되고, 그 남은 덩어리가 땅에 떨어져 운석이 된다. 초당 10~20km의 엄청난 속도로 지구에 진입한 운석은 지구 대기에 진입할 때는 저항을 받는데, 운석의 크기에 따라 감속되는 정도가 달라진다. 크기가 매우 큰 운석은 거의 초기 속도를 유지한 채 지표에 충돌해 거대한 충돌구를 만들며, 사람을 다치게 하거나 건물을 부수기도 한다. 하지만 크기가 작으면 속도가 빨리 줄어 지구 표면에 충돌구를 만들지 못한다.

한편, 운석은 대기에 진입할 때 대기와 마찰을 일으킨다. 이때 발생하는 높은 열 때문에 운석 표면이 녹는다. 지표면에 가까워져 속도가 대폭 감속되면 충분한 열이 형성되지 않아 운석이 더 이상 녹지 않는다. 마지막으로 녹았던 표면이 식어서 검은색 껍질인 용융각이 된다. 사람들은 보통 운석이 녹았다가 식은 것이라고 생각하지만 실제로 용융각을 제외하면 전혀 녹지 않은 물질이다.

지구 밖에서 온 운석은 태양계와 지구의 비밀을 ㉠풀 수 있는 중요한 자료가 된다. 태양계가 탄생할 때 생겨난 운석에는 태양계가 탄생할 당시에 어떤 일이 있었는지 알려 주는 정보가 담겨 있고, 태양계가 생성된 이후의 운석에는 행성의 초기 진화에 대한 기록이 보존되어 있다. 그리고 소행성의 핵에서 떨어져 나온 철질운석은 지구의 내부 중심인 핵이 어떤 물질로 구성되어 있는지 연구할 수 있는 소중한 자료가 된다.

♥ 문단별 중심 내용
[1문단] 유성과 운석의 개념과 운석의 크기에 따른 차이
[2문단] 대기권 진입 시 대기와의 마찰로 생기는 용융각
[3문단] 태양계와 지구의 비밀을 풀어 줄 운석

04 이 글에 대한 이해로 적절하지 <u>않은</u> 것은?

① 소행성에서 분리된 운석은 지구를 연구하는 데 활용될 수 있다.
② 유성체가 지구 중력에 이끌려서 대기권에 진입하면 유성이 된다.
③ 운석과 대기와의 마찰로 생긴 높은 열 때문에 운석 표면이 녹는다.
④ 운석이 생겨난 시기에 따라 운석을 통해 알 수 있는 정보가 다르다.
⑤ 운석의 크기가 작으면 지구 대기에 진입할 때 속도가 천천히 줄어든다.

05 다음 중 ㉠과 동일한 의미로 사용된 것을 <u>모두</u> 고르시오.

① 화를 풀었다.　　　　② 경찰을 풀었다.　　　　③ 상자를 풀었다.
④ 암호를 풀었다.　　　⑤ 궁금증을 풀었다.

창의적 적용

06 '운석으로 인한 지구의 피해'를 줄일 수 있는 방법을 〈조건〉에 맞게 서술하시오.

─ 조건 ─

• 운석의 크기를 고려한 해결 방법을 쓰되, '나누다'라는 단어를 활용할 것.

찾아보기

어려워진 수능 비문학 독서 영역 대비
이제 독해력 훈련은 필수입니다!

중학 국어
일등급 독해력

독해력을 키우는 **단 계 별 · 수 준 별** 맞춤 훈련

- 독해의 원리와 방법을 알려 주는 6가지 비법
- 세상을 바라보는 눈을 키워 주는 48개의 지문
- 수능의 출제 원리를 반영한 수준 높은 문제
- 어휘력을 기를 수 있는 다양한 어휘 학습 장치
- 전 지문과 문제를 재수록해 꼼꼼하게 분석한 해설

중학 국어

일등급 어휘력

교과서 어휘, 다의어, 동음이의어, 한자 성어, 속담,
관용어, 헷갈리기 쉬운 말, 국어 개념어

중학교 필수 어휘
최다 수록

+

국어 영역별
필수 개념어 수록

+

이해를 돕기 위한
다양한 예문&문제

+

어휘력 향상을 위한
최적의 학습 시스템

문해력 완성

어휘력 테스트 & 정답과 해설

활짝 핀 문해력 '송이'와 함께
향상되는 어휘력, 국어가 쉬워져요!

중학 어휘

단계
2

어휘력 테스트
&정답과 해설

01 ~ 07 제시된 초성을 참고하여 뜻풀이에 맞는 단어를 쓰시오.

01 서로 다투는 중심이 되는 점. ㅈㅈ

02 실력, 수준, 기술 따위가 나아지다. ㅎㅅㄷㄷ

03 어떤 것을 깊이 생각하고 연구하다. ㄱㅊㅎㄷ

04 논설이나 논문, 토론 따위의 주제나 제목. ㄴㅈ

05 생각할 수 있는 범위 안에서 가장 완전하다고 여겨지는 상태. ㅇㅅ

06 알고 있는 것을 바탕으로 알지 못하는 것을 미루어서 생각하다. ㅊㄹㅎㄷ

07 어떤 사실이나 주장이 옳지 아니함을 그에 반대되는 근거를 들어 증명함. 또는 그런 증거. ㅂㅈ

08 ~ 13 제시된 초성을 활용하여 단어의 뜻풀이를 완성하시오.

08 합리적: 이론이나 이치에 ㅎㄷ한 것.

09 감안하다: 여러 사정을 ㅊㄱ하여 생각하다.

10 각인되다: 머릿속에 새겨 넣듯 깊이 ㄱㅇ되다.

11 논거: 어떤 ㅇㄹ이나 논리, 논설 따위의 ㄱㄱ.

12 비약적: 지위나 수준 따위가 갑자기 빠른 속도로 높아지거나 ㅎㅅ되는 것.

13 가설: 어떤 사실을 설명하거나 어떤 이론 체계를 이끌어 내기 위하여 설정한 ㄱㅈ.

14 ~ 19 빈칸에 들어갈 알맞은 단어를 〈보기〉에서 찾아 쓰시오.

> ─── 보기 ───
>
> 정립   쟁점   반증   고찰
> 가설   논거   이상   비약

14 이번 토론의 주요 (   )은/는 일자리 정책의 효과이다.

15 아직 나에게도 (   )을/를 실현하고자 하는 열정이 남아 있다.

16 고대 문학을 (   )해 보면 현대 문학과는 다른 차이점을 발견할 수 있다.

17 나는 충분한 자료를 제시하여 그의 주장이 틀렸다는 것을 (   )할 수 있었다.

18 이제 다시 새로운 목표를 (   )하고, 그 목표를 이루기 위해 최선을 다할 것이다.

19 그 기사가 나간 이후 온라인 커뮤니티에서 그 기자의 논리가 (   )적이라고 지적했다.

01 ~ 07 제시된 초성을 참고하여 뜻풀이에 맞는 단어를 쓰시오.

01 이전부터 있었던 사례. ㅈ ㄹ

02 손실 이전의 상태로 회복하다.

ㅂ ㄱ ㅎ ㄷ

03 어떤 목표로 뜻이 쏠리어 향하다.

ㅈ ㅎ ㅎ ㄷ

04 인류가 이룩한 물질적, 기술적, 사회적인 발전. ㅁ ㅁ

05 스스로 움직이지 않고 다른 것의 작용을 받아 움직이는 것. ㅅ ㄷ ㅈ

06 어떤 행동이나 견해 따위에 따르지 아니하고 맞서 거스르다. ㅂ ㄷ ㅎ ㄷ

07 사물을 너그럽게 용납하여 처리할 수 있는 넓은 마음과 깊은 생각. ㄷ ㄹ

08 ~ 13 제시된 초성을 활용하여 단어의 뜻풀이를 완성하시오.

08 복원하다 : 원래대로 ㅎ ㅂ 하다.

09 왜곡 : ㅅ ㅅ 과 다르게 해석하거나 그릇되게 함.

10 자발적 : 남이 시키거나 요청하지 아니하여도 자기 ㅅ ㅅ ㄹ 나아가 행하는 것.

11 움츠러들다 : 겁을 먹거나 위압감 때문에 기를 펴지 못하고 몹시 ㅈ ㄴ 이 들다.

12 정체성 : 변하지 아니하는 존재의 ㅂ ㅈ 을 깨닫는 성질. 또는 그 성질을 가진 독립적 존재.

13 동원하다 : 어떤 목적을 달성하고자 사람을 모으거나 물건, 수단, 방법 따위를 ㅈ ㅈ 하다.

14 ~ 19 빈칸에 들어갈 알맞은 단어를 〈보기〉에서 찾아 쓰시오.

● 보기 ●

잠재	복원	전례	자발적
편협	동원	위축	정체성

14 문화재인 황룡사의 일부를 최신 디지털 기술로 ( )하였다.

15 그녀의 그림에는 여성과 남성의 ( ) 이/가 모호하게 표현되었다.

16 ( )한 사고방식을 가진 사람들에게 필요한 것은 넓은 아량일 것이다.

17 소방 장비, 소방대원 등을 ( )하여 2시간 만에 가까스로 불길을 잡았다.

18 그는 자신의 마음속에 ( )해 있는 불안감을 없애기 위해 명상을 시작했다.

19 우리 학교는 입학생이 원래 적었지만, 올해처럼 한 명도 없는 것은 ( )이/가 없는 일이다.

01 ~ 07 제시된 초성을 참고하여 뜻풀이에 맞는 단어를 쓰시오.

01 뒤섞이어 있다.　　ㅎ ㅈ ㅎ ㄷ

02 몫몫이 별러 나누다.　　ㅂ ㅂ ㅎ ㄷ

03 일반적으로 두루 쓰이다.　　ㅌ ㅇ ㄷ ㄷ

04 어떤 일의 여파나 영향이 차차 다른 데로 미침.　　ㅍ ㄱ

05 어떤 현상이나 사물이 진전하지 못하고 제자리에 머무름.　　ㅊ ㅊ

06 한 사회 안에 여러 민족이나 여러 국가의 문화가 혼재하는 것을 이르는 말.　　ㄷ ㅁ ㅎ

07 도시의 문화 형태가 도시 이외의 지역으로 발전·확대됨. 또는 그렇게 만듦.　　ㄷ ㅅ ㅎ

08 ~ 13 제시된 초성을 활용하여 단어의 뜻풀이를 완성하시오.

08 상용되다 : ㅇ ㅅ ㅈ 으로 쓰이다.

09 도래하다 : 어떤 시기나 ㄱ ㅎ 가 닥쳐오다.

10 이기적 : 자기 자신의 ㅇ ㅇ 만을 꾀하는 것.

11 여파 : 어떤 일이 ㄲ 난 뒤에 남아 미치는 ㅇ ㅎ .

12 효용 : 보람 있게 쓰거나 쓰임. 또는 그런 보람이나 ㅆ ㅁ .

13 수요 : 어떤 물건이나 노동력을 일정한 가격으로 사려고 하는 ㅇ ㄱ .

14 ~ 19 빈칸에 들어갈 알맞은 단어를 〈보기〉에서 찾아 쓰시오.

● 보기 ●

효용　공급　침체　이타적
열풍　여파　고립　도시화

---

14 잠을 설친 (　　　　)(으)로 극심한 두통에 시달렸다.

15 시장에 물건을 (　　　　)하던 공장이 며칠 전 문을 닫았다.

16 뜨거웠던 부동산의 (　　　　)을/를 잠재울 대책이 필요하다.

17 고령층의 사회적 (　　　　)을/를 해결해야 한다는 목소리가 높다.

18 그녀는 사람들에게 친절을 베풀고 어려운 사람들을 도우며 (　　　　)인 삶을 살았다.

19 내년에도 전 세계적인 경기 (　　　　)이/가 지속될 것으로 예상되면서 산업계에 비상이 걸렸다.

01 ~ 07 제시된 초성을 참고하여 뜻풀이에 맞는 단어를 쓰시오.

01 일정한 정도. 또는 한정된 정도. ㅎㄷ

02 사물이나 현상이 서로 꼭 들어맞음. ㅂㅎ

03 세상에 널리 퍼뜨려 모두 알게 하다. ㅂㅍㅎㄷ

04 제도나 기구 따위를 새롭게 뜯어고치다. ㄱㅎㅎㄷ

05 자신과 직접적인 관계가 없는 일에 끼어들다. ㄱㅇㅎㄷ

06 어떠한 사물에 대하여 가지고 있는 구체적인 사고나 생각. ㅅㅅ

07 어떤 일이나 행동에서 나타나는 옳지 못한 경향이나 해로운 현상. ㅍㄷ

08 ~ 13 제시된 초성을 활용하여 단어의 뜻풀이를 완성하시오.

08 진전: 일이 진행되어 ㅂㅈ 함.

09 공포하다: 일반 대중에게 널리 ㅇㄹㄷ.

10 추구하다: ㅁㅈ 을 이룰 때까지 뒤쫓아 구하다.

11 타파하다: ㅂㅈㅈ 인 규정, 관습, 제도 따위를 깨뜨려 버리다.

12 이념: 한 시대나 사회에서 ㅇㅅㅈ 인 것으로 여겨지는 생각이나 견해.

13 규제: ㄱㅊ 이나 규정에 의하여 일정한 한도를 정하거나 정한 ㅎㄷ 를 넘지 못하게 막음.

14 ~ 19 빈칸에 들어갈 알맞은 단어를 〈보기〉에서 찾아 쓰시오.

━━━ 보기 ━━━

| 진전 | 개입 | 타파 | 폐단 |
| 이념 | 집약 | 사각 | 부합 |

14 순국선열의 숭고한 (   )와/과 정신을 계승해야 한다.

15 결정적인 단서가 발견되면서 수사가 급속히 (   )되었다.

16 학교 구성원들의 의견을 (   )하여 교장 선생님께 건의했다.

17 술로 인한 (   )이/가 심해지자 임금은 술을 판매하지 말라는 명령을 내렸다.

18 정부는 사회 안정망의 (   )지대에 놓인 사람들을 돌보기 위한 대책을 마련했다.

19 선생님이 학생 회의에 지나치게 (   )하면 학생들이 의견을 자유롭게 낼 수 없다.

01 ~ 07 제시된 초성을 참고하여 뜻풀이에 맞는 단어를 쓰시오.

01 억세고 질기다. ㄱ ㅇ ㅎ ㄷ

02 어떤 결과나 현상을 만들다. ㅂ ㄷ

03 자기 자신의 힘으로 살아가다. ㅈ ㅅ ㅎ ㄷ

04 있어야 할 것이 없어지거나 모자람. ㄱ ㅍ

05 생물체가 양분 따위를 몸속에 빨아들이다. ㅅ ㅊ ㅎ ㄷ

06 일정한 기준이나 한도를 넘어서 함부로 쓰다. ㄴ ㅇ ㅎ ㄷ

07 물질의 일부로서, 물질을 구성하는 매우 작은 물체. ㅇ ㅈ

08 ~ 13 제시된 초성을 활용하여 단어의 뜻풀이를 완성하시오.

08 검증: 검사하여 ㅈ ㅁ 함.

09 취약하다: 무르고 ㅇ ㅎ ㄷ.

10 초래하다: 일의 결과로서 어떤 ㅎ ㅅ 을 생겨나게 하다.

11 남용하다: 권리나 권한 따위를 본래의 목적이나 범위를 벗어나 함부로 ㅎ ㅅ 하다.

12 자정: ㅇ ㅇ 된 물이나 땅 따위가 물리학적·화학적·생물학적 작용으로 저절로 깨끗해짐.

13 유기적: 생물체처럼 전체를 구성하고 있는 각 부분이 서로 ㅁ ㅈ 하게 관련을 가지고 있어서 떼어 낼 수 없는 것.

14 ~ 19 빈칸에 들어갈 알맞은 단어를 〈보기〉에서 찾아 쓰시오.

● 보기 ●
강인 결여 자정 남용
자생 선별 섭취 양분

14 기름진 흙에는 (   )이/가 풍부하여 식물이 잘 자란다.

15 사장님은 당도가 높은 딸기를 (   )해 딸기주스를 만들었다.

16 고인 물보다 흐르는 계곡물에서 (   ) 작용이 활발하게 일어난다.

17 공무원이 그 직무상의 권한을 (   )하면 범죄 행위가 될 수 있다.

18 공감 능력이 (   )된 사람은 다른 사람의 감정을 이해하지 못한다.

19 올해 대학생이 된 그녀는 부모의 품을 떠나 (   )할 만큼 의젓해졌다.

01 ~ 07 제시된 초성을 참고하여 뜻풀이에 맞는 단어를 쓰시오.

01 식혀서 차게 하다. `ㄴ` `ㄱ` `ㅎ` `ㄷ`

02 미루어 생각하여 판정함. `ㅊ` `ㅈ`

03 땅이 기름지지 못하고 몹시 메마르다. `ㅊ` `ㅂ` `ㅎ` `ㄷ`

04 어떠한 현상을 일으키거나 영향을 미침. `ㅈ` `ㅇ`

05 모양이나 모습이 달라지거나 바뀜. 또는 그 모양이나 모습. `ㅂ` `ㅁ`

06 어떤 사정이나 형편 따위를 잘 살펴보고 그 장래를 헤아리다. `ㄱ` `ㅊ` `ㅎ` `ㄷ`

07 일정한 양을 기준으로 하여 같은 종류의 다른 양의 크기를 재다. 기계나 장치를 사용하여 재기도 한다. `ㅊ` `ㅈ` `ㅎ` `ㄷ`

08 ~ 13 제시된 초성을 활용하여 단어의 뜻풀이를 완성하시오.

08 기여하다 : 도움이 되도록 `ㅇ` `ㅂ` `ㅈ` 하다.

09 가속화 : `ㅅ` `ㄷ` 를 더하게 됨. 또는 그렇게 함.

10 중력 : 지구 위의 `ㅁ` `ㅊ` 가 지구로부터 받는 힘.

11 공존하다 : 두 가지 이상의 사물이나 현상이 함께 `ㅈ` `ㅈ` 하다.

12 관측하다 : 사람의 눈이나 `ㄱ` `ㄱ` 로 자연 현상 특히 천체나 기상의 상태, 변화 따위를 `ㄱ` `ㅊ` 하여 측정하다.

13 유출 : 귀중한 물품이나 `ㅈ` `ㅂ` 따위가 불법적으로 나라나 조직의 `ㅂ` 으로 나가 버림. 또는 그것을 내보냄.

14 ~ 19 빈칸에 들어갈 알맞은 단어를 〈보기〉에서 찾아 쓰시오.

> ● 보기 ●
>
> 비옥　　추측　　중력　　유출
> 변모　　개선　　냉각　　공존

14 현역 장교가 군사 기밀을 (　　　　)한 혐의로 체포되었다.

15 모든 일에는 긍정적인 측면과 부정적인 측면이 (　　　　)한다.

16 졸업 후 5년 만에 찾아간 학교는 너무나도 많이 (　　　　)해 있었다.

17 그 인권 운동가는 잘못된 제도를 평화적인 방법으로 (　　　　)하자고 말했다.

18 유명 연예인의 갑작스러운 출국 이유에 대해 여러 가지 (　　　　)이/가 돌고 있다.

19 사과가 아래로 떨어지는 것, 비나 눈이 아래로 흐르는 것은 모두 (　　　　) 때문에 일어나는 현상이다.

01 ~ 07 제시된 초성을 참고하여 뜻풀이에 맞는 단어를 쓰시오.

01 남에게 기대지 아니하고 혼자서 하는 것.
ㄷ ㅈ ㅈ

02 변화나 발전의 속도가 급하게 이루어지는 것.
ㄱ ㅈ ㅈ

03 기계 따위를 일정한 방식에 따라 다루어 움직임.
ㅈ ㅈ

04 어떤 일에 돈, 시간, 노력, 물자 따위가 쓰이다.
ㄷ ㄷ

05 어떤 일을 할 수 있는 학식이나 능력을 갖춘 사람.
ㅇ ㅈ

06 두 물체가 서로 닿아 비벼지다. 또는 그렇게 하다.
ㅁ ㅊ ㅎ ㄷ

07 다른 종류의 것이 녹아서 서로 구별이 없게 하나로 합하여지다.
ㅇ ㅎ ㅎ ㄷ

08 ~ 13 제시된 초성을 활용하여 단어의 뜻풀이를 완성하시오.

08 면밀하다 : 자세하고 ㅂ ㅌ 이 없다.

09 소요되다 : 필요로 되거나 ㅇ ㄱ 되다.

10 창출하다 : 전에 없던 것을 ㅊ ㅇ 으로 생각하여 지어내거나 만들어 내다.

11 방지하다 : 어떤 일이나 현상이 일어나지 못하게 ㅁ ㄷ .

12 보완하다 : 모자라거나 부족한 것을 ㅂ ㅊ 하여 완전하게 하다.

13 마찰하다 : 이해나 의견이 서로 다른 사람이나 집단이 ㅊ ㄷ 하다.

14 ~ 19 빈칸에 들어갈 알맞은 단어를 〈보기〉에서 찾아 쓰시오.

● 보기 ●

소요	조작	참신	점진적
방지	창출	독자적	실용적

---

14 무에서 유를 (   )해 내는 일은 무엇보다도 어렵다.

15 어떤 상황에서는 (   )한 것보다 진부한 것이 더 좋을 때가 있다.

16 리모콘으로 (   )되는 선풍기가 출시되어 사람들이 관심을 가졌다.

17 그 소설가는 자신만의 (   )인 문학 세계로 사람들에게 인정받았다.

18 나는 대체로 (   )인 측면을 고려하여 실생활에 쓰기에 편리한 물건을 산다.

19 의사 선생님께서는 약을 꾸준히 먹으면 증상이 (   )(으)로 나아질 것이라고 하셨다.

01 ~ 07 제시된 초성을 참고하여 뜻풀이에 맞는 단어를 쓰시오.

01 이름이 널리 알려져 있다. ㅇ ㅁ ㅎ ㄷ

02 본디의 것과 똑같은 것을 만들다.
ㅂ ㅈ ㅎ ㄷ

03 나쁘게 평함. 또는 그런 평판이나 평가.
ㅇ ㅍ

04 능력이나 세력이 엇비슷하여 서로 맞서다.
ㅍ ㅈ ㅎ ㄷ

05 세상에 널리 알려지지 않거나 뛰어난 것을 찾아 밝혀냄.
ㅂ ㄱ

06 말이나 수사법, 기교, 수단 따위를 능숙하게 마음대로 부려 쓰다. ㄱ ㅅ ㅎ ㄷ

07 앞으로 이루려는 일에 대하여 그 일의 내용이나 규모, 실현 방법 따위를 어떻게 정할 것인지 이리저리 생각하다. ㄱ ㅅ ㅎ ㄷ

08 ~ 13 제시된 초성을 활용하여 단어의 뜻풀이를 완성하시오.

08 획일화 : 모두가 한결같아서 ㄷ ㄹ 이 없게 됨.

09 저명하다 : 세상에 ㅇ ㄹ 이 널리 드러나 있다.

10 승화하다 : 어떤 현상이 더 ㄴ ㅇ 상태로 ㅂ ㅈ 하다.

11 감상 : 주로 ㅇ ㅅ 작품을 이해하여 즐기고 ㅍ ㄱ 함.

12 대적하다 : 적이나 어떤 세력, 힘 따위와 맞서 ㄱ ㄹ ㄷ.

13 구상하다 : 예술 작품을 ㅊ ㅈ 할 때, 작품의 중심이 될 내용이나 표현 형식 따위에 대하여 생각을 ㅈ ㄹ 하다.

14 ~ 19 빈칸에 들어갈 알맞은 단어를 〈보기〉에서 찾아 쓰시오.

보기
복제　　여백　　구상　　청아
필적　　구사　　감상　　승화

14 잡지 가장자리의 (　　　　)에다 낙서를 하였다.

15 영어를 모국어처럼 (　　　　)하는 능력이 요구되고 있다.

16 새로운 사업을 (　　　　)하는 데 몰두하니 머리가 지끈거렸다.

17 탈춤은 민중들의 분노와 서러움을 웃음으로 (　　　　)한 공연 예술이다.

18 그는 이미 베테랑 가수에 (　　　　)할 정도의 실력과 기량을 갖추고 있었다.

19 그녀가 부르는 (　　　　)한 노랫소리는 마치 쟁반 위로 구르는 구슬 소리와 같았다.

01 ~ 07 제시된 초성을 참고하여 뜻풀이에 맞는 단어를 쓰시오.

01 몹시 분하게 여김. ㅂ ㄱ

02 매우 반가워하다. ㅂ ㅅ ㅎ ㄷ

03 마음에 들지 않거나 좋지 않다. ㅇ ㅉ ㄷ

04 몹시 언짢거나 못마땅하여서 내는 성. ㅇ ㅈ

05 거리낌이나 불만이 없어 마음이 흡족하다. ㄷ ㄱ ㄷ

06 맞부딪쳐 견디어 내거나 해결하기가 어렵다. ㄴ ㄱ ㅎ ㄷ

07 순순히 받아들여지지 않고 언짢은 느낌이 들며 기분이 상하다. ㄱ ㅅ ㄹ ㄷ

08 ~ 13 제시된 초성을 활용하여 단어의 뜻풀이를 완성하시오.

08 만감 : 솟아오르는 온갖 ㄴ ㄲ .

09 곤욕 : 심한 ㅁ ㅇ . 또는 참기 힘든 일.

10 역겹다 : ㅇ ㅈ 이 나거나 속에 거슬리게 싫다.

11 떨떠름하다 : ㅁ ㅇ 이 내키지 않는 데가 있다.

12 흡족 : 조금도 모자람이 없을 정도로 넉넉하여 ㅁ ㅈ 함.

13 새삼스럽다 : 이미 알고 있는 사실에 대하여 느껴지는 감정이 갑자기 ㅅ ㄹ ㅇ 데가 있다.

14 ~ 19 빈칸에 들어갈 알맞은 단어를 〈보기〉에서 찾아 쓰시오.

┌─── 보기 ───┐

난감   무례   흡족   만감
울적   무색   분개   곤욕

└────────┘

14 날이 흐리고 비가 추적추적 내려 괜스레 마음이 ( )했다.

15 그는 집이 너무 낡아서 어디서부터 고쳐야 할지 ( )하다고 했다.

16 혼자서 크게 웃던 그녀가 ( )했던지 얼굴을 붉히고 헛기침을 했다.

17 손님은 주문한 물건을 보자마자 마음에 들었는지 ( )한 표정을 지었다.

18 자신보다 어리다고 해서 상대에게 처음부터 말을 놓는 것은 ( )한 행동이다.

19 반성할 줄 모르는 그의 태도에 ( ) 한 그녀는 소리를 크게 지르며 화를 내었다.

01 ~ 07 제시된 초성을 참고하여 뜻풀이에 맞는 단어를 쓰시오.

01 마음을 쓰는 속 바탕. `ㅅ` `ㅂ`

02 드러나 보이는 사람의 겉모양. `ㅍ` `ㅊ`

03 남보다 두드러지게 뛰어나다.
`ㅌ` `ㅇ` `ㅎ` `ㄷ`

04 몸이 몹시 야위고 마른 듯하다.
`ㅅ` `ㅊ` `ㅎ` `ㄷ`

05 스스로 자신을 낮추고 비우는 태도가 있음.
`ㄱ` `ㅎ`

06 스스로 일을 헤아림. 또는 헤아릴 수 있는 능력.
`ㅍ` `ㄴ`

07 보통 것이나 보통 상태에 비하여 두드러지게 다르다.
`ㅌ` `ㅇ` `ㅎ` `ㄷ`

08 ~ 13 제시된 초성을 활용하여 단어의 뜻풀이를 완성하시오.

08 영민하다 : 매우 `ㅇ` `ㅌ` 하고 민첩하다.

09 진취적 : `ㅈ` `ㄱ` `ㅈ` 으로 나아가 일을 이룩하는 것.

10 옹졸하다 : `ㅅ` `ㅍ` 이 너그럽지 못하고 생각이 `ㅈ` `ㄷ` .

11 경솔하다 : 말이나 행동이 `ㅈ` `ㅅ` `ㅅ` 없이 가볍다.

12 겸손 : 남을 `ㅈ` `ㅈ` 하고 자기를 내세우지 않는 태도가 있음.

13 속물적 : `ㄱ` `ㅇ` 이 없거나 식견이 좁고 세속적인 일에만 `ㅅ` `ㄱ` 을 쓰는 것.

14 ~ 19 빈칸에 들어갈 알맞은 단어를 〈보기〉에서 찾아 쓰시오.

> ● 보기 ●
>
> 겸허　　깜냥　　출중　　진취적
> 옹졸　　수척　　유별　　속물적

14 그녀는 성격이 독특하고 (　　　　)나서 사람들의 오해를 받는다.

15 준석이는 글재주가 (　　　　)하여 글짓기 대회에서 늘 상을 휩쓸었다.

16 스트레스를 심하게 받았다던 수림이는 며칠 사이 (　　　　)해 있었다.

17 나는 사소한 일로 (　　　　)하게 친구와 말다툼하기 싫어서 자리를 피했다.

18 형은 아버지의 충고를 (　　　　)하게 받아들이고 앞으로 변화하겠다고 말했다.

19 그는 이번 승진 시험에서 (　　　　)인 자세로 대담하게 일을 처리했다는 평가를 받았다.

01 ~ 07 제시된 초성을 참고하여 뜻풀이에 맞는 단어를 쓰시오.

01 바른대로 말하는 것.　　　ㅈ ㅅ ㅈ

02 느릿느릿 꾸물거리는 태도.　　　ㄴ ㅈ

03 마음속이 답답하여 일어나는 화.　　　ㅇ ㅎ

04 사물을 분별할 수 있는 능력을 이르는 말.　　　ㅅ ㄱ

05 고통이나 울화 따위를 참으려고 숨 쉬는 것도 참으면서 애쓰는 힘.　　　ㅇ ㄱ ㅎ

06 사소한 사물이나 일에 얽매이지 않고 세속을 벗어난 활달한 식견이나 인생관에 이름.　　　ㄷ ㄱ

07 상대편에게 존경의 뜻을 보이거나 애원하느라고 이마가 바닥에 닿을 정도로 머리를 자꾸 숙이다.　　　ㅈ ㅇ ㄹ ㄷ

08 ~ 13 제시된 초성을 활용하여 단어의 뜻풀이를 완성하시오.

08 악행 : ㅇ ㄷ 한 행위.

09 자조 : 자기를 ㅂ ㅇ ㅇ.

10 과시하다 : ㅈ ㄹ 하여 보이다.

11 분주하다 : 몹시 ㅂ ㅃ ㄱ 뛰어다니다.

12 방심하다 : ㅁ ㅇ 을 다잡지 아니하고 풀어 놓아 버리다.

13 관망하다 : 한발 물러나서 어떤 일이 되어 가는 ㅎ ㅍ 을 바라보다.

14 ~ 19 빈칸에 들어갈 알맞은 단어를 〈보기〉에서 찾아 쓰시오.

　　　　　● 보기 ●
|분주|관망|할애|안간힘|
|울화|악행|식견|직설적|

14 경찰은 범인을 찾아내기 위해 (　　　　) 을/를 썼다.

15 수현이는 독서와 여행을 통해 (　　　　) 을/를 넓힐 수 있었다.

16 그를 생각할수록 (　　　　)이/가 치밀어 잠을 이룰 수가 없었다.

17 설음식을 준비하느라 (　　　　)한 아내를 돕기 위해 부엌으로 들어갔다.

18 정부는 유아 교육 분야에 더 많은 예산을 (　　　　)할 것이라고 밝혔다.

19 그 기업의 (　　　　)이/가 드러나자 사람들은 그 기업의 상품을 불매하기로 했다.

01 ~ 07 제시된 초성을 참고하여 뜻풀이에 맞는 단어를 쓰시오.

01 겉으로 나타냄. `ㅍ` `ㅊ`

02 적으로 여겨 봄. `ㅈ` `ㄷ` `ㅅ`

03 업신여겨 하찮게 대하다. `ㄱ` `ㅅ` `ㅎ` `ㄷ`

04 불쌍하고 가련하게 여김. `ㅇ` `ㅁ`

05 반갑게 맞아 정성껏 후하게 대접함. `ㅎ` `ㄷ`

06 남이 잘되는 것을 샘하여 미워하다. `ㅅ` `ㄱ` `ㅎ` `ㄷ`

07 지내는 사이가 두텁지 아니하고 거리가 있어서 서먹서먹하다. `ㅅ` `ㅇ` `ㅎ` `ㄷ`

08 ~ 13 제시된 초성을 활용하여 단어의 뜻풀이를 완성하시오.

08 보필하다 : `ㅇ` `ㅅ` `ㄹ` 의 일을 돕다.

09 단절하다 : `ㅇ` `ㄷ` 나 연관 관계를 끊다.

10 흠모 : 기쁜 마음으로 `ㄱ` `ㄱ` 하며 사모함.

11 인색하다 : `ㅈ` `ㅁ` 을 아끼는 태도가 몹시 지나치다.

12 푸대접 : `ㅈ` `ㅅ` 을 들이지 않고 아무렇게나 하는 대접.

13 불청객 : 오라고 청하지 않았는데도 스스로 찾아온 `ㅅ` `ㄴ` .

14 ~ 19 빈칸에 들어갈 알맞은 단어를 〈보기〉에서 찾아 쓰시오.

> ● 보기 ●
>
> 표출   인색   단절   불청객
> 보필   연민   환대   적대시

14 그 동네에는 (   )하기로 소문난 구두쇠 부자가 살았다.

15 우리 회사는 약속을 자주 어기는 업체와의 거래를 (   )했다.

16 최 비서는 오랫동안 회장님을 (   )하며 회장님의 신임을 얻었다.

17 지우는 눈치도 없이 친구네 집에서 한참 동안 (   )(으)로 얹혀살았다.

18 20년 만에 귀국한 혜진이는 친구들의 진심 어린 (   )에 감동을 받았다.

19 그녀는 통통했던 볼살이 몰라볼 정도로 **빠져**, 보는 사람으로 하여금 (   )을/를 느끼게 했다.

01 ~ 07 제시된 초성을 참고하여 뜻풀이에 맞는 단어를 쓰시오.

01 마음에 아무 근심 걱정이 없다.

ㅌ ㅍ ㅎ ㄷ

02 안개와 노을을 아울러 이르는 말.

ㅇ ㅎ

03 식물이 자라지 못하는 거칠고 메마른 땅.

ㅂ ㅁ ㅈ

04 봄 · 여름 · 가을 · 겨울 네 철 내내의 동안.

ㅅ ㅅ ㅅ ㅊ

05 일정한 거처 없이 이리저리 떠돌아다니는 백성.

ㅇ ㄹ ㅁ

06 소작료를 내고 남의 땅을 빌려 농사짓는 권리.

ㅅ ㅈ ㄱ

07 사람이 많이 살고 상공업이 발달한 번잡한 지역.

ㄷ ㅎ ㅈ

08 ~ 13 제시된 초성을 활용하여 단어의 뜻풀이를 완성하시오.

08 소학교 : '   ㅊ ㄷ ㅎ ㄱ   '의 전 용어.

09 동리 : 주로   ㅅ ㄱ   에서, 여러 집이 모여 사는 곳.

10 마름 :   ㅈ ㅈ   를 대리하여 소작권을 관리하는 사람.

11 환상적 : 생각 따위가   ㅎ ㅅ ㅈ   인 기초나 가능성이 없고 헛된 것.

12 산천초목 : 산과 내와   ㅍ   과 나무라는 뜻으로, '   ㅈ ㅇ   '을 이르는 말.

13 징용 : 일제 강점기, 일본 제국주의자들이 조선 사람을   ㄱ ㅈ   로 동원하여 부리던 일.

14 ~ 19 빈칸에 들어갈 알맞은 단어를 〈보기〉에서 찾아 쓰시오.

> ● 보기 ●
>
> 태평 불안 유랑민 환상적
> 마름 징용 불모지 산천초목

14 연하에 휩싸인 거리가 (   )(으)로 느껴졌다.

15 나는 기차의 차창 밖으로 보이는 (   )의 아름다움을 감상했다.

16 그는 될 대로 되라는 식으로 생각하며 느긋하고 (   )한 태도를 보였다.

17 포악한 정치에 시달리던 농민들은 반란을 일으키거나 (   )이/가 되었다.

18 아버지는 강제 (   )에 끌려가는 아들을 보며 살아서 돌아오기를 기도했다.

19 우리나라는 봅슬레이의 (   )이었지만, 현재는 각종 대회에서 금메달을 노릴 수 있게 되었다.

01 ~ 07 제시된 초성을 참고하여 뜻풀이에 맞는 단어를 쓰시오.

01 감미롭고 감상적인 것. ㄴㅁㅈ

02 제멋대로 굴며 몹시 난폭함. ㅎㅍ

03 정신이 어지럽게 떠들어 대는 듯하다. ㅅㅅㅅㄹㄷ

04 품위나 몸가짐의 수준이 높고 훌륭하다. ㄱㅅㅎㄷ

05 무서우리만큼 질서가 바로 서고 엄숙하다. ㅅㅇㅎㄷ

06 개인끼리나 나라끼리 서로 사이가 좋은 것. ㅇㅎㅈ

07 보이는 것이나 들리는 것이 희미하고 매우 멀다. ㅇㄷㅎㄷ

08 ~ 13 제시된 초성을 활용하여 단어의 뜻풀이를 완성하시오.

08 운치 : 고상하고 ㅇㅇ 한 멋.

09 경이롭다 : 놀랍고 ㅅㄱ 한 데가 있다.

10 괴괴하다 : 쓸쓸한 느낌이 들 정도로 아주 ㄱㅇ 하다.

11 호젓하다 : 후미져서 ㅁㅅㅇ 을 느낄 만큼 고요하다.

12 철통같다 : 준비나 대책이 ㅌㅌ 하고 치밀하여 조금도 ㅎㅈ 이 없다.

13 퇴색하다 : 무엇이 낡거나 ㅁㄹ 하면서 그 존재가 ㅎㅁ 해지거나 볼품없이 되다.

14 ~ 19 빈칸에 들어갈 알맞은 단어를 〈보기〉에서 찾아 쓰시오.

보기

| 정적 | 횡포 | 아득 | 운치 |
| 퇴색 | 호젓 | 삼엄 | 고상 |

14 그의 세련되고 (   )한 말투가 내 마음을 사로잡았다.

15 이 전설은 (   )한 옛날부터 전해 내려오는 이야기이다.

16 화병에 담긴 꽃이 분위기를 더욱 (   ) 있게 만들어 주었다.

17 자주 입는 코트이지만 너무 낡고 (   ) 해서 버려야 할 것 같다.

18 한밤중의 (   )을/를 깨는 사이렌 소리가 요란하게 들려왔다.

19 모든 경비원들이 (   )한 표정을 짓고 아파트 앞을 지키고 있었다.

01 ~ 07 제시된 초성을 참고하여 뜻풀이에 맞는 단어를 쓰시오.

01 뜻이 같은 사람끼리 서로 단결함. ㄱ ㅅ

02 세상의 이러저러한 실정이나 형편. ㅁ ㅈ

03 현재의 상황이나 처지에 만족하다.
ㅇ ㅈ ㅎ ㄷ

04 몹시 힘들고 고되어 견디기 어려운 일.
ㄱ ㅇ

05 마주치기를 꺼리어 피하거나 얼굴을 돌리다.
ㅇ ㅁ ㅎ ㄷ

06 살림을 살아 나갈 방도. 또는 현재 살림을 살아가고 있는 형편. ㅅ ㄱ

07 어떤 대상에 대하여 이미 마음속에 가지고 있는 고정적인 관념이나 관점.
ㅅ ㅇ ㄱ

08 ~ 13 제시된 초성을 활용하여 단어의 뜻풀이를 완성하시오.

08 열중하다 : 한 가지 일에 ㅈ ㅅ 을 쏟다.

09 허위 : ㅈ ㅅ 이 아닌 것을 ㅈ ㅅ 인 것처럼 꾸민 것.

10 부조리 : 이치에 맞지 아니하거나 ㄷ ㄹ 에 어긋남. 또는 그런 일.

11 골몰하다 : 다른 생각을 할 ㅇ ㅇ 도 없이 한 가지 일에만 파묻히다.

12 처신하다 : ㅅ ㅅ 을 살아가는 데 가져야 할 몸가짐이나 ㅎ ㄷ 을 취하다.

13 외면하다 : 어떤 사상이나 이론, 현실, 사실, 진리 따위를 ㅇ ㅈ 하지 않고 도외시하다.

14 ~ 19 빈칸에 들어갈 알맞은 단어를 〈보기〉에서 찾아 쓰시오.

┌─────── 보기 ───────┐
| 결속   안주   생계   외면 |
| 분배   고역   요행   부조리 |
└───────────────────┘

14 그는 현실에 (   )하며 변화를 거부하는 사람이다.

15 회원 간의 (   )을/를 다지기 위해 단합 대회를 열었다.

16 (   )을/를 바라지 말고, 기회를 얻기 위해 노력해야 한다.

17 연말에는 성과에 따라 사원들에게 보너스를 (   )할 예정이다.

18 그녀는 패러디를 통해 사회의 (   )을/를 고발하는 작가이다.

19 말다툼을 한 친구와 아는 척을 하고 싶지 않아서 그를 (   )했다.

01 ~ 07 제시된 초성을 참고하여 뜻풀이에 맞는 단어를 쓰시오.

01 충성스러운 절개. ［ ㅊ ｜ ㅈ ］

02 지위나 신분이 낮고 천하다. ［ ㅂ ｜ ㅊ ｜ ㅎ ｜ ㄷ ］

03 시험이나 검사 따위에 합격함. ［ ㄱ ｜ ㅈ ］

04 왕실과 나라를 통틀어 이르는 말. ［ ㅈ ｜ ㅁ ｜ ㅅ ｜ ㅈ ］

05 벼슬이나 문벌이 높은 집안의 사람. ［ ㅅ ｜ ㄷ ｜ ㅂ ］

06 존경할 만한 위세가 있어 점잖고 엄숙함. 또는 그런 태도나 기세. ［ ㅇ ｜ ㅇ ］

07 웃어른이나 임금에게 옳지 못하거나 잘못된 일을 고치도록 말하다. ［ ㄱ ｜ ㅇ ｜ ㅎ ｜ ㄷ ］

08 ~ 13 제시된 초성을 활용하여 단어의 뜻풀이를 완성하시오.

08 연군: ［ ㅇ ｜ ㄱ ］을 그리워함.

09 사리사욕: 사사로운 이익과 ［ ㅇ ｜ ㅅ ］.

10 우국: 나랏일을 근심하고 ［ ㅇ ｜ ㄹ ］함.

11 입신양명: ［ ㅊ ｜ ㅅ ］하여 이름을 세상에 떨침.

12 황공하다: ［ ㅇ ｜ ㅇ ］이나 지위 따위에 눌리어 ［ ㄷ ｜ ㄹ ｜ ㄷ ］.

13 길쌈: 실을 내어 ［ ㅇ ｜ ㄱ ］을 짜는 모든 일을 통틀어 이르는 말.

14 ~ 19 빈칸에 들어갈 알맞은 단어를 〈보기〉에서 찾아 쓰시오.

───── ● 보기 ● ─────
| 간언 | 길흉 | 존귀 | 위엄 |
| 절개 | 연군 | 길쌈 | 황공 |

14 아버지께서는 모든 생명은 (   )하다고 말씀하셨다.

15 충직한 신하라면 (   )하는 것을 망설이지 않아야 한다.

16 왕의 (   ) 있는 모습에 신하들은 모두 존경의 눈빛을 보냈다.

17 수민이는 굳은 (   )을/를 지녔기에 한번 결심한 일은 끝까지 해낸다.

18 그는 높으신 분이 자신의 집을 방문한 것이 (   )하여 어찌할 바를 몰라 했다.

19 이 시는 임금과 이별한 여인을 시적 화자로 설정하여 (   )의 정을 노래하고 있다.

01 ~ 06 제시된 초성을 참고하여 뜻풀이에 맞는 한자 성어를 쓰시오.

01 말이 조금도 사리에 맞지 아니함.

ㅇ	ㅂ	ㅅ	ㅅ

02 서로 변론을 주고받으며 옥신각신함. 또는 말이 오고 감.

ㅅ	ㅇ	ㅅ	ㄹ

03 귀가 솔깃하도록 남의 비위를 맞추거나 이로운 조건을 내세워 꾀는 말.

ㄱ	ㅇ	ㅇ	ㅅ

04 쓴 것이 다하면 단 것이 온다는 뜻으로, 고생 끝에 즐거움이 옴을 이르는 말.

ㄱ	ㅈ	ㄱ	ㄹ

05 닭의 무리 가운데에서 한 마리의 학이란 뜻으로, 많은 사람 가운데서 뛰어난 인물을 이르는 말.

ㄱ	ㄱ	ㅇ	ㅎ

06 주머니 속의 송곳이라는 뜻으로, 재능이 뛰어난 사람은 숨어 있어도 저절로 사람들에게 알려짐을 이르는 말.

ㄴ	ㅈ	ㅈ	ㅊ

07 ~ 11 제시된 초성을 활용하여 한자 성어의 뜻풀이를 완성하시오.

07 전화위복 : | ㅈ | ㅇ | 과 근심, 걱정이 바뀌어 오히려 | ㅂ | 이 됨.

08 새옹지마 : | ㅇ | ㅅ | 의 길흉화복은 변화가 많아서 | ㅇ | ㅊ | 하기가 어렵다는 말.

09 사면초가 : 아무에게도 | ㄷ | ㅇ | 을 받지 못하는, 외롭고 | ㄱ | ㄹ | 한 지경에 빠진 형편을 이르는 말.

10 누란지세 : 층층이 쌓아 놓은 알의 형세라는 뜻으로, 몹시 | ㅇ | ㅌ | ㄹ | ㅇ | 형세를 비유적으로 이르는 말.

11 풍전등화 : 바람 앞의 | ㄷ | ㅂ | 이라는 뜻으로, 사물이 매우 위태로운 | ㅊ | ㅈ | 에 놓여 있음을 비유적으로 이르는 말.

12 ~ 17 빈칸에 들어갈 알맞은 한자 성어를 〈보기〉에서 찾아 쓰시오.

┌─────── 보기 ───────┐
고진감래   새옹지마   어불성설
전화위복   사면초가   설왕설래
└──────────────────┘

12 그 문제에 대해서 (   )만 할 뿐 의견을 하나로 모으지 못했다.

13 아무리 (   )의 상황일지라도 정신만 똑바로 차린다면 해결할 수 있다.

14 경제 위기를 (   )의 계기로 삼아 3년 만에 엄청난 경제 성장을 이루어 냈다.

15 인간사 (   )(이)라고, 취업에 실패한 민수가 성공한 사업가가 되다니 놀랍다.

16 그는 10년 동안 준비한 올림픽 경기에서 금메달을 따서 (   )의 기쁨을 누렸다.

17 그녀는 선생님께 이 많은 과제를 하루 만에 하라는 것은 (   )(이)라고 말했다.

01 ~ 06 제시된 초성을 참고하여 뜻풀이에 맞는 한자 성어를 쓰시오.

01 가냘프고 고운 손을 이르는 말.

| ㅅ | ㅅ | ㅇ | ㅅ |

02 세상에 견줄 만한 사람이 없을 정도로 뛰어나게 아름다운 여인.

| ㅈ | ㅅ | ㄱ | ㅇ |

03 여러 번 실패하여도 굴하지 아니하고 꾸준히 노력함을 이르는 말.

| ㅊ | ㅈ | ㅍ | ㄱ |

04 오래지 않은 동안에 몰라보게 변하여 아주 다른 세상이 된 것 같은 느낌.

| ㄱ | ㅅ | ㅈ | ㄱ |

05 산에서도 싸우고 물에서도 싸웠다는 뜻으로, 세상의 온갖 고생과 어려움을 다 겪었음을 이르는 말.

| ㅅ | ㅈ | ㅅ | ㅈ |

06 오 리나 되는 짙은 안개 속에 있다는 뜻으로, 무슨 일에 대하여 방향이나 갈피를 잡을 수 없음을 이르는 말.

| ㅇ | ㄹ | ㅁ | ㅈ |

07 ~ 11 제시된 초성을 활용하여 한자 성어의 뜻풀이를 완성하시오.

07 절차탁마 : 부지런히 | ㅎ | ㅁ |과 덕행을 닦음을 이르는 말.

08 상전벽해 : 세상일의 | ㅂ | ㅊ |이 심함을 비유적으로 이르는 말.

09 천신만고 : 온갖 어려운 | ㄱ | ㅂ |를 다 겪으며 심하게 고생함을 이르는 말.

10 사상누각 : 기초가 | ㅌ | ㅌ |하지 못하여 오래 견디지 못할 일이나 물건을 이르는 말.

11 형설지공 : 반딧불·눈과 함께 하는 | ㄴ | ㄹ |이라는 뜻으로, 고생을 하면서 부지런하고 꾸준하게 | ㄱ | ㅂ |하는 자세를 이르는 말.

12 ~ 17 빈칸에 들어갈 알맞은 한자 성어를 〈보기〉에서 찾아 쓰시오.

> ● 보기 ●
>
> 격세지감   절세가인   산전수전
> 형설지공   칠전팔기   사상누각

12 ( )에 불과한 회사는 작은 위기에도 크게 흔들린다.

13 여배우를 실제로 보니 ( )(이)라는 감탄이 절로 나왔다.

14 형은 몇 번이나 실패한 끝에 ( )(으)로 조리사 자격증을 땄다.

15 우리 세대와 아주 다른 요즘 아이들을 보면 ( )이/가 느껴진다.

16 수로는 어렸을 때부터 ( )을/를 다 겪어서 웬만한 일은 힘들어하지 않았다.

17 그는 어려운 가정 형편에도 ( )(으)로 공부하여 대학교를 졸업할 수 있었다.

19회 어휘력 테스트

01 ~ 06 제시된 초성을 참고하여 뜻풀이에 맞는 한자 성어를 쓰시오.

01 서로서로 도움. ㅅ ㅂ ㅅ ㅈ

02 작은 일을 크게 불리어 떠벌림. ㅊ ㅅ ㅂ ㄷ

03 슬프고 분하여 마음이 북받침. ㅂ ㅂ ㄱ ㄱ

04 손을 묶은 것처럼 어찌할 도리가 없어 꼼짝 못 함. ㅅ ㅅ ㅁ ㅊ

05 여우가 죽을 때에 머리를 자기가 살던 굴 쪽으로 둔다는 뜻으로, 고향을 그리워하는 마음을 이르는 말. ㅅ ㄱ ㅊ ㅅ

06 본이 되지 않은 남의 말이나 행동도 자신의 지식과 인격을 수양하는 데에 도움이 될 수 있음을 비유적으로 이르는 말. ㅌ ㅅ ㅈ ㅅ

07 ~ 11 제시된 초성을 활용하여 한자 성어의 뜻풀이를 완성하시오.

07 오매불망 : 자나 깨나 ㅇ ㅈ 못함.

08 궁여지책 : 궁한 나머지 생각다 못하여 짜낸 ㄱ ㅊ.

09 허장성세 : ㅅ ㅅ 은 없으면서 큰소리치거나 허세를 부림.

10 각골통한 : ㅃ 에 사무칠 만큼 ㅇ ㅌ 하고 한스러움. 또는 그런 일.

11 근묵자흑 : ㅁ 을 가까이하는 사람은 검어진다는 뜻으로, 나쁜 사람과 가까이 지내면 나쁜 ㅂ ㄹ 에 물들기 쉬움을 비유적으로 이르는 말.

12 ~ 17 빈칸에 들어갈 알맞은 한자 성어를 〈보기〉에서 찾아 쓰시오.

보기		
속수무책	상부상조	오매불망
침소봉대	비분강개	궁여지책

12 그는 고향에 두고 온 가족을 ( ) 그리워했다.

13 그 사기꾼에게 경찰도 ( )(으)로 당했다니 어이가 없다.

14 대수롭지도 않은 일을 ( )하여 말하는 그녀를 믿기 힘들었다.

15 돈을 급하게 마련해야 해서 ( )(으)로 금반지를 금은방에 팔았다.

16 동수는 강아지를 학대하는 사람을 발견하고는 ( )하여 삿대질을 했다.

17 아버지께서는 ( )의 정신을 강조하시며, 늘 서로 돕고 살아야 한다고 하셨다.

01 ~ 05 제시된 초성을 참고하여 뜻풀이에 맞는 속담을 쓰시오.

01 말을 삼가야 함을 이르는 말. ⇨ ㅂ 없는 말이 ㅊ ㄹ 간다

02 자기의 능력 밖의 불가능한 일에 대해서는 처음부터 욕심을 내지 않는 것이 좋다는 말. ⇨ ㅇ ㄹ ㅈ 못할 나무는 쳐다보지도 마라

03 강한 자들끼리 싸우는 통에 아무 상관도 없는 약한 자가 중간에 끼어 피해를 입게 됨을 이르는 말. ⇨ 고래 싸움에 ㅅ ㅇ ㄷ 터진다

04 주관하는 사람 없이 여러 사람이 자기주장만 내세우면 일이 제대로 되기 어려움을 이르는 말. ⇨ ㅅ ㄱ 이 많으면 ㅂ 가 산으로 간다

05 사람의 됨됨이란 겉만 보아서는 알 수 없고, 서로 오래 겪어 보아야 비로소 알 수 있음을 이르는 말. ⇨ ㅁ 은 건너 보아야 알고 사람은 지내보아야 ㅇ ㄷ

06 ~ 10 제시된 초성을 활용하여 속담의 뜻풀이를 완성하시오.

06 어물전 망신은 꼴뚜기가 시킨다 ⇨ 지지리 못난 사람일수록 같이 있는 ㄷ ㄹ 를 망신시킨다는 말.

07 등잔 밑이 어둡다 ⇨ 대상에서 ㄱ ㄲ ㅇ 있는 사람이 도리어 대상에 대하여 잘 알기 어렵다는 말.

08 가랑비에 옷 젖는 줄 모른다 ⇨ 아무리 사소한 것이라도 그것이 거듭되면 ㅁ ㅅ 하지 못할 정도로 크게 됨을 이르는 말.

09 귀에 걸면 귀걸이 코에 걸면 코걸이 ⇨ 어떤 ㅇ ㅊ 이 정해져 있는 것이 아니라 둘러대기에 따라 이렇게도 되고 저렇게도 될 수 있음을 이르는 말.

10 벼 이삭은 익을수록 고개를 숙인다 ⇨ 교양이 있고 ㅅ ㅇ 을 쌓은 사람일수록 ㄱ ㅅ 하고 남 앞에서 자기를 내세우려 하지 않는다는 것을 이르는 말.

11 ~ 15 빈칸에 들어갈 알맞은 속담을 〈보기〉에서 찾아 기호를 쓰시오.

─── 보기 ───
㉠ 등잔 밑이 어둡다
㉡ 어물전 망신은 꼴뚜기가 시킨다
㉢ 귀에 걸면 귀걸이 코에 걸면 코걸이
㉣ 오르지 못할 나무는 쳐다보지도 마라
㉤ 낮말은 새가 듣고 밤말은 쥐가 듣는다

11 ( )(라)고, 이 세상에 비밀은 없어.

12 그 법은 ( )(라)며 모호하다는 비판을 받았다.

13 ( )(라)고, 친구 집을 바로 옆에 두고 찾지를 못했다.

14 ( )(라)고 했듯이, 내 능력을 생각해서 욕심 내지 않고 목표를 정해야겠어.

15 ( )(라)고 하는데, 네가 영화관에서 시끄럽게 굴어서 우리들까지 부끄럽게 만들었어.

01 ~ 05 제시된 초성을 참고하여 뜻풀이에 맞는 속담을 쓰시오.

01 미천한 집안이나 변변하지 못한 부모에게서 훌륭한 인물이 나는 경우를 이르는 말. ⇨ ㄱㅊ 에서 ㅇ 난다

02 모든 일에는 질서와 차례가 있는 법인데 일의 순서도 모르고 성급하게 덤빔을 이르는 말. ⇨ ㅇㅁ 에 가 ㅅㄴ 찾는다

03 애써 하던 일이 실패로 돌아가거나 남보다 뒤떨어져 어찌할 도리가 없이 됨을 이르는 말. ⇨ ㄷ 쫓던 개 ㅈㅂ 쳐다보듯

04 자기가 맡은 일에는 정성을 들이지 않고 잇속이 있는 데에만 마음을 두는 경우를 이르는 말. ⇨ ㅇㅂ 에는 마음이 없고 잿밥에만 ㅁㅇ 이 있다

05 어떤 분야에 대해 지식과 경험이 전혀 없는 사람이라도 그 부문에 오래 있으면 얼마간의 지식과 경험을 갖게 됨을 이르는 말. ⇨ ㅅㄷ ㄱ 삼 년에 ㅍㅇ 읊는다

06 ~ 10 제시된 초성을 활용하여 속담의 뜻풀이를 완성하시오.

06 빈 수레가 요란하다 ⇨ ㅅㅅ 없는 사람이 겉으로 더 떠들어 댐을 이르는 말.

07 다 된 죽에 코 풀기 ⇨ 거의 다 된 일을 망쳐 버리는 ㅈㅊㅇㄴ 행동을 이르는 말.

08 급히 먹는 밥이 목이 멘다 ⇨ 너무 급히 서둘러 일을 하면 잘못하고 ㅅㅍ 하게 됨을 이르는 말.

09 믿는 도끼에 발등 찍힌다 ⇨ 잘되리라고 믿고 있던 일이 어긋나거나 믿고 있던 사람이 배반하여 오히려 ㅎ 를 입음을 이르는 말.

10 빈대 잡으려고 초가삼간 태운다 ⇨ ㅅㅎ 를 크게 볼 것을 생각지 아니하고 자기에게 마땅치 아니한 것을 없애려고 그저 덤비기만 하는 경우를 이르는 말.

11 ~ 15 빈칸에 들어갈 알맞은 속담을 〈보기〉에서 찾아 기호를 쓰시오.

┌─────── 보기 ───────
⊙ 개천에서 용 난다
ⓛ 다 된 죽에 코 푼다
ⓒ 빈 수레가 요란하다
ⓔ 믿는 도끼에 발등 찍힌다
ⓜ 급히 먹는 밥이 목이 멘다
└──────────────────

11 ( )고, 형편이 어려운 우리 집에서 민혁이가 판사가 되었어.

12 서둘러 나오느라 집에 핸드폰이랑 지갑을 두고 왔어, ( )니까.

13 제대로 알지도 못하면서 말이 많은 사람을 보고 ( )고 하지.

14 ( )고 하던데, 친한 친구에게 돈을 빌려줬는데 며칠 동안 연락이 안 돼.

15 ( )고, 과제를 완성했는데 정작 과제를 가져오지 않아 선생님께 혼이 났어.

01 ~ 07 제시된 초성을 참고하여 뜻풀이에 맞는 관용어를 완성하시오.

01 말을 알아듣게 되다. ⇨ 귀가 ㅌㄹㄷ

02 흡족하게 마음에 들다. ⇨ 눈에 ㅊㄷ

03 남의 말을 쉽게 받아들인다. ⇨ ㄱ 가 얇다

04 하던 일을 그만두거나 잠시 멈추다. ⇨ ㅅ 을 놓다

05 잊히지 않고 자꾸 눈에 떠오르다. ⇨ 눈에 ㅂㅎㄷ

06 어떤 일에 꽉 잡혀서 벗어나지 못하게 하다. ⇨ ㅂㅁ 을 잡다

07 부정적인 일이나 찜찜한 일에 대하여 관계를 청산하다. ⇨ 손을 ㅆㄷ

08 ~ 13 제시된 초성을 활용하여 관용어의 뜻풀이를 완성하시오.

08 발이 닳다 ⇨ 매우 ㅂㅈ 하게 많이 다니다.

09 손을 뻗치다 ⇨ 활동 범위를 ㄴㅎㄷ.

10 귀에 못이 박히다 ⇨ ㄱㅇ 말을 여러 번 듣다.

11 눈에 불을 켜다 ⇨ 화가 나서 눈을 ㅂㄹ ㄸㄷ.

12 눈을 씻고 보다 ⇨ ㅈㅅ 을 바짝 차리고 집중하여 보다.

13 발 벗고 나서다 ⇨ ㅈㄱㅈ 으로 나서거나 ㅈㄱㅈ 인 태도를 취하다.

14 ~ 19 빈칸에 들어갈 알맞은 관용어를 〈보기〉에서 찾아 문맥에 맞게 쓰시오.

┌───── 보기 ─────┐
발이 닳다   손을 뻗치다
귀가 얇다   발 벗고 나서다
눈에 불을 켜다   귀에 못이 박히다
└──────────────┘

14 그 사람은 (   ) 광고를 보는 족족 물건을 구매한다.

15 청소하라는 소리를 (   ) 들었더니 청소하기가 더 싫어졌다.

16 우리는 괜찮은 신혼집을 구하기 위해 부동산에 (   ) 드나들었다.

17 이번 행사가 성공적으로 개최될 수 있도록 우리 모두 (   ) 할 것 같다.

18 어머니는 나와 동생의 버릇없는 태도에 크게 노하여 (   ) 호통을 치셨다.

19 그녀는 사업에 성공해서 큰돈을 벌자, 불법적인 사업에까지 (   ) 말았다.

01 ~ 07 제시된 초성을 참고하여 뜻풀이에 맞는 관용어를 완성하시오.

01 몹시 안타깝게 기다리다. ⇨ ㅁ 이 빠지게 기다리다

02 몹시 두려워지거나 무서워지다. ⇨ ㄱ 이 콩알만 해지다

03 감당하기 어려운 일을 하느라 힘이 부치다. ⇨ ㅎ ㄹ 가 휘다

04 먹은 것이 너무 적어 먹으나 마나 하다. ⇨ 간에 ㄱ ㅂ 도 안 가다

05 흥분되거나 긴장된 마음을 가라앉히다. ⇨ 머리를 ㅅ ㅎ ㄷ

06 여러 번 말하여도 받아들이지 아니하여 말한 보람이 없다. ⇨ 입만 ㅇ ㅍ ㄷ

07 어떤 일을 의논하거나 결정하기 위하여 서로 마주 대하다. ⇨ ㅁ ㄹ 를 맞대다

08 ~ 13 제시된 초성을 활용하여 관용어의 뜻풀이를 완성하시오.

08 허리를 굽히다 : 남에게 ㄱ ㅅ 한 태도를 취하다.

09 고개가 수그러지다 : ㅈ ㄱ 하는 마음이 일어나다.

10 간도 쓸개도 없다 : ㅇ ㄱ 나 줏대 없이 남에게 ㄱ ㅎ ㄷ .

11 입에 침이 마르다 : 다른 사람이나 물건에 대하여 ㄱ ㄷ 해서 말하다.

12 머리가 굳다 : 사고방식이나 사상 따위가 융통성 없이 올곧고 ㄱ ㅈ 이 세다.

13 입을 씻다 : ㅇ ㅇ 따위를 혼자 차지하거나 가로채고서는 ㅅ ㅊ ㅁ 를 떼다.

14 ~ 19 빈칸에 들어갈 알맞은 관용어를 〈보기〉에서 찾아 문맥에 맞게 쓰시오.

━ 보기 ━
간이 콩알만 해지다 　 입을 씻다
간에 기별도 안 가다 　 허리가 휘다
목이 빠지게 기다리다 　 입에 침이 마르다

14 점심을 (　　　　　　) 먹었더니 배에서 꼬르륵 소리가 난다.

15 어머니께서는 가출한 오빠가 하루빨리 돌아오기를 (　　　　　　).

16 빠듯한 월급에 아버지의 병원비까지 대느라 (　　　　　　) 지경이다.

17 선생님께서 발표할 사람을 정하시는데 내가 걸릴까 봐 (　　　　　　).

18 내 친구는 좋은 회사에 취직한 자신의 아들을 (　　　　　　) 자랑했다.

19 이장은 마을과 관련해서 받은 보상금을 동네 사람들과 나누지 않고 (　　　　　　) 것 같다.

01 ~ 07 제시된 초성을 참고하여 뜻풀이에 맞는 단어를 쓰시오.

01 아무런 노력이나 대가 없이. ㄱ ㅈ

02 머리나 뿔 따위에 세차게 부딪히다.
ㅂ ㅎ ㄷ

03 슬기나 재능, 사상 따위를 일깨워 줌. ㄱ ㅂ

04 겉으로 보고 대강 짐작하여 헤아리다.
ㄱ ㅈ ㄷ

05 토지나 천연자원 따위를 유용하게 만듦. ㄱ ㅂ

06 집안 살림을 꾸려 나가는 방도나 형편. ㄱ ㄱ

07 물건의 밑이나 옆 따위에 다른 물체를 대다.
ㅂ ㅊ ㄷ

08 ~ 13 제시된 초성을 활용하여 단어의 뜻풀이를 완성하시오.

08 그저 : 다른 일은 하지 않고 ㄱ ㄴ .

09 가게 : 작은 규모로 ㅁ ㄱ 을 파는 집.

10 겨루다 : 서로 버티어 ㅅ ㅂ 를 다투다.

11 바치다 : 신이나 웃어른에게 ㅈ ㅈ 하게 드리다.

12 걷잡다 : 한 ㅂ ㅎ 으로 치우쳐 흘러가는 형세 따위를 ㅂ ㄷ ㅇ 잡다.

13 겨누다 : 한 물체의 ㄱ ㅇ 나 넓이 따위를 대중이 될 만한 다른 물체와 ㄱ ㅈ ㅇ 헤아리다.

14 ~ 19 빈칸에 들어갈 알맞은 단어를 〈보기〉에서 찾아 문맥에 맞게 쓰시오.

▶ 보기 ◀

| 개발 | 가게 | 그저 | 받치다 |
| 계발 | 가계 | 거저 | 받히다 |

14 그 기업은 금강산 (   )에 막대한 금액을 투자하였다.

15 그는 성난 들소에게 (   ) 뻔한 원주민 소녀의 목숨을 구해 주었다.

16 승준이는 아침부터 저녁까지 엄마가 집에 오기를 (   ) 기다리고 있다.

17 오늘은 장사가 안되니 (   ) 문을 일찍 닫고, 집에 가서 저녁 식사를 해야겠다.

18 어머니께서는 돈 아낀다고 옷 한 벌도 안 사시면서 알뜰하게 (   )을/를 꾸리셨다.

19 그의 사업 성공은 (   ) 이룬 것이 아니라, 그동안의 값진 노력의 결과라고 할 수 있다.

01 ~ 06 제시된 초성을 참고하여 뜻풀이에 맞는 단어를 쓰시오.

01 일을 계획하여 시작하거나 펼쳐 놓다.

ㅂ ㅇ ㄷ

02 누울 때, 베개 따위를 머리 아래에 받치다.

ㅂ ㄷ

03 지위나 신분 또는 자격을 나타내는 격 조사.

ㄹ ㅅ

04 가려 있거나 보이지 않던 것을 보이게 하다.

ㄷ ㄹ ㄴ ㄷ

05 양념한 고기, 생선, 채소 따위를 국물에 넣고 바짝 끓여서 양념이 배어들게 하다.

ㅈ ㄹ ㄷ

06 사람이나 동물이 윗몸을 바로 한 상태에서, 엉덩이에 몸무게를 실어 다른 물건이나 바닥에 몸을 올려놓게 하다.

ㅇ ㅎ ㄷ

07 ~ 12 제시된 초성을 활용하여 단어의 뜻풀이를 완성하시오.

07 배다: ㅅ ㅁ 들거나 ㅅ ㅁ 나오다.

08 벌리다: ㄷ 사이를 넓히거나 ㅁ ㄱ 하다.

09 들어내다: ㅁ ㄱ 을 들어서 ㅂ 으로 옮기다.

10 로써: 어떤 일의 ㅅ ㄷ 이나 도구를 나타내는 격 조사.

11 졸이다: 찌개, 국, 한약 따위의 ㅁ 을 증발시켜 ㅂ ㄹ 을 적어지게 하다.

12 안치다: 밥, 떡, 찌개 따위를 만들기 위하여 그 ㅈ ㄹ 를 솥이나 냄비 따위에 넣고 불 위에 ㅇ ㄹ ㄷ.

13 ~ 19 빈칸에 들어갈 알맞은 단어를 〈보기〉에서 찾아 문맥에 맞게 쓰시오.

‣ 보기 ‣

배다	벌리다	조리다	안치다
베다	벌이다	졸이다	앉히다

13 동네에서 잔치를 (   ) 사람들이 많이 참여할까?

14 그녀는 솥에 쌀을 (   ) 서둘러 저녁 반찬을 준비했다.

15 어머니께서는 동생을 식탁에 (   ) 간식을 가져다주셨다.

16 장난기가 가득 (   ) 있는 소년의 얼굴이 스쳐 지나갔다.

17 버스나 지하철에서 입을 (   ) 자는 사람들을 가끔 볼 수 있다.

18 엄마와 나는 가슴을 (   ) 합격 발표가 나기만을 기다리고 있었다.

19 나무꾼들이 키가 큰 나무를 (   ) 가서 크기가 작은 나무들만 남아 있었다.

01 ~ 07 제시된 초성을 참고하여 뜻풀이에 맞는 단어를 쓰시오.

01 슬며시 힘을 주는 모양. ㅈ ㄱ ㅅ

02 목표, 이상, 행복 따위를 추구하다. ㅈ ㄷ

03 그럴듯하게 꾸미는 거짓 태도나 모양. ㅊ

04 모여 있던 사람들이 따로따로 흩어지다.
ㅎ ㅇ ㅈ ㄷ

05 이미 있는 상태 그대로 있다는 뜻을 나타내는 말. ㅊ

06 가졌던 물건이 자신도 모르게 없어져 그것을 아주 갖지 아니하게 되다.
ㅇ ㅇ ㅂ ㄹ ㄷ

07 아주, 전혀, 절대로의 뜻으로, 흔히 행위를 그치게 하거나 어떤 일을 하지 않을 때에 쓰는 말. ㅇ ㅈ

08 ~ 13 제시된 초성을 활용하여 단어의 뜻풀이를 완성하시오.

08 해어지다 : ㄷ ㅇ ㅅ 떨어지다.

09 일체 : ㅁ ㄷ 것. 또는 ㅁ ㄷ 것을 다.

10 지긋이 : ㄴ ㅇ 가 비교적 많아 듬직하게.

11 -째 : '그대로', 또는 ' ㅈ ㅂ '의 뜻을 더하는 접미사.

12 쫓다 : 어떤 대상을 잡거나 만나기 위하여 뒤를 급히 ㄸ ㄹ ㄷ .

13 잊어버리다 : 한번 알았던 것을 모두 ㄱ ㅇ 하지 못하거나 전혀 ㄱ ㅇ 하여 내지 못하다.

14 ~ 19 빈칸에 들어갈 알맞은 단어를 〈보기〉에서 찾아 문맥에 맞게 쓰시오.

● 보기 ●			
체	지그시	해어지다	잊어버리다
채	지긋이	헤어지다	잃어버리다

14 일이 바빠 딸의 생일을 ( ) 실수를 하고 말았다.

15 옷 주머니에 지갑을 넣어 둔 ( ) 세탁기를 돌려 버렸다.

16 잘 알지도 못하면서 잘난 ( )하는 그의 모습을 보기가 힘들었다.

17 내 차례가 올 때까지 ( ) 앉아 기다리기에는 시간이 부족했다.

18 친구는 길에서 ( ) 돈을 찾느라 약속 시간에 늦었다고 이야기했다.

19 미끄럼틀 타는 재미에 빠져 엄마가 새로 사 준 바지가 ( ) 줄도 몰랐다.

01 ~ 05 제시된 초성을 참고하여 뜻풀이에 맞는 단어를 쓰시오.

01 재물이 넉넉하다. ㅂ ㅇ ㅎ ㄷ

02 일정한 모양이나 형식. ㅇ ㅅ

03 보통과는 달리 이상하여 의심스럽다. ㅅ ㅅ ㅎ ㄷ

04 남의 물건을 남몰래 슬쩍 가져다가 자기 것으로 하다. ㅎ ㅊ ㄷ

05 남의 것이나 다른 곳에 쓰기로 되어 있는 것을 다른 데로 돌려씀. ㅇ ㅇ

06 ~ 10 제시된 초성을 활용하여 단어의 뜻풀이를 완성하시오.

06 그녀는 첫 작품으로 문학상을 수상했다.
⇨ 수상하다 : ㅅ 을 받다.

07 물걸레로 바닥을 훔쳤더니 집이 깨끗해졌다.
⇨ 훔치다 : 물기나 ㄸ 따위가 묻은 것을 닦아 ㅁ ㄱ 하게 하다.

08 우리는 연못 속을 부유하는 물고기들을 보며 신기해했다.
⇨ 부유하다 : 물 위나 물속, 또는 ㄱ ㄱ 중에 떠다니다.

09 그들은 그동안 남몰래 가난한 이웃에게 양식을 대 왔다.
⇨ 양식 : ㅅ ㅈ 을 위하여 필요한 사람의 ㅁ ㅇ ㄱ ㄹ.

10 경제 대국으로 부상한 한국은 전 세계의 관심을 받았다.
⇨ 부상 : 어떤 현상이 ㄱ ㅅ 의 대상이 되거나 어떤 사람이 훨씬 좋은 ㅇ ㅊ 로 올라섬.

11 ~ 15 밑줄 친 단어의 뜻풀이로 알맞은 것을 고르시오.

11 나는 부유하고 여유 있는 삶을 꿈꾼다.
㉠ 재물이 넉넉하다.
㉡ 물 위나 물속, 또는 공기 중에 떠다니다.

12 그는 친구의 수상한 행동이 마음에 걸렸다.
㉠ 상을 받다.
㉡ 보통과는 달리 이상하여 의심스럽다.

13 명령이 떨어지자 잠수함이 물 위로 부상했다.
㉠ 물 위로 떠오름.
㉡ 몸에 상처를 입음.

14 선생님께서 수행 평가의 양식을 알려 주셨다.
㉠ 일정한 모양이나 형식.
㉡ 물고기나 해조, 버섯 따위를 인공적으로 길러서 번식하게 함.

15 동료가 준 유용한 정보 덕분에 프로젝트를 잘 마무리할 수 있었다.
㉠ 쓸모가 있음.
㉡ 남의 것이나 다른 곳에 쓰기로 되어 있는 것을 다른 데로 돌려씀.

01 ~ 05 제시된 초성을 참고하여 뜻풀이에 맞는 단어를 쓰시오.

01 하나를 둘 이상으로 가르다. ㄴㄴㄷ

02 동식물을 보살펴 자라게 하다. ㄱㄹㄷ

03 일어난 감정 따위를 누그러뜨리다. ㅍㄷ

04 기억력이나 판단력 따위가 분명하지 아니하다. ㅎㄹㄷ

05 어떤 현상, 기운, 추억 따위가 배어 있거나 은근히 드러나다. ㅇㄹㄷ

06 ~ 10 제시된 초성을 활용하여 단어의 뜻풀이를 완성하시오.

06 수익금을 공정하게 나누어 주었다.
⇨ 나누다 : 몫을 ㅂㅂ 하다.

07 서준이와 나는 결혼을 약속한 사이이다.
⇨ 사이 : 서로 맺은 ㄱㄱ. 또는 사귀는 정분.

08 어머니께서는 밥을 천천히 먹는 버릇을 기르라고 하셨다.
⇨ 기르다 : ㅅㄱ 따위를 몸에 익게 하다.

09 비가 온 다음이라 그런지 냇물이 흐리다.
⇨ 흐리다 : 잡것이 섞여 ㄲㄲ 하지 못하다.

10 수미의 두 눈에는 어느덧 눈물이 어리고 있었다.
⇨ 어리다 : 눈에 눈물이 조금 ㄱㄷ.

11 ~ 16 밑줄 친 단어의 뜻풀이로 알맞은 것을 고르시오.

11 이 기쁨을 가족들과 함께 나누고 싶다.
㉠ 즐거움이나 고통, 고생 따위를 함께하다.
㉡ 여러 가지가 섞인 것을 구분하여 분류하다.

12 책을 많이 읽으면 사고력을 기를 수 있다.
㉠ 습관 따위를 몸에 익게 하다.
㉡ 육체나 정신을 단련하여 더 강하게 만들다.

13 12시에서 1시 사이에 친구를 만나기로 했다.
㉠ 한때로부터 다른 때까지의 동안.
㉡ 어떤 일에 들이는 시간적인 여유나 겨를.

14 어려운 퀴즈를 풀어 선물로 상품권을 받았다.
㉠ 일어난 감정 따위를 누그러뜨리다.
㉡ 모르거나 복잡한 문제 따위를 알아내거나 해결하다.

15 엄마는 애정 어린 표정으로 동생을 바라봤다.
㉠ 눈에 눈물이 조금 괴다.
㉡ 어떤 현상, 기운, 추억 따위가 배어 있거나 은근히 드러나다.

16 하늘이 흐린 것을 보니 괜히 기분이 울적했다.
㉠ 잡것이 섞여 깨끗하지 못하다.
㉡ 하늘에 구름이나 안개 따위가 끼어 햇빛이 밝지 못하다.

정답과 해설

문해력 기초 다지기

▶ 본문 16~17쪽

01 ㉢   02 ㉡   03 ㉠   04 ㉣   05 다투는
06 연구하다   07 완전   08 합리적   09 논거
10 가설   11 반증   12 추리   13 이상   14 정립
15 가설   16 ③   17 ⑤   18 예시답안 민준이의 주장은 논리가 워낙 치밀해서 반증을 내세우기가 어렵다.
19 예시답안 새로운 기계의 발명으로 제품 생산량이 비약적으로 늘어났다.

16

'쟁점'은 '서로 다투는 중심이 되는 점.'을 의미하므로, "사회적 쟁점은 사형 제도의 폐지 문제이다."와 같은 문장에 어울린다. ③에서는 '어떤 문제에 대하여 여러 사람이 각각 의견을 말하며 논의함.'을 의미하는 '토론'을 사용하여 "우리는 사형 제도를 폐지할 것인지에 대해 열띤 토론을 벌였다."로 표현해야 한다.

17

'간직되다'는 '생각이나 기억 따위가 마음속에 깊이 새겨지다.'를 의미하므로, '머릿속에 새겨 넣듯 깊이 기억되다.'를 의미하는 '각인되다'와 바꿔 쓸 수 있다.

18

'반증'은 '어떤 사실이나 주장이 옳지 아니함을 그에 반대되는 근거를 들어 증명함. 또는 그런 증거.'를 의미하므로, "민준이의 주장은 논리가 워낙 치밀해서 반증을 내세우기가 어렵다."라는 문장은 적절하다.

문해력 완성 하기

▶ 본문 18~19쪽

01 ④   02 ㉠: 추리 ㉡: 고찰   03 예시답안 〈보기〉의 연구 결과는 경험에 따라 뇌 조직이 변화한다는 주장에 대한 논거이다.   04 ④   05 ④   06 글쓴이의 주장:
예시답안 불필요한 정보로 가득한 인터넷 공간에서 필요한 정보를 올바르게 선별할 수 있는 합리적인 관점을 정립해야 한다.

01

3문단의 택시 기사와 버스 기사의 해마 크기를 비교한 연구 결과로 볼 때 해마의 크기는 고정된 것이 아니라 변화한다고 볼 수 있다.

✗오답 풀이

① 1문단에서 대뇌 겉질의 전두엽에는 판단하고 추리하는 기능과 감정과 행동을 조절하는 기능이 있다고 설명하였다. 이를 통해 대뇌 겉질의 전두엽에는 감정과 행동을 조절하는 기능이 있음을 알 수 있다.

② 2문단의 빛을 차단하고 정보를 탐색하게 하는 실험에서 확인되는 것처럼, 변화된 환경에 오랜 시간 있으면 뇌의 기능이 바뀔 수도 있다는 것을 알 수 있다.

③ 1문단의 대뇌 겉질에 대한 전기 자극 실험과 같은 연구 결과들이 나오면서 사람들은 뇌의 영역별로 담당하는 기능이 고정되어 있다고 생각했다.

⑤ 3문단의 첫 문장을 통해 경험이 달라지면 뇌 조직이 변화할 수도 있다는 것을 알 수 있다.

04

'파레토의 원리'라는 특정 원리를 설명하고, 인터넷 정보 이용이라는 구체적 상황에 적용하고 있다. 이를 통해 정보 과잉 시대에 정보를 올바르게 평가하고 선별하는 합리적인 관점을 정립해야 한다고 주장하고 있다.

✗오답 풀이

① 1문단에 인간이 정보를 주체적으로 만들고 사용하는 존재라고 주장하는 견해와 인간이 정보를 소비하는 주체가 아니라는 견해가 제시되어 있지만, 두 견해를 비판하는 부분은 찾아볼 수 없다.

② 전문가의 말을 인용하고 있지 않다.

③ '파레토 원리'를 설명하기 위해 통계 수치를 제시하였지만 이를 바탕으로 객관적인 정보를 이끌어 내고 있는 것은 아니다.

⑤ 정보 과잉 현상만 제시되어 있을 뿐, 현상의 발생 원인을 밝히거나 예상 결과를 분석하고 있지는 않다.

05

'이치에 맞아 올바르고 마땅하다.'는 '정당하다'의 뜻이다. '정립하다'는 '정하여 세우다.'를 뜻한다.

문해력 기초 다지기

▶ 본문 22~23쪽

01 전례 02 봉쇄하다 03 위축되다 04 정체성
05 문명 06 회복하다 07 쏠리어 08 모으거나
09 왜곡 10 잠재하다 11 자발적 12 위축
13 봉쇄 14 동원 15 ⑤ 16 ④ 17 **예시 답안**
역사는 승자에 의해 왜곡되기도 한다. 18 **예시 답안** 나와 의견이 다르면 무조건 반대하는 편협한 태도는 버려야 한다.

15

'지양하다'는 '더 높은 단계로 오르기 위하여 어떠한 것을 하지 아니하다.'를 의미하므로, 자연에서 소박하게 사는 삶을 원하는 김 씨의 태도를 나타내는 말로 적절하지 않다. 이 문장에서는 '어떤 목표로 뜻이 쏠리어 향하다.'를 의미하는 '지향하다'를 사용하는 것이 적절하다.

16

'문명의 이기'는 '문명의 발달에 의해 과학적으로 만들어진 여러 가지 편리한 도구나 기구'를 의미하므로 자동차라는 '문명'의 이기라는 표현이 적절하다. '정체성'은 '변하지 아니하는 존재의 본질을 깨닫는 성질. 또는 그 성질을 가진 독립적 존재.'를 의미하므로 청소년기는 자신의 '정체성'을 확립하는 시기라는 표현이 적절하다. 그러므로 〈보기〉의 빈칸에는 '문명, 정체성'이 들어가는 것이 적절하다.

문해력 완성 하기

▶ 본문 24~25쪽

01 ③ 02 ㉠: 복원 ㉡: 전례 03 **예시 답안** 특정한 이론에 집착하여 유물 자료를 편협하게 해석하면 안 되고, 새로운 자료와 방법을 적극적으로 이용하여 유물 자료를 다양하게 해석해야 한다. 04 ④ 05 ⑤ 06 목적론의 개념: **예시 답안** 아리스토텔레스의 목적론은 모든 자연물이 자발적으로 목적을 추구하려는 본성을 타고나며, 잠재한 본성에 따라 운동한다고 보는 관점이다.

01

1문단에서 껍질이 두껍고 전분 함량이 높은 씨앗을 높은 온도에서 오래 끓이기 위해 열전도가 빠른 얇은 토기가 사용되었다고 하였으므로, 전분 함량이 낮은 씨앗 때문이 아니라 전분 함량이 높은 씨앗 때문에 토기의 두께가 변하였다고 볼 수 있다.

✘ **오답 풀이**
① ② 1문단의 "고고학은 유물 자료를 통해 과거 인간의 삶을 복원하고자 여러 분야의 이론을 활용한다."에서 알 수 있다.
④ 2문단의 "전분이 많은 곡물을 이유식으로 이용하자 여성들의 수유기가 줄어 출산율이 높아졌고"에서 알 수 있다.
⑤ 2문단의 "사회학적 이론은 그 이유를 집단 간의 교류가 활발해지면서 새로운 토기가 소개되었고, 사람들이 그것을 선호하게 된 것이라고 본다."에서 알 수 있다.

04

'모든 사물은 생명력을 갖지 않는 일종의 기계'라고 본 근대 철학자들이 아리스토텔레스의 목적론을 비판하는 내용이 제시되어 있고, 이에 대해 현대 철학자들이 아리스토텔레스의 목적론을 거부할 근거가 충분하지 않다고 재반박하는 내용이 제시되어 있다.

✘ **오답 풀이**
① 어떤 현상이 제시되지 않았고, 원인을 탐색하고 있지도 않다.
② 아리스토텔레스의 목적론을 정의하고 있지만, 이에 대한 글쓴이의 생각을 서술하고 있지 않다.
③ 아리스토텔레스의 목적론만 제시하고 있을 뿐 대립되는 이론을 제시하고 있지 않고, 장·단점을 비교하고 있지도 않다.
⑤ 객관적인 정보를 제시하고 있지 않고, 아리스토텔레스의 목적론에 대한 단순한 비판을 제시하고 있지만 객관적인 정보를 바탕으로 문제점을 분석하고 있다고 보기 어렵다.

05

⑤의 '지적하다'를 '일러서 시키다.'를 의미하는 '지시하다'로 바꾸어 써야 한다. ㉤의 '지적하다'는 '허물 따위를 드러내어 폭로하다.'라는 의미로, '교수님은 내 논문에 창의성이 없다고 지적하셨다.'와 같이 쓸 수 있다.

03회 | 사회·경제

▶ 본문 28~29쪽

문해력 기초 다지기

01 ⓒ　02 ⓔ　03 ⓛ　04 ㄱ　05 쓰이다
06 침체되는　07 제공하는　08 파급　09 효용
10 고립　11 도시화　12 열풍　13 수요
14 도시화　15 불황　16 ①　17 ③　18 예시답안
우리 반에서 가장 이타적인 사람은 쉬는 사람마다 칠판을 닦는 태연이다.　19 예시답안 전문가들은 에이아이 (AI) 기술로 인해 새로운 시대가 도래할 것이라고 언급했다.

16

'공급'은 '교환하거나 판매하기 위하여 시장에 물건이나 노동력을 제공하는 일.'을 의미하므로, 총점의 10퍼센트를 면접 점수에 '공급'하였다는 표현은 적절하지 않다. 이 문장에는 '몫을 갈라 나누다.'를 의미하는 '할당하다'를 사용하는 것이 적절하다.

17

'통용되다'는 '일반적으로 두루 쓰이다.'를 의미하므로, 밑줄 친 표현인 '두루 쓰이는'과 바꿔 쓸 수 있다.

문해력 완성하기

▶ 본문 30~31쪽

01 ⑤　02 ④　03 예시답안 기존 경제학에서는 인간을 합리적이고 이기적인 존재로 보지만, 행동경제학에서는 인간을 제한적으로 합리적이며 감성적인 존재로 본다.　04 ③　05 ⑤　06 예시답안 '거품' 현상은 애초에 생긴 가격 상승에서 추가적인 가격 상승을 기대하여 투기의 열풍이 형성될 때 생기며, 거품이 터지면 그 충격으로 경제가 심각한 불황에 빠질 수 있다.

01

기준점 휴리스틱은 외부에서 기준점이 제시되면 사람들은 그것을 중심으로 제한된 판단을 하게 된다는 것을 뜻한다. 제품의 원래 가격과 할인된 판매 가격을 함께 제시하면 원래 가격이 기준점으로 작용하여 사람들이 제한된 판단을 하게 되고, 할인된 판매 가격이 상대적으로 저렴하다고 인식하게 된다. 따라서 ⑤는 기준점 휴리스틱을 활용한 사례이다.

✘ 오답 풀이

① 성능이 좋은 제품을 만들자는 것은 인간이 효용을 극대화하는 방향으로 선택을 한다는 기존 경제학의 관점에서 비롯된 것이다.
② 2문단에서 감정 휴리스틱은 감성이 선택에 영향을 미치는 경향이라고 했으므로, 인기 연예인을 광고 모델로 내세운 것은 감정 휴리스틱에 해당한다.
③ 광고 음악이 행위의 기준점으로 작용하지 않으므로, ③은 기준점 휴리스틱을 이용한 사례가 아니다.
④ 2문단에서 상품에 'new, gold, 프리미엄'과 같은 수식어를 붙이는 것은 감정 휴리스틱을 활용한 마케팅이라고 했다.

02

㉠에는 '보람 있게 쓰거나 쓰임. 또는 그런 보람이나 쓸모.'를 뜻하는 '효용'이 적절하고, ㉡에는 '자기의 이익보다는 다른 이의 이익을 더 꾀하는 것.'을 뜻하는 '이타적'이 적절하다.

✘ 오답 풀이

① • 확인(確認): 틀림없이 그러한가를 알아보거나 인정함. 또는 그런 인정.
　• 계산적(計算的): 어떤 일이 자기에게 이해득실이 있는지 따져 보는 것.
② • 효과(效果): 어떤 목적을 지닌 행위에 의하여 드러나는 보람이나 좋은 결과.
　• 이기적(利己的): 자기 자신의 이익만을 꾀하는 것.
③ • 행운(幸運): 좋은 운수. 또는 행복한 운수.
　• 희생적(犧牲的): 다른 사람이나 어떤 목적을 위하여 자신의 목숨, 재산, 명예, 이익 따위를 바치거나 버리는 것.
⑤ • 효력(效力): 약 따위를 사용한 후에 얻는 보람.
　• 보편적(普遍的): 모든 것에 두루 미치거나 통하는 것.

04

3문단에서 "거품이 무한정 커질 수는 없고 언젠가는 터져 정상적인 상태로 돌아올 수밖에 없다."라고 하였으므로, 거품이 터지면 상품의 가격이 지속적으로 상승하는 것이 아니라 정상으로 돌아오는 것이다.

05

㉣의 '도래하다'는 '어떤 시기나 기회가 닥쳐오다.'의 의미이고, ⑤의 '목적한 곳이나 수준에 다다르다.'는 '도달하다'의 의미이므로 ⑤는 적절하지 않다.

01 진전　　02 부합　　03 반포하다　　04 타파하다
05 사각지대　　06 이익　　07 끼어들다　　08 이상적
09 폐해　　10 집약하다　　11 규제　　12 진전
13 권익　　14 부합　　15 ②　　16 ④
17 **예시 답안** 사건 현장이 시시 티브이(CCTV)의 사각지대여서 수사에 어려움을 겪고 있다.　　18 **예시 답안** 나는 상대의 마음을 이용하여 자신의 이익만을 추구하는 사람들을 싫어한다.

15

'규범'은 '인간이 행동하거나 판단할 때에 마땅히 따르고 지켜야 할 가치 판단의 기준.'을 의미하므로, 오염 물질의 배출 '규범'이라는 표현은 적절하지 않다. 대신 '규칙이나 규정에 의하여 일정한 한도를 정하거나 정한 한도를 넘지 못하게 막음.'을 의미하는 '규제'를 사용하는 것이 적절하다.

16

'타파하다'는 '부정적인 규정, 관습, 제도 따위를 깨뜨려 버리다.'를 의미하므로, 잘못된 관습은 '타파'해야 한다는 표현이 적절하다. '반포하다'는 '세상에 널리 퍼뜨려 모두 알게 하다.'를 의미하므로, 훈민정음을 '반포'한다는 표현이 적절하다.

✕ 오답 풀이
① 지향(志向)하다: 어떤 목표로 뜻이 쏠리어 향하다.
⑤ 반대(反對)하다: 어떤 행동이나 견해, 제안 따위에 따르지 아니하고 맞서 거스르다.

01 ①　　02 ㉠: 권익 ㉡: 추구　　03 **예시 답안** 평등한 협력체라는 협동조합의 특성에 부합하는 의사 결정 방법은 협동조합 구성원 모두에게 한 표의 의사 결정권을 주어 모두가 의사 결정에 참여하도록 하는 것이다.　　04 ③
05 ①　　06 **예시 답안** 인터넷 환경에서 신상 털기 등이 일어나면 개인이 정신적, 물질적 피해를 입을 수 있

기 때문에 개인의 권익을 보호하기 위해 잊힐 권리를 법제화해야 한다.

01

협동조합의 개념을 정의한 후 협동조합에서는 조합원의 의사가 존중되고 공동의 가치를 실현하는 데 유리하다는 장점을 밝히고, 신속한 자금 마련과 빠른 의사 결정이 어렵다는 단점을 밝히고 있다.

✕ 오답 풀이
② 협동조합의 개념과 특성을 설명할 뿐, 사건의 결과나 원인을 제시하고 있지 않다.
③ 협동조합에 대한 객관적인 정보를 제시할 뿐, 협동조합에 대한 글쓴이 자신의 주장을 드러내고 있지 않다.
④ 글에서 시간의 흐름이 드러나지 않으며 협동조합의 변화 과정 또한 제시하고 있지 않다.
⑤ 협동조합과 주식회사의 차이점을 제시하고 있지만, 둘의 공통점을 제시하고 있지 않다.

04

3문단의 "잊힐 권리가 법제화되면 언론사는 민감한 기사의 보도를 조심하게 되어 표현의 자유가 제한되고"를 볼 때, 잊힐 권리가 법제화되면 언론사들이 민감한 사항에 대한 내용을 취재하지 않거나 보도하지 못할 수 있다. 따라서 잊힐 권리가 법제화되면 그전보다 언론사들의 보도 기사가 더 다양해질 수 없다.

✕ 오답 풀이
① 2문단의 "인쇄 매체 시대에는 시간이 지나면 기사가 사람들의 기억 속에서 점차 잊혔기 때문"에서 알 수 있다.
② 3문단에서 잊힐 권리가 법제화되면 표현의 자유가 제한되고, 기사나 자료가 과도하게 삭제되어 국민의 알 권리가 침해된다고 설명하고 있다.
④ 2문단에서 '신상 털기'의 당사자는 정신적, 물질적으로 매우 큰 피해를 받게 된다고 설명하고 있다.
⑤ 1문단의 "잊힐 권리란 ～ 요청할 수 있는 권리를 말한다."에서 알 수 있다.

05

'한시적'은 '일정한 기간에 한정되어 있는 것.'을 의미하므로, 살을 빼려면 운동을 꾸준히 해야 한다는 말을 나타내기에 적절하지 않다. '어떤 상태가 오래 계속되는 것.'을 의미하는 '지속적'이라는 단어를 사용하는 것이 적절하다.

문해력 기초 다지기
▶ 본문 40~41쪽

01 ②   02 ⓛ   03 ⓣ   04 ⓒ   05 양분
06 작은   07 쓰다   08 검증   09 결핍
10 자정   11 유기적   12 섭취   13 보급
14 유기적   15 초래   16 ⑤   17 ②   18 **예시 답안**
물질을 구성하는 가장 작은 입자를 '원자'라고 한다.
19 **예시 답안** 그곳은 수해에 취약한 지역이라 폭우가 내리
면 큰일 난다.

16

'자정하다'는 '오염된 물이나 땅 따위가 물리학적 · 화
학적 · 생물학적 작용으로 저절로 깨끗해지다.'를 의
미하므로, 제주도에서 '자정하는' 아름다운 야생화라
는 표현은 적절하지 않다. '저절로 나서 자라다.'를
의미하는 '자생하다'를 사용하는 것이 적절하다.

17

'결핍되다'는 '있어야 할 것이 없어지거나 모자라다.'
를 의미하므로, 밑줄 친 단어인 '모자라면'과 바꿔 쓸
수 있다.

✗오답 풀이
① 과잉(過剩)되다: 예정하거나 필요한 수량보다 많아 남아
　 있다.
③ 제공(提供)되다: 무엇이 주어져 도움이 되다.

문해력 완성 하기
▶ 본문 42~43쪽

01 ③   02 ⓣ: 섭취 ⓛ: 초래   03 **예시 답안** 오토파지
는 오랫동안 영양소를 섭취하지 못했을 때 활성화되므로
일정 시간 동안 굶은 간헐적 단식을 하면 오토파지가 활
성화될 수 있다.   04 ③   05 ③   06 원인과 예방법:
예시 답안 피부장벽의 기능이 약해지면 아토피를 초래할
수 있기 때문에 실내에서 화초를 길러 실내 공기가 건조
해지지 않도록 해야 한다.

01

3문단에서 오토파지를 이용해 병을 치료하는 방법을
찾고 있다고 언급했을 뿐, 치료 가능한 질병이 무엇

인지는 제시하지 않았다.

✗오답 풀이
① 2문단에서 '오토파고솜의 생성 → 오토파고솜과 리소좀의
　 결합 → 오토파고리소좀의 형성 → 가수분해효소로 오토
　 파고솜 내부 물질의 분해 → 분해가 끝난 조각은 에너지
　 원이나 다른 세포 소기관들의 재료로 활용' 등의 과정을
　 거쳐 오토파지가 일어난다고 설명하였다.
② 1문단에서 영양소를 섭취하지 못하거나 해로운 균에 감염
　 될 경우에 오토파지가 활성화된다고 하였다.
④ 2문단에서 가수분해요소에 의해 분해된 조각들은 "에너지
　 원으로 쓰이거나 다른 세포 안의 작은 기관을 만드는 재
　 료로 재활용"된다고 하였다.
⑤ 3문단에서 "오토파지가 제대로 작동하지 않으면 세포 내
　 정상 상태가 무너져 노화나 질병을 초래"한다고 하였다.

04

2문단에서 아토피 예방을 위해 피부가 건조해지지
않도록 주의를 기울이라고 했지만, 목욕을 자주 하
는 것은 피하라고 했으므로 ③은 적절하지 않다.

✗오답 풀이
① 1문단에서 아토피의 원인으로 "식이섬유가 부족한 식습
　 관"을 제시하고 있으므로, 야채를 적게 먹는 것은 아토피
　 의 원인이 될 수 있다.
② 2문단에서 "조기와 굴비 같은 흰 살 생선이나 뼈째 먹는 멸
　 치"는 아토피 완화에 도움이 된다고 하였으므로 적절하다.
④ 1문단에서 "새 건축물에서 많이 나오는 포름알데히드 같
　 은 독성 기체"가 아토피의 원인이 된다고 하였으므로, 새
　 아파트에 입주하는 것은 아토피에 악영향을 줄 수 있다.
⑤ 2문단에서 아토피의 경우 "고등어, 참치 같은 등 푸른 생
　 선이나 인스턴트 식품, 밀가루 음식" 등은 피해야 한다고
　 하였으므로 적절하다.

05

ⓒ의 '취약하다'는 '무르고 약하다.'의 의미이고, ③의
'억세고 질기다.'는 '강인하다'의 의미이다.

06

1문단에서 아토피의 원인으로 피부장벽의 기능이 취
약해진 경우를 제시하고 있으며, 2문단에서는 아토
피의 예방법으로 목욕 횟수 줄이기, 공기 청정기 사
용하기, 실내에서 화초 기르기 등을 제시하고 있다.

▶ 본문 46~47쪽

문해력 기초 다지기

01 추정　　02 중력　　03 공존하다　　04 변모
05 개선하다　　06 기름지다　　07 이바지하다
08 속도　　09 유출　　10 작용　　11 관측하다
12 추정　　13 측정　　14 공존　　15 ②　　16 ④
17 **예시 답안** 앞으로 재생 에너지의 보급이 가속화될 전망이다.　　18 **예시 답안** 기상학자들은 강수량을 측정하기 위해 여러 가지 기구를 사용한다.

15

'관망하다'는 '한발 물러나서 어떤 일이 되어 가는 형편을 바라보다.'를 의미하므로, 망원경으로 별의 움직임을 관찰하여 측정하는 상황을 나타내기에 적절하지 않다. '사람의 눈이나 기계로 자연 현상 특히 천체나 기상의 상태, 변화 따위를 관찰하여 측정하다.'를 의미하는 '관측하다'를 사용하는 것이 적절하다.

16

'비옥하다'는 '땅이 걸고 기름지다.'를 의미하므로, 양분이 풍부하고 기름진 토양을 나타내기에 적절하다. '유출되다'는 '밖으로 흘러 나가다.'를 의미하므로, 기름이 바다로 흘러 나가는 상황을 표현하기에 적절하다.

문해력 완성 하기

▶ 본문 48~49쪽

01 ①　　02 ⑤　　03 **예시 답안** 방역 마스크는 산소를 통과시키고 해로운 병균이나 미세 먼지는 막아 주므로 지구 자기장과 같은 역할을 한다고 볼 수 있다.　　04 ④
05 냉각　　06 **답** 온도와 습도가 훨씬 높다고 추정할 수 있어.

01

1문단에서 지구 자기력을 측정해 온 과학자들은 지구 자기력이 수 세기 동안 꾸준히 감소해 왔고 언젠가는 지구 자기장이 사라질지도 모른다고 예측한다고 했으므로, 지구 자기장이 최근 몇 년 사이에 급격

히 감소하였다는 것은 적절하지 않다.

✗오답 풀이
② 3문단을 통해 알 수 있다.
③ 1문단과 3문단을 통해 알 수 있다.
④, ⑤ 2문단을 통해 알 수 있다.

02

㉠에는 '일정한 양을 기준으로 하여 같은 종류의 다른 양의 크기를 잼. 기계나 장치를 사용하여 재기도 한다.'를 뜻하는 '측정'이 들어가야 하고, ㉡에는 '도움이 되도록 이바지함.'을 뜻하는 '기여'가 들어가야 한다.

03

방역 마스크는 우리가 필요로 하는 산소는 통과시키고 불필요한 유해균이나 미세 먼지는 막아 주므로, 태양의 빛이나 열은 통과시키고 고에너지 입자는 막아 주는 지구 자기장과 비슷한 역할을 한다고 할 수 있다.

04

2문단의 "30분에 30mm에 못 미치는 소나기"를 통해 소나기의 강수량에 대해 알 수 있지만, 집중 호우의 강수량에 대해서는 알 수 없다. 또한 소나기와 집중 호우의 강수량의 차이를 비교한 내용도 확인할 수 없다.

✗오답 풀이
① 1문단에서 적란운을 "수직으로 높게 만들어져 마치 높은 산처럼 보이는 구름"이라고 설명하고 있다.
② 1문단에서 구름이 형성되는 원리에 대해 설명하고 있으며, 상승하는 공기가 일반적인 공기에 비해 매우 따뜻하고 습하면 더 높은 곳에서 새로운 구름들이 만들어져 두터운 구름층인 적란운이 된다고 설명하고 있다.
③ 2문단에서 "일반적인 적란운은 지표로부터 2~3km 이내에서 형성된다."고 설명하고 있다.
⑤ 3문단에서 수백 미터 높이에서 적란운이 형성되면 차가운 공기가 멀리 퍼지지 못해 기존 적란운 근처에 새로운 적란운이 형성되고, 여러 개의 적란운들이 한곳에 몰리면 집중 호우가 쏟아진다고 설명하고 있다.

07회 | 기술

문해력 기초 다지기

▶ 본문 52~53쪽

01 ⓒ   02 ㉠   03 ㉣   04 ⓒ   05 알맞은
06 보충하여   07 충돌하다   08 소요되다
09 발상   10 독자적   11 조작   12 소요
13 마찰   14 독자적   15 방지   16 ③   17 ④
18 예시 답안 버스 요금을 점진적으로 인상할 예정이라고
했다.   19 예시 답안 우리는 서로의 부족한 점을 보완해
주는 관계가 되었다.

16

'보완하다'는 '모자라거나 부족한 것을 보충하여 완
전하게 하다.'를 의미하므로, 곤충으로 새로운 가치
를 '보완'하였다는 표현은 적절하지 않다. '전에 없던
것을 처음으로 생각하여 지어내거나 만들어 내다.'를
의미하는 '창출하다'를 사용하는 것이 적절하다.

17

'새롭다'는 '지금까지 있은 적이 없다.'의 의미로, '새
롭고 산뜻하다.'를 의미하는 '참신하다'와 바꿔 쓸 수
있다.

✘오답 풀이

① 무난(無難)하다: 이렇다 할 단점이나 흠잡을 만한 것이 없다.
② 소박(素朴)하다: 꾸밈이나 거짓이 없고 수수하다.
③ 화려(華麗)하다: 환하게 빛나며 곱고 아름답다.
⑤ 웅장(雄壯)하다: 규모 따위가 거대하고 성대하다.

문해력 완성 하기

▶ 본문 54~55쪽

01 ③   02 ㉠: 실용적 ⓒ: 보완   03 예시 답안 고체형
손난로 안에 들어 있는 쇳가루는 공기 중의 산소와 반응
해 열을 발생시키기 때문에, 이를 방지하기 위해 고체형
손난로를 비닐봉지에 포장해 판매하는 것이다.   04 ①
05 ④   06 예시 답안 엘리베이터 박스 반대쪽에 평형추
를 달면 반대로 작용하는 힘이 생겨 전동기가 부담해야
하는 무게가 줄어들기 때문이다.

01

2문단에서 액체 상태로 바뀐 아세트산나트륨에 자

극이 가해지면 용액이 다시 고체로 굳어지면서 열을
방출한다고 설명했다. 이러한 자극을 주는 것이 액
체형 손난로 안에 들어 있는 작은 쇳조각이라고 했
으므로, 액체형 손난로의 쇳조각이 용액을 자극해
고체로 굳어지게 한다는 것은 적절하다.

✘오답 풀이

① 1문단에서 "고체형 손난로는 고운 쇳가루를 이용해 만든
난로이다."라고 하였으므로, 쇳가루의 입자가 크고 거칠다
는 것은 적절하지 않다.
② 2문단에서 액체형 손난로를 뜨거운 물에 넣으면 굳었던
고체가 액체로 변하면서 손난로를 다시 사용할 수 있다고
하였고, 1문단에서 고체형 손난로는 대부분 일회용이라고
하였으므로 적절하지 않다.
④ 1문단에서 고체형 손난로 안에 들어 있는 염화나트륨은
산화 작용을 더욱 촉진시키는 역할을 한다고 했으므로,
염화나트륨이 산화 작용을 방해한다는 것은 적절하지 않
다.
⑤ 2문단에서 완전 발열이 되어 고체로 변해 굳어진 손난로
를 뜨거운 물에 넣으면 굳었던 고체가 액체로 변한다고
하였으므로, 액체형 손난로를 사용 후 뜨거운 물에 넣으
면 고체 상태가 아닌 액체 상태로 바뀌는 것이다.

04

2문단에서 '끈의 각 부분에는 양쪽으로 잡아당기는
힘', 즉 '서로 잡아당길 때 생기는 힘'을 '장력'이라고
하였으므로 장력이 엘리베이터의 구성 요소라고는
볼 수 없다.

✘오답 풀이

②~④ 1문단에서 엘리베이터의 구성 요소로 설명되어 있다.
⑤ 3문단에서 엘리베이터의 구성 요소로 설명되어 있다.

05

'참신하다'는 '새롭고 산뜻하다.'를 의미하고 '소요되
다'는 '필요로 되거나 요구되다.'를 의미하므로, 바르
게 짝지어진 것은 ④이다.

✘오답 풀이

① '서로 비슷하다.'는 '유사하다'의 의미로, ㉠과 ⓒ의 뜻과
관련이 없다.
② '일을 나누어서 하다.'는 '분업하다'의 의미로, ㉠과 ⓒ의
뜻과 관련이 없다.

문해력 기초 다지기 ▶ 본문 58~59쪽

01 청아하다 02 저명하다 03 감상 04 여백
05 획일화 06 똑같은 07 좋게 08 맞서다
09 재현 10 승화하다 11 발굴 12 호평
13 복제 14 감상 15 ① 16 ③ 17 예시 답안
획일화된 사회에서는 개개인의 개성이 존중될 수 없다.
18 예시 답안 산 너머에서 꾀꼬리의 울음소리가 청아하게
들려왔다.

15

'창출하다'는 '전에 없던 것을 처음으로 생각하여 지
어내거나 만들어 내다.'를 의미하므로, 영재를 '창출'
한다는 표현은 적절하지 않다. '세상에 널리 알려지
지 않거나 뛰어난 것을 찾아 밝혀내다.'를 의미하는
'발굴하다'를 사용하는 것이 적절하다.

16

'구상하다'는 '예술 작품을 창작할 때, 작품의 중심
이 될 내용이나 표현 형식 따위에 대하여 생각을 정
리하다.'를 의미하므로 내용만 '구상'해 놓았다는 표
현이 적절하다. '필적하다'는 '능력이나 세력이 엇비
슷하여 서로 맞서다.'를 의미하므로, 그의 실력에 '필
적'할 만한 선수가 없다는 표현이 적절하다.

✗오답 풀이

① 복제(複製)하다: 본디의 것과 똑같은 것을 만들다.
② 제작(製作)하다: 재료를 가지고 기능과 내용을 가진 새로
운 물건이나 예술 작품을 만들다.
　대립(對立)하다: 의견이나 처지, 속성 따위가 서로 반대되
거나 모순되다.
④ 만족(滿足)하다: 흡족하게 여기다.

문해력 완성 하기 ▶ 본문 60~61쪽

01 ③ 02 ㉠: 발굴 ㉡ 승화 03 예시 미영이는 부조의
기법을 구사하여 작품을 만들었다. 04 ③ 05 ④
06 예시 답안 뒤러 이전의 판화는 흑백의 대조를 위주로
한 단순한 작품들이었지만, 뒤러는 판화에 '해칭 기법'과
'선 원근법'과 같은 다양한 표현 기법을 사용해 대상의
사실성을 구현했기 때문이다.

01

Ⓐ 앞의 지시 형용사 '이러한'은 앞의 내용 전체를 가
리키는 '대용 표현(이미 앞에 나온 말을 가리킬 때 쓰
는 표현)'으로 사용되었다. 2문단 앞부분에는 '부조
의 특성'을 설명하고 있으므로, Ⓐ에는 '부조의 특성'
이 들어가는 것이 적절하다. 또한 금강역사상은 '금
방이라도 벽 속에서 튀어나올 것 같은 착각'을 줄 정
도로 평면에 가장 입체적으로 승화시킨 것이라고 하
였으므로, 금강역사상은 조각과 회화의 성격을 모두
가진 부조를 구현했다고 볼 수 있다.

04

이 글에서는 뒤러가 판화에 사실성을 구현하기 위해
사용한 표현 기법이 무엇인지 설명하고 있을 뿐, 판
화의 재료와 제작 과정이 무엇인지는 설명하고 있지
않다.

✗오답 풀이

① 2문단에서 해칭 기법은 가늘고 세밀한 평행선이나 교차선
을 활용하여 대상의 입체감이나 음영을 표현하는 묘사법
이라고 설명하고 있다.
② 2문단에서 뒤러는 선 원근법을 사용하여 자연의 풍경을 더
욱 사실적으로 표현하였다고 설명하고 있다.
④ 1문단에서 르네상스 시대의 예술에서는 명확하고 사실적
인 재현을 중요시했다고 설명하고 있다.
⑤ 1문단에서 뒤러는 판화에 사실성이라는 회화적 요소를 넣
음으로써 판화를 하나의 독자적인 작품으로 인정받도록
했다고 설명하고 있다.

05

㉣의 '구사하다'는 '말이나 수사법, 기교, 수단 따위를
능숙하게 마음대로 부려 쓰다.'의 의미이다. ④의 예
문에는 '예술 작품을 창작할 때, 작품의 중심이 될 내
용이나 표현 형식 따위에 대하여 생각을 정리하다.'
를 의미하는 '구상하다'를 사용하는 것이 적절하다.

01 ⓒ   02 ㉠   03 ㉡   04 ㉢   05 분하게
06 반가워하다   07 불만   08 만감   09 곤욕
10 역겹다   11 흡족   12 만감   13 역정   14 반색
15 분개   16 ②   17 ④   18 예시답안 그는 험상궂
은 생김새 때문에 종종 곤욕을 치렀다.   19 예시답안 산
책을 하니 울적한 마음이 조금은 사라지는 것 같았다.

16

'달갑다'는 '거리낌이나 불만이 없어 마음이 흡족하
다.'를 의미하므로, 그곳에 가도 된다고 허락은 했지
만 왠지 기분이 '달가웠다'라는 표현은 적절하지 않
다. '마음이 내키지 않는 데가 있다.'를 의미하는 '떨
떠름하다'를 사용하는 것이 적절하다.

17

'곤란하다'는 '사정이 몹시 딱하고 어렵다.'를 의미하
므로, 이와 유의 관계인 단어는 '이렇게 하기도 저렇
게 하기도 어려워 처지가 매우 딱하다.'를 의미하는
'난감하다'이다.

✗오답 풀이
① 쑥스럽다: 하는 짓이나 모양이 자연스럽지 못하여 우습고
싱거운 데가 있다.
② 어색(語塞)하다: 잘 모르거나 아니면 별로 만나고 싶지 않
았던 사람과 마주 대하여 자연스럽지 못하다.
③ 따분하다: 재미가 없어 지루하고 답답하다.
⑤ 창피(猖披)하다: 체면이 깎이는 일이나 아니꼬운 일을 당
하여 부끄럽다.

01 ④   02 역겨워   03 예시답안 헤어지자는 남자 친
구에게 분개하고 역정을 낸 소미와 달리, 화자는 자신을
떠나는 임을 원망하지 않고 이별을 받아들인다.   04 ⑤
05 ④   06 예시답안 '나'와 '점순이'가 사귀는 것을 달가
워하지 않을 것임을 짐작할 수 있다.

01

화자는 현재 일어나고 있는 상황이 아니라, 임과의
이별이라는 상황을 가정하여 시상을 전개하고 있다.

✗오답 풀이
① '영변에 약산'이라는 구체적 지명을 사용하여 향토성을 드
러내고 있다.
② 4연에서 화자는 임이 떠나도 눈물을 흘리지 않겠다고 하
지만, 이는 화자의 마음을 반어적으로 표현한 것이다.
③ '죽어도 아니 눈물 흘리우리다.'는 '죽어도 눈물 흘리지 않
으리다.'에서 부정어의 위치를 바꿔서 표현한 것으로, 이를
통해 슬픔을 극복하려는 화자의 의지를 강조하고 있다.
⑤ 4연은 1연을 변형하여 반복한 것으로, 이를 통해 화자의
정서를 강조하고 있다.

04

'나는 눈물을 우선 씻고 뭘 안 그런지 영색도 모르건
만'을 통해 '나'가 점순이의 물음("그럼, 너 이담부턴
안 그럴 테냐?")의 의미를 정확히 파악하지 못했음
을 알 수 있다.

✗오답 풀이
①, ② '나'가 점순이네 닭을 때려죽이고 "한편 일을 저질렀으
니 인젠 땅이 떨어지고 집도 내쫓기고 해야 되는지 모른
다."라고 생각하는 것으로 보아, '나'는 우리 집이 마름 집
의 미움을 사서 소작하는 땅을 빼앗길까 봐 걱정하고 있
음을 알 수 있다.
③ '점순이'는 닭 죽은 일을 이르지 않겠다는 말로, 당황해 우
는 '나'를 회유하여 자신의 말을 듣도록 하고 있다.
④ '점순이가 겁을 잔뜩 집어먹고 꽃 밑을 살금살금 기어서
산 아래로 내려'갔다는 부분에서 알 수 있다.

05

㉠의 '무안'은 '수줍거나 창피하여 볼 낯이 없음.'을
의미하고 ㉡의 '역정'은 '몹시 언짢거나 못마땅하여
내는 성.'을 의미하므로, ⓑ와 ⓓ를 짝지은 ④가 적
절하다.

✗오답 풀이
② ⓐ '심한 모욕. 또는 참기 힘든 일.'은 '곤욕'의 의미로 ㉠,
㉡과 관련이 없다. ⓒ '마음이 편하지 아니하고 조마조마
함.'은 '불안'의 의미로 ㉠, ㉡과 관련이 없다.

문해력 기초 다지기
▶ 본문 72~73쪽

01 경솔하다　02 옹졸하다　03 겸허　04 깜냥
05 속물적　06 겉모양　07 다르다　08 뛰어나다
09 심보　10 수척하다　11 진취적　12 수척
13 겸허　14 탁월　15 ②　16 ⑤　17 **예시 답안**
그는 심보가 고약해 다른 사람들의 일을 일부러 망치고
다녔다.　18 **예시 답안** 나는 점점 속물적으로 변해 가는
그녀에게 실망했다.

15

'신중하다'는 '매우 조심스럽다.'를 의미하므로, 깊이
생각하지 않고 '신중하게' 일을 처리했다는 표현은
적절하지 않다. '말이나 행동이 조심성 없이 가볍다.'
를 의미하는 '경솔하다'를 사용하는 것이 적절하다.

16

'진취적'은 '적극적으로 나아가 일을 이룩하는 것.'을
의미하므로, 꿈을 위해 무엇이든 열심히 하는 '진취
적'인 성향을 가졌다는 표현이 적절하다. '풍채'는 '드
러나 보이는 사람의 겉모양.'을 의미하므로, 넉넉한
'풍채'라는 표현이 적절하다.

문해력 완성 하기
▶ 본문 74~75쪽

01 ④　02 ㉠: 수척한　03 **예시 답안** 이 시의 탁월함은
빗방울이 떨어지는 모습을 산새의 꼬리와 걸음걸이에 비
유하여 표현한 것이다.　04 ②　05 ①　06 **예시 답안**
사 씨가 아들을 낳은 것을 축하하지 않고, 자신의 아들이
집의 주인이 되지 못할 것부터 생각하는 교 씨는 속물적
인 인물이다.

01

화자는 비 오는 날의 경치를 바라보며 비가 내리는
모습을 묘사하고 있을 뿐, 자신의 정서를 직접적으
로 드러내고 있지 않다.

✗오답 풀이
① 비가 내리는 자연 현상을 주로 시각적 심상을 활용하여
　그림을 그리듯이 자세하게 표현하고 있다.

② 비가 오기 직전부터 본격적으로 물줄기를 이루어 흘러갈
　때까지의 모습을 시간의 흐름에 따라 보여 주고 있다.
③ 한 행의 길이가 1~3어절로 짧고, 각 연을 2행으로 짧게
　구성하여 여백의 미를 드러내고 있다.
⑤ 5연의 '여울 지어 / 수척한 흰 물살'과 6연의 '손가락 펴고'
　에서 의인법을 활용했고, 이를 통해 빗물이 여울을 이루
　어 여러 갈래로 흘러가는 모습을 표현하고 있다.

04

"내가 저 사람과 비교할 때 용모의 아름다움은 전혀
나은 것이 없지."라고 교 씨가 생각하는 것으로 보아,
교 씨는 사 씨보다 용모가 아름답다고 생각하고 있지
않으며, 사 씨에게 아들이 없을 때 자신이 아들을 낳
아 한림에게 대접을 받을 수 있었다고 생각하고 있다.

✗오답 풀이
① "한림과 사 씨는 여전히 그것을 진정이라 여겼다."에서 교
　씨가 나쁜 마음을 먹고 있음에도 불구하고 한림은 그녀의
　심리를 파악하지 못하였음을 알 수 있다. 그러므로 한림
　이 사람의 심리를 파악하는 데 '영민'하다고 볼 수 없다.
③ "상공께서 유독 인아만을 ～ 그대로 지나가셨습니다."라
　는 장주 유모의 말에서 장주 유모가 인아에 대한 한림의
　애정이 '유별나다'고 생각했음을 알 수 있다.
④ "인아는 비록 어리기는 하였으나 기상이 탁월하였다."와
　"상공께서 유독 인아만을 어루만지며 장래를 촉망하셨습
　니다."에서 한림은 어린 인아의 탁월한 모습에 장래가 촉
　망된다고 생각했음을 알 수 있다.
⑤ "교 씨는 나쁜 마음을 품고 있었으나 ～ 기쁜 듯한 표정을
　지었다."에서 교 씨가 사 씨를 해치려고 하였지만 '경솔'하
　게 행동으로 옮길 수 없었음을 알 수 있다.

05

㉠의 '탁월하다'는 '남보다 두드러지게 뛰어나다.'를
의미하므로 ①이 적절하다.

✗오답 풀이
② '어떠한 한계나 표준을 뛰어넘다.'는 '초월하다'의 의미로
　㉠과 관련이 없다.
③ '몸이 몹시 야위고 마른 듯하다.'는 '수척하다'의 의미로 ㉠
　과 관련이 없다.
④ '까다롭거나 힘들지 않아 하기가 쉽다.'는 '수월하다'의 의
　미로 ㉠과 관련이 없다.
⑤ '성품이 너그럽지 못하고 생각이 좁다.'는 '옹졸하다'의 의
　미로 ㉠과 관련이 없다.

문해력 기초 다지기

▶ 본문 78~79쪽

01 ㉣   02 ㉢   03 ㉡   04 ㉠   05 비웃음
06 바른대로   07 물러나서   08 악행   09 늑장
10 안간힘   11 달관   12 방심   13 자조   14 달관
15 관망   16 ④   17 ③   18 **예시 답안** 그 선수는 올림픽에서 메달을 따기 위해 안간힘을 썼다.
19 **예시 답안** 강사는 학생들의 개인 일정을 고려해서 보강 날짜를 정했다.

16

'고려하다'는 '생각하고 헤아려 보다.'를 의미하므로, 대부분의 시간을 바이올린 연습에 '고려했다'는 표현은 적절하지 않다. '소중한 시간, 돈, 공간 따위를 아깝게 여기지 아니하고 선뜻 내어 주다.'를 의미하는 '할애하다'라는 단어를 사용하는 것이 적절하다.

17

'바쁘다'는 '일이 많거나 또는 서둘러서 해야 할 일로 인하여 딴 겨를이 없다.'를 의미하므로, 이와 유의 관계인 단어는 '이리저리 바쁘고 수선스럽다.'를 의미하는 '분주하다'이다.

✘오답 풀이

① 지치다: 힘든 일을 하거나 어떤 일에 시달려서 기운이 빠지다.
② 괴롭다: 몸이나 마음이 편하지 않고 고통스럽다.
④ 가혹(苛酷)하다: 몹시 모질고 혹독하다.
⑤ 부지런하다: 어떤 일을 꾸물거리거나 미루지 않고 꾸준하게 열심히 하는 태도가 있다.

문해력 완성 하기

▶ 본문 80~81쪽

01 ⑤   02 분주하다   03 **예시 답안** 농사의 때를 놓치면 일 년 농사를 망치기 때문에 농사일에 늑장을 부리지 말고 부지런히 힘쓰라고 이야기하기 위해서이다.
04 ②   05 ③   06 **예시 답안** '범'은 북곽 선생으로 대표되는 당대 선비들의 위선적이고 비굴한 모습을 직설적으로 비판하는 역할을 한다.

01

〈제5수〉의 초장에서 농부들이 애를 쓰며 곡식을 심어 놓았지만 곡식을 잘 자라게 할 비가 내리지 않아 걱정하고 있다. 따라서 농부들이 비가 내리지 않는 것을 걱정하고 있을 뿐, 곡식을 심지 못하는 것을 걱정하고 있는 것은 아니다.

✘오답 풀이

① 〈제3수〉의 초장, 중장에 드러나 있다.
② 〈제3수〉의 중장에 드러나 있다.
③ 〈제4수〉의 초장에 드러나 있다.
④ 〈제4수〉의 중장에 드러나 있다.

04

"사람들이 자기를 알아볼까 겁이 나서 다리를 목덜미에 얹고 귀신처럼 춤추고 웃더니, 문을 나가서 내닫다가"에서 북곽 선생이 자신의 정체가 드러나지 않도록 도망가는 모습을 확인할 수 있다. 이를 통해 북곽 선생이 자신의 체면을 중요하게 생각하고 있음을 알 수 있다.

✘오답 풀이

① 동리자의 아들들은 북곽 선생을 여우가 변신한 것이라고 믿고 있으므로 상황을 제대로 알고 있는 것이 아니다.
③ 북곽 선생이 머리를 조아리고 세 번 절하며 "범님의 덕은 지극하시지요."라고 말하는 부분에서 북곽 선생이 목숨을 구하기 위해 범에게 아첨하고 있음을 알 수 있다.
④ 동리자의 아들들이 모두 성이 다르다는 것은 아버지가 다르다는 뜻이므로, 동리자가 정절을 지켰다고 볼 수 없다.
⑤ 북곽 선생은 동리자 집에서 나오는 자신의 모습을 감추기 위해 이상한 자세로 달아나다가 똥구덩이에 빠지게 된다. 북곽 선생의 몸에서 구린내가 풍기게 되는 것은 북곽 선생이 가진 부정적인 면모를 강조하는 역할을 한다.

05

③은 문장의 의미를 고려할 때 '상대편에게 존경의 뜻을 보이거나 애원하느라고 이마가 바닥에 닿을 정도로 머리를 자꾸 숙이다.'를 뜻하는 '조아리다'보다 '비웃거나 깔보면서 놀리다.'를 뜻하는 '조롱하다'를 사용하는 것이 적절하다.

문해력 기초 다지기 ▶ 본문 84~85쪽

01 적대시   02 연민   03 푸대접   04 불청객
05 소원하다   06 거만스러운   07 끊다   08 박하다
09 표출   10 흠모   11 시기하다   12 흠모
13 거드름   14 연민   15 ④   16 ⑤   17 예시 답안
서로를 적대시하는 태도로는 일을 성공적으로 마칠 수
없다.   18 예시 답안 신하들은 최선을 다해 임금을 보필
할 것을 다짐했다.

15

'단결하다'는 '많은 사람이 마음과 힘을 한데 뭉치다.'
를 의미하므로, 바깥세상과의 관계를 끊었다는 상황
을 나타내기에 적절하지 않다. '유대나 연관 관계를
끊다.'를 의미하는 '단절하다'라는 단어를 사용하는
것이 적절하다.

16

'괄시하다'는 '업신여겨 하찮게 대하다.'를 의미하므
로, 나를 '괄시하지' 못하도록이라는 표현이 적절하
다. '시기하다'는 '남이 잘되는 것을 샘하여 미워하
다.'를 의미하므로 나의 성공을 '시기하는' 것이라는
표현이 적절하다.

✕오답 풀이
① 보필(輔弼)하다: 윗사람의 일을 돕다.
　흠모(欽慕)하다: 기쁜 마음으로 공경하며 사모하다.
② 인색(吝嗇)하다: 어떤 일을 하는 데 대하여 지나치게 박하다.
④ 단절(斷絕)하다: 유대나 연관 관계를 끊다.

문해력 완성 하기 ▶ 본문 86~87쪽

01 ④   02 ㉠: 푸대접 ㉡: 괄시   03 예시 답안 (가)
의 화자에게 청산은 꼭 가고 싶은 동경의 대상이지만,
(나)의 화자에게 부평초는 강자들에게 괴롭힘을 당하는
연민의 대상이다.   04 Ⓐ: 충성, Ⓑ: 의리   05 ⑤
06 예시 답안 양반들이 괄시하는 걸인들이 오히려 양반들
을 비판함으로써 풍자 효과를 높일 수 있다.

01

(가)는 자연물을 사람처럼 표현하는 의인법을 사용
하여 자연과 하나가 되고 싶은 마음을 효과적으로
나타내고 있고, (나)는 다른 사물에 빗대어 풍자하는
우의를 사용하여 지배 계층에 대한 비판과 백성들에
대한 연민을 효과적으로 표현하고 있다.

✕오답 풀이
① (가)에서는 '～에 ～가자'라는 청유형 문장을 반복하고 있
　고, (나)에서는 비슷한 문장 구조를 사용하고 있지 않다.
② (가)는 대조적인 자연물을 활용하고 있지 않으며, (나)는
　'부평초'와 '연잎', '행채'를 대조하여 지배층의 횡포와 피
　지배층의 고통을 강조하고 있다.
③ (가)에서 자연 경관이나 사물을 묘사한 뒤 자신의 정서를
　드러내는 부분을 찾아볼 수 없다.
⑤ (가)와 (나) 모두 스스로 묻고 답하는 '자문자답'의 형식을
　사용하고 있지 않다.

03

'동경'은 '어떤 것을 간절히 그리워하여 그것만을 생
각함.'을 의미하므로, 꼭 가고 싶은 청산은 (가)의 화
자에게 '동경'의 대상이다. '연민'은 '불쌍하고 가련하
게 여김.'을 의미하므로, 강자에게 괴롭힘 당하는 부
평초는 (나)의 화자에게 '연민'의 대상이다.

04

"그러기에 충성이니 의리니 하고 부르짖는 것은 가
난하고 천한 사람들의 상투적인 구호일 뿐이고, 부
귀를 누리는 사람들에게는 논의할 거리도 안 되는
거야."에서 군자는 충성과 의리 없이 사람을 사귄다
는 것을 알 수 있다.

05

ⓒ '재물을 아끼는 태도가 몹시 지나치다.'와 ⓓ '어
떤 일을 하는 데 대하여 지나치게 박하다.'는 '인색하
다'의 사전적 의미이다.

✕오답 풀이
ⓐ '사물을 분별하고 판단하여 알다.'는 '인식하다'의 의미이다.
ⓑ '괴로움이나 어려움을 참고 견디다.'는 '인내하다'의 의미
　이다.

문해력 기초 다지기

▶ 본문 90~91쪽

01 ㉠ 02 ㉣ 03 ㉢ 04 ㉤ 05 노을 06 시골
07 발달되어 08 소학교 09 도회지 10 환상적
11 산천초목 12 사시사철 13 소학교 14 도회지
15 불모지 16 ③ 17 ⑤ 18 예시 답안 삼경 무렵
이 되면 이 골목에는 사람들의 발길이 거의 끊긴다.
19 예시 답안 홍수 때문에 집을 잃은 사람들은 유랑민이
되어 떠돌아다녔다.

16

'사실적'은 '사물을 있는 그대로 그려 내는 것.'을 의
미하므로, '사실적'인 세계를 다루어서 현실성이 없
다는 표현은 적절하지 않다. '생각 따위가 현실적인
기초나 가능성이 없고 헛된 것.'을 의미하는 '환상적'
이라는 단어를 사용하는 것이 적절하다.

17

'평안하다'는 '걱정이나 탈이 없다. 또는 무사히 잘
있다.'를 의미하므로, 이와 유의 관계인 단어는 '나라
가 안정되어 아무 걱정 없이 평안하다.'를 의미하는
'태평하다'이다.

✖ 오답 풀이

① 잠잠(潛潛)하다: 분위기나 활동 따위가 소란하지 않고 조
용하다.
② 태연(泰然)하다: 마땅히 머뭇거리거나 두려워할 상황에서
태도나 기색이 아무렇지도 않은 듯이 예사롭다.
③ 안식(安息)하다: 편히 쉬다.
④ 평범(平凡)하다: 뛰어나거나 색다른 점이 없이 보통이다.

문해력 완성 하기

▶ 본문 92~93쪽

01 ② 02 연하, 태평 03 예시 답안 〈제11수〉에서
화자는 사시사철 변함이 없는 자연처럼 꾸준히 학문 수
양에 정진할 것을 다짐하고 있다. 04 ② 05 ⑤
06 예시 답안 금장이들이 농사지을 땅을 모두 파헤칠 것이
므로, 태평하게 농사짓다가는 거지가 될 것이라고 생각
했기 때문이다.

01

이 시조에는 '입이 귀에 걸렸다'나 '간이 콩알만 해지
다'와 같이 사물을 실제보다 지나치게 크게 혹은 작
게 표현하는 과장법이 사용되지 않았다.

✖ 오답 풀이

① 〈제2수〉의 초장과 〈제11수〉의 초장~중장에서 대구법이 사
용되었다.
③ 〈제2수〉의 '연하', '바람', '달'은 자연의 일부분이지만 이들
을 통해 자연 전체를 표현하고 있으므로, 대유법이 사용
되었다고 볼 수 있다.
④ 〈제9수〉의 종장, 〈제11수〉의 중장에서 설의법이 사용되었다.
⑤ 〈제9수〉의 초장~종장에서 연쇄법이 사용되었다.

04

수재는 영식에게 콩밭에 금이 묻혀 있다고 말하며
성실한 농민 영식을 밭에서 금을 캐는 일에 끌어들
였으므로, 수재가 콩 농사를 열심히 지으면 부자가
될 수 있다고 믿고 있다는 것은 적절하지 않다.

✖ 오답 풀이

① [앞부분 줄거리]와 마름의 말 "왜 또 파. 이것들이 미쳤나
그래!"에서 소작농인 영식이 금을 찾기 위해 땅을 파고 있
음을 알 수 있다.
③ "일꾼이 없어서 올엔 농사를 질 수 없느니 마느니 하고 동
리에서는 떠들썩하다."를 통해 알 수 있다.
④ "갈아먹으라는 밭이지 흙 쓰고 들어가라는 거야? 이 미친
것들아, 콩밭에서 웬 금이 나온다고 이 지랄들이야그래."
에서 마름이 농사는 짓지 않고 금을 캔다고 땅을 파헤치
고 있는 소작농의 모습에 화가 나 있음을 알 수 있다.
⑤ "머슴들은 짜기나 한 듯이 일하다 말고 후딱 하면 금광으
로들 내빼지 않는가."를 통해 알 수 있다.

05

㉠의 '마름'은 '지주를 대리하여 소작권을 관리하는
사람'을 의미하고, ㉡의 '동리'는 '주로 시골에서, 여
러 집이 모여 사는 곳.'을 의미하므로, ⓒ와 ⓓ를 짝
지은 ⑤가 적절하다.

✖ 오답 풀이

① ⓐ '일정한 거처 없이 이리저리 떠돌아다니는 백성.'은 '유
랑민'의 의미이고, ⓑ '식물이 자라지 못하는 거칠고 메마
른 땅.'은 '불모지'의 의미이다.

14회 | 상황과 분위기

문해력 기초 다지기

▶ 본문 96~97쪽

01 정적   02 고요   03 낭만적   04 경이롭다
05 삼엄하다   06 바래다   07 난폭함   08 좋은
09 향락적   10 운치   11 호젓하다   12 향락
13 고요   14 수선   15 ④   16 ⑤   17 예시 답안
오늘 같은 날은 운치 있는 카페에서 차를 마시고 싶다.
18 예시 답안 기차에서 내리니 저 멀리 동해 바다가 아득하게 보인다.

15

'운치'는 '고상하고 우아한 멋.'을 의미하므로, 사람들의 발걸음이 뜸한 고요한 골목길에 '운치'만이 흘렀다는 표현은 적절하지 않다. '고요하여 괴괴함.'을 의미하는 '정적'이라는 단어를 사용하는 것이 적절하다.

16

'횡포'는 '제멋대로 굴며 몹시 난폭함.'을 의미하므로, 술에 취해 물건을 던지며 '횡포'를 부렸다는 표현이 적절하다. '우호적'은 '개인끼리나 나라끼리 서로 사이가 좋은 것.'을 의미하므로, 갈등하던 두 나라의 관계가 '우호적'으로 바뀌었다는 표현이 적절하다.

문해력 완성 하기

▶ 본문 98~99쪽

01 ③   02 ⊙: 고요히   03 예시 답안 아름답고 경이로운 자연의 모습을 통해 절대자의 모습을 그려 내고 있다.   04 ④   05 ①, ⑤   06 예시 답안 정한담과 최일귀의 횡포로 아버지 유심이 죽음을 당하고 천자까지 위험에 처하자 분하고 억울한 마음이 들었기 때문이다.

01

이 시에서는 내용의 비중이나 정도를 한 단계씩 높여서 뜻을 강하게 표현하는 방식인 점층법을 사용하고 있지 않다.

✗오답 풀이

① '~입니까'와 같은 아주높임의 경어체를 사용하여 절대자에 대한 경건한 태도와 진리를 탐구하는 진지한 분위기를 드러내고 있다.

② '누구의 ~입니까' 형태의 의문문을 사용하여 '그러한 자연 현상은 누구(절대자)의 것인가'에 대해 끊임없이 묻고 있다. 이를 통해 알지 못하는 존재인 '누구'에 대한 신비감을 나타낸다고 볼 수 있다.

④ '~(하)는 ~은/는 누구의 ~입니까'의 문장 구조를 반복하여 운율감을 주고 구조적 안정감을 부여하고 있다.

⑤ '타고 남은 재가 다시 기름이 됩니다.'에서 역설법을 사용하여, 논리적으로는 모순되지만 그 속에 담긴 진실한 의미를 드러내려 하고 있다.

04

이 글에서 슬프게 우는 사람은 아버지 유심과 장인 강희주의 억울함을 이야기하는 충렬, 그 말을 들은 진중의 군사들이다. 천자가 충렬의 말을 듣고 울었는지는 알 수 없다.

✗오답 풀이

① '어려서 홀로 된 자신을 길러 준 장인 강희주'라는 부분을 통해 어려서 일찍 아버지를 여읜 충렬을 강희주가 도와주었음을 알 수 있다.

② '부친 유심의 죽음과 어려서 홀로 된 자신'과 '그자의 말을 듣고 충신을 멀리 귀양 보내어 죽이고'를 통해 충렬의 아버지 유심이 충신이었지만 모함으로 유배를 떠나게 되었음을 알 수 있다.

③ '천자가 옥새를 목에 걸고 항복하는 문서를 손에 든 채 진문 밖으로 나오다가'와 '대장이 적장 문걸의 머리를 베어 들고 중군으로 들어가거늘'을 통해 항복 직전의 위기 상황에서 충렬이 적장 문걸의 목을 베어 천자를 구했음을 알 수 있다.

⑤ '그자의 말을 듣고 충신을 멀리 귀양 보내어 죽이고 이런 환난을 만났으니'를 통해 정한담과 최일귀가 충신들을 쫓아낸 뒤 반란을 일으켜 나라를 위기에 빠뜨렸음을 알 수 있다.

05

⊙의 '아득하다'는 ⑤ '보이는 것이나 들리는 것이 희미하고 매우 멀다.'의 의미로 사용되었고, '아득하다'에는 ① '까마득히 오래되다.'라는 의미도 있으므로 ①과 ⑤가 적절하다.

▶ 본문 102~103쪽

문해력 기초 다지기

01 ⓒ   02 ㉠   03 ㉣   04 ⓛ   05 단결함
06 만족하다   07 고정적인   08 요행   09 물정
10 고역   11 부조리   12 처신   13 외면   14 안주
15 선입견   16 ②   17 ④   18 예시답안 가벼운 장
난 전화도 허위 신고가 될 수 있으니 멈추어야 한다.
19 예시답안 그 학자는 식사도 거르면서 오로지 연구에만
골몰하였다.

16

'안주하다'는 '현재의 상황이나 처지에 만족하다.'를
의미하므로, 그 문제에 대해 현명하게 '안주하지' 못
하다는 표현은 적절하지 않다. '세상을 살아가는 데
가져야 할 몸가짐이나 행동을 취하다.'를 의미하는
'처신하다'라는 단어를 사용하는 것이 적절하다.

17

'형편'은 '일이 되어 가는 상태나 경로 또는 결과.'를
의미하므로, 이와 유의 관계인 단어는 '세상의 이러
저러한 실정이나 형편.'을 의미하는 '물정'이다.

✗오답 풀이
① 일정(日程): 그날 해야 할 일. 또는 그것의 분량이나 순서.
② 역할(役割): 자기가 마땅히 하여야 할 맡은 바 직책이나
임무.
③ 흔적(痕跡): 어떤 현상이나 실체가 없어졌거나 지나간 뒤
에 남은 자국이나 자취.
⑤ 법리(法理): 법률의 원리.

문해력 완성 하기

▶ 본문 104~105쪽

01 ③   02 ㉠: 골몰할까   03 예시답안 화자는 부귀
공명을 추구하지 않고 자연이 있는 곳에 안주하며 편
안하고 한가롭게 살고자 한다.   04 ④   05 ①
06 예시답안 응칠이가 만무방이 된 이유는 아무리 열심히
농사를 지어도 빚만 늘어나는 부조리한 농촌 사회의 현실
때문이다.

01

이 시에서 화자는 부귀공명의 덧없음에 대한 깨달음

과 자연에서 한가롭고 편안하게 살고 싶은 소망을
드러낼 뿐, 임금을 향한 충성을 드러내고 있지 않다.

✗오답 풀이
① '공명(功名)이 무엇이라고 평생에 골몰할까'에서 설의법을
사용하여 공명에 뜻이 없음을 드러내고 있다.
② '속세가 가까우나 지척이 천 리로다.'에서 역설법을 사용
하여 속세와 물리적 거리는 가까우나 정서적으로 멀리하
고자 하는 태도를 드러내고 있다.
④ '누추한 집에 편안히 지내며 소박한 음식에 걱정이 없고'
에서 화자가 누추한 집과 소박한 음식에도 만족감을 느끼
고 있음을 알 수 있다.
⑤ '낮은 벼슬 두루 하고 부귀(富貴)를 이루며 늙었어도 / 한
때의 짧은 꿈이라'에서 화자가 벼슬도 하고 부귀도 누렸
지만 인생의 덧없음을 느끼고 있음을 알 수 있다.

04

"나는 오십사 원을 갚을 길이 없으매 죄진 몸이라 도
망하니"에서 '응칠'이 갚지 못한 빚의 금액이 오십사
원임을 알 수 있다. '응칠'이 절도죄로 경찰서에 여러
번 잡혀갔지만, 오십사 원을 훔쳤는지는 알 수 없다.

✗오답 풀이
① "농사는 열심으로 하는 것 같은데 알고 보면 남는 건 겨우
남의 빚뿐. 이러다가는 결말엔 봉변을 면치 못할 것이다."
라고 서술한 부분에서 알 수 있다.
② "성명서를 벽에 남기자 안으로 문들을 걸어 닫고 울타리
밑구멍으로 세 식구가 빠져나왔다."에서 응칠이는 빚을 감
당할 수가 없어 결국 살던 집을 몰래 떠났음을 알 수 있다.
③ "어느 동리고 가 있다가 불행히 일만 나면 누구보다도 그
부터 붙들려 간다. 왜냐면 그는 전과 사범이었다."에서 마
을에 불미스러운 일이 생길 때마다 전과 사범인 응칠이
의심을 받았음을 알 수 있다.
⑤ 아내가 불러 주는 물목이 "독이 세 개, 호미가 둘, 낫이 하
나로부터 밥사발, 젓가락, 짚이 석 단"인 것으로 보아 응
칠의 살림살이가 변변찮음을 알 수 있다.

05

㉠ '분배하다'의 의미는 '몫몫이 별러 나누다'이다.

✗오답 풀이
④ '남이 잘되는 것을 샘하여 미워하다'는 '시기하다'의 뜻이
다.

문해력 기초 다지기

▶ 본문 108~109쪽

01 길흉	**02** 사리사욕	**03** 우국	**04** 종묘사직
05 길쌈	**06** 그리워함	**07** 합격함	**08** 높은
09 충절	**10** 입신양명	**11** 황공하다	**12** 충절
13 황공	**14** 종묘사직	**15** ②	**16** ③

17 예시 답안 옛날에는 별이 나타내는 현상을 관찰하여 국가의 길흉을 점쳤다.　**18** 예시 답안 그는 입신양명하여 후대에 자신의 이름을 남기고 싶어 했다.

15

②의 '길흉'은 '운이 좋고 나쁨'을 의미하므로, '길흉'의 마음으로 나라를 위해 목숨을 바칠 것을 결심하였다는 표현은 적절하지 않다. '나랏일을 근심하고 염려함.'을 의미하는 '우국'이라는 단어를 사용하는 것이 적절하다.

16

'간언하다'는 '웃어른이나 임금에게 옳지 못하거나 잘못된 일을 고치도록 말하다.'를 의미하므로, 임금의 잘못에 대해 '간언했다'는 표현이 적절하다. '비천하다'는 '지위나 신분이 낮고 천하다.'를 의미하므로, 신분이 '비천하다'는 표현이 적절하다.

문해력 완성 하기

▶ 본문 110~111쪽

01 ⑤　**02** 우국, 길쌈　**03** 예시 답안 (가)의 화자는 전원에서 살며 오직 풍년만을 바란다고 하므로 입신양명에 관심이 없지만, (나)의 화자는 입신양명 외에는 보잘것없다고 하므로 입신양명을 가치 있게 여기고 있음을 알 수 있다.　**04** ⑤　**05** ③, ④　**06** 예시 답안 외모로 박 씨를 무시하는 이시백, 대부인과 반대로 상공은 박 씨의 뛰어난 능력을 인정하며 박 씨를 존귀한 존재로 대하므로 지혜롭고 현명한 인물이다.

01

(다)의 화자는 현실적으로 불가능한 소재들을 나열하여 풍족한 삶에 대한 열망을 드러낼 뿐, 풍족한 삶을 살 수 있다는 확신을 드러낸 것은 아니다.

✗오답 풀이

① (가)의 '세상에 버림받은 몸이 전원에서 늙어 가니', '바깥일은 내가 모르고 하는 일이 무엇인고'에서 화자가 벼슬을 하지 않고 전원생활을 하고 있음을 알 수 있다.

② (가)의 '이 중에 우국 성심은 풍년을 바라노라.'에서 사대부인 화자가 나라를 걱정하고 있음을 알 수 있다.

③ (나)의 '입신양명 못할 것이면 / 차라리 다 떨치고 일없이 늙으리라.'에서 화자는 입신양명을 못한다면 아무것도 신경 쓰지 않고 한가롭게 늙을 것을 다짐하고 있다.

④ (다)에서 화자는 자신이 가지고 싶은 솥과 말, 기생첩, 주전자, 검은 암소를 나열하고 있다.

04

박 씨는 아녀자가 남편의 사랑만 기다리고 독수공방하고 있는 자신의 처지를 슬퍼한다면, 사람들이 그런 행위를 천하다고 생각할 것이라고 말하고 있다. 박 씨가 자신의 행실이 천하여 이시백의 사랑을 받지 못한다고 생각하는 것은 아니다.

✗오답 풀이

① 박 씨는 남편 이시백에게 신비로운 연적을 주어 이시백을 장원 급제시켰다. 박 씨가 남편의 출세를 도왔다는 것은 적절하다.

② [앞부분 줄거리]와 "그간 서방님은 한 번도 부인께 ~ 밤낮으로 홀로 지내고 계십니다."를 통해 이시백이 흉한 외모를 가진 박 씨와 함께 지내지 않았음을 알 수 있다.

③ "부인은 다만 생김새만 보고 속에 품은 재주는 생각하지 않으시니 그저 답답할 따름이오."에서 상공이 뛰어난 능력을 지닌 박 씨를 외모로 박대하는 부인을 나무라고 있음을 알 수 있다.

④ "집안의 대소사에 참여하지 못할 뿐 아니라 ~ 슬픔을 이길 수 없을 듯합니다."에서 계화가 박 씨의 처지를 안타까워하고 있음을 알 수 있다.

05

③ '직위의 등급이나 계급이 오름.'은 '승진'의 의미이고, ④ '말이나 행동 따위가 상스럽다.'는 '천박하다'의 의미이므로 ㉠~㉢의 뜻과 관련이 없다.

✗오답 풀이

① '운이 좋고 나쁨.'은 ㉢길흉의 의미이다.

② '지위나 신분이 낮고 천하다.'는 ㉡비천한의 의미이다.

⑤ '시험이나 검사 따위에 합격함.'은 ㉠급제의 의미이다.

문해력 기초 다지기

▶ 본문 116~117쪽

01 설왕설래   02 새옹지마   03 누란지세
04 군계일학   05 즐거움   06 재능   07 어불성설
08 전화위복   09 감언이설   10 풍전등화
11 설왕설래   12 사면초가   13 고진감래   14 ⑤
15 ③   16 예시 답안 사기꾼의 감언이설에 속아서 그만 큰돈을 잃고 말았다.   17 예시 답안 인생은 새옹지마라 니까 지금은 힘들어도 좋은 날이 올 것이다.

14

'감언이설'은 '귀가 솔깃하도록 남의 비위를 맞추거나 이로운 조건을 내세워 꾀는 말.'을 의미하므로, 가족을 위해 일한다지만 정작 가정에 신경을 쓰지 못하는 상황을 표현하기에 적절하지 않다. 대신 '말이 조금도 사리에 맞지 아니함.'을 의미하는 '어불성설'을 사용하여 나타내는 것이 적절하다.

15

'전화위복'은 '재앙과 근심, 걱정이 바뀌어 오히려 복이 됨.'을 의미하므로, 이번 위기를 '전화위복'의 계기로 삼는다는 표현이 적절하다.

문해력 완성 하기

▶ 본문 118~119쪽

01 ③   02 ①   03 예시 답안 도사공은 죽음의 위기 가운데에서 누구에게도 도움을 받을 수 없는 사면초가의 상황에 놓여 있다.   04 ⑤   05 ⑤   06 예시 답안 '이 부인'이 유 씨의 모함을 받고 옥에 갇혀 있어 '이 부인'의 목숨이 풍전등화의 위기에 놓여 있습니다.

01

(나)의 화자는 매에게 쫓기는 까투리의 절박한 심정보다 임을 여읜 자신의 절박함이 더 크다는 것을 강조하고 있다. 까투리의 상황보다 화자 자신의 상황이 더 낫다고 생각하는 것은 아니다.

✖ 오답 풀이
① '거미줄 테'는 고추잠자리를 거미줄에 걸리게 하여 잡는 도구이므로, 고추잠자리를 위험에 빠뜨릴 수 있는 함정이라고 할 수 있다.
② 발가벗은 아이들은 고추잠자리가 자신들 쪽으로 오면 산다고 말하고 있는데, 이것은 고추잠자리를 잡기 위해 하는 거짓말이다.
④ '안개'와 '어둠'이 짙으면 도사공은 방향 감각을 잃을 수 있기 때문에, '안개'와 '어둠'은 도사공의 부정적 상황을 더욱 악화시키는 요소이다.
⑤ '나무'나 '바윗돌'은 까투리가 몸을 피해 숨을 수 있는 곳이므로, 까투리가 매의 위험으로부터 피할 수 있는 곳이라고 할 수 있다.

02

㉠은 발가벗은 아이들이 고추잠자리를 속이기 위해 하는 말로, 이는 '귀가 솔깃하도록 남의 비위를 맞추거나 이로운 조건을 내세워 꾀는 말.'을 뜻하는 '감언이설'과 가장 잘 어울린다.

04

천자는 먼 길 갔다 온 좌승상을 위로하고, 좌승상의 부탁대로 '이 부인'의 옥사를 승상 스스로 맡아서 처리할 수 있도록 허락했다. 따라서 천자가 좌승상을 믿지 않아서 '이 부인'의 옥사에 간섭하지 말 것을 명했다는 것은 적절하지 않다.

✖ 오답 풀이
① 장풍운이 집을 비운 사이 유 씨는 시비 난향과 함께 '이 부인'을 모함하여 옥에 가두었고, 이 사실을 알게 된 왕 부인이 "공자의 누님이 겪어야 할 환난이 목전에 있다"고 말하는 것으로 보아, 유 씨의 음모로 '이 부인'이 위험에 빠졌음을 알 수 있다.
② 좌승상은 경운이 건넨 서간을 읽고 유 씨의 소행으로 짐작하여, 부원수에게 뒤를 따르라고 명한 뒤 경성으로 향하여 갔다.
③ 유 씨는 장풍운이 집을 비운 사이에 '이 부인'을 모함하여 옥에 가두었다.
④ 경운은 왕 부인에게서 누나가 위험에 처해 있다는 말을 듣고, 누나의 문제를 해결해 줄 수 있는 좌승상에게 달려가 그간의 사정을 알리고 서간을 건넸다.

05

'재앙과 근심, 걱정이 바뀌어 오히려 복이 됨.'을 뜻하는 '전화위복'은 ㉠과 의미가 통하는 한자 성어이다.

문해력 기초 다지기 ▶ 본문 122~123쪽

01 절세가인	02 상전벽해	03 산전수전
04 절차탁마	05 다른	06 기초	07 섬섬옥수
08 천신만고	09 형설지공	10 칠전팔기
11 절세가인	12 격세지감	13 칠전팔기	14 ③

15 ① 16 **예시 답안** 그녀는 아르바이트를 여러 군데 하면서 형설지공으로 노력하더니 기어이 꿈을 이루었다.
17 **예시 답안** 우리 팀은 경기 초반에 큰 점수 차로 뒤졌지만 천신만고 끝에 결국 승리했다.

14

'격세지감'은 '오래지 않은 동안에 몰라보게 변하여 아주 다른 세상이 된 것 같은 느낌.'을 의미하므로, 해 보지 않은 일이 없을 정도로 '격세지감'을 다 겪었다고 표현하는 것은 적절하지 않다. '세상의 온갖 고생과 어려움을 다 겪었음을 이르는 말.'인 '산전수전'을 사용하여 나타내는 것이 적절하다.

15

'상전벽해'는 '뽕나무밭이 변하여 푸른 바다가 된다는 뜻으로, 세상일의 변천이 심함을 비유적으로 이르는 말.'이므로, 허허벌판이었던 곳에 고급 주택들이 들어선 것을 '상전벽해'라고 표현하는 것이 적절하다.

문해력 완성 하기 ▶ 본문 124~125쪽

01 ② 02 ③ 03 **예시 답안** 당시 여인들은 늦은 밤까지 쏟아지는 잠을 참으며 집안일을 하는 고된 생활을 했지만, 그런 현실을 해학적인 노래를 부르며 극복하고자 했다. 04 ⑤ 05 ② 06 **예시 답안** 양소유는 모두가 부러워하는 벼슬에 오르며 부귀영화를 누렸고, 절세가인의 여덟 명 부인들과 함께 살며 행복한 시간을 보냈다.

01

화자는 낮에 못 한 일을 밤에 하리라 마음먹었지만, '바늘 두어 땀 뜰 듯 말 듯'할 때 잠이 몰려와서 괴롭

다고 했으므로, 황혼이 지난 후 많을 일을 마무리하였다는 것은 적절하지 않다.

✗**오답 풀이**

① 화자는 '잠아'라고 부르며 잠에게 말을 건네고 있고, 자꾸 졸린 것이 잠이 염치가 없고 욕심이 많아서 그렇다며 잠을 마치 사람처럼 여기고 있다.

③ 화자는 저녁밥을 먹고 나서 낮에 못 한 남은 일을 밤에 해야 할 정도로 바쁜 일상을 보내고 있다.

④ 과거에는 여성들이 바느질을 했으므로, '바늘'이라는 소재를 통해 화자가 여성임을 알 수 있다.

⑤ '밤낮으로 한가하여 ~ 올 때마다 듣는 거냐'에서 한가하여 잠 못 드는 사람이 있는데 할 일이 많은 자신에게만 오는 잠을 원망하고 있음을 알 수 있다.

04

"집을 버리고 스승을 구하여 남해를 건너 관세음보살을 찾고"와 "그대들과 반평생을 같이 살다가 갑자기 이별하려 하니"에서 양소유가 불교 공부를 하기 위해 집과 여덟 명의 부인을 떠나고자 함을 알 수 있다. 따라서 양소유가 부인들에게 함께 불교 공부를 하러 가자고 제안한다는 것은 적절하지 않다.

✗**오답 풀이**

① "내가 벼슬에서 물러난 후로부터 ~ 이는 필연 불교와 인연이 있는 것이라."에서 알 수 있다.

② "하남(河南)의 베옷을 입은 미천한 선비"에서 '베옷을 입은 선비'는 벼슬 없이 지내던 가난한 선비를 의미하므로, 양소유가 벼슬을 하기 전 자신이 가난한 선비였음을 밝히고 있다는 것은 적절하다.

③ 양소유가 "유교는 살아 있을 때의 일과 ~ 전할 뿐이요."와 "신선은 예로부터 구하여 얻은 자가 드무니 ~ 알 수 있다."라고 말하는 부분에서 알 수 있다.

④ "오대산에 올라 문수보살께 예를 올려 ~ 인간 세상의 괴로움과 즐거움을 벗어나고자 하되"를 통해 양소유가 인생의 허무감에서 벗어나기 위해 불교를 공부하려고 함을 알 수 있다.

05

㉠은 백년 후에 급격히 변화된 세상을 말하는 것이므로 '뽕나무밭이 변하여 푸른 바다가 된다는 뜻으로, 세상일의 변천이 심함을 비유적으로 이르는 말.'인 '상전벽해'와 의미가 통한다고 할 수 있다.

문해력 기초 다지기

▶ 본문 128~129쪽

01 오매불망　　　02 속수무책　　　03 각골통한
04 근묵자흑　　05 허세　　06 고향　　07 상부상조
08 비분강개　　　09 침소봉대　　10 궁여지책
11 비분강개　　12 속수무책　　13 궁여지책　　14 ⑤
15 ②　　16 예시 답안 옛날부터 농촌 사회는 상부상조를 밑바탕으로 하는 협동 사회였다.　　17 예시 답안 드디어 오늘, 오매불망 그리워하던 사람을 만나러 간다.

14

'비분강개'는 '슬프고 분하여 마음이 북받침.'을 의미하므로, '비분강개'라고 고향을 잊은 적이 없다는 표현은 적절하지 않다. '고향을 그리워하는 마음을 이르는 말.'인 '수구초심'을 사용하여 나타내는 것이 적절하다.

15

'타산지석'은 '본이 되지 않은 남의 말이나 행동도 자신의 지식과 인격을 수양하는 데에 도움이 될 수 있음을 이르는 말.'이므로, 무작정 사업을 시작했다가 실패한 친구를 '타산지석'으로 삼아 꼼꼼히 사업을 준비했다는 표현이 적절하다.

문해력 완성 하기

▶ 본문 130~131쪽

01 ③　　02 ③　　03 예시 답안 약한 사람에게 강하고, 강한 사람에게 약한 자신의 비굴한 모습을 숨기기 위해 허장성세를 부리고 있다.　　04 ④　　05 ④　　06 예시 답안 이생은 밤에 몰래 최 씨를 만나러 다닌다고 자신을 꾸중하는 아버지께 아무런 변명도 하지 못하고 속수무책으로 울주로 보내졌다.

01

두꺼비는 송골매의 등장에 겁을 먹어 두엄에 자빠진 상황에서도 날랜 자신의 행동으로 인해 다치지 않았다며 자화자찬하고 있으므로, 자신의 능력에 대해 겸허한 태도를 보인다고 할 수 없다.

✖오답 풀이

① 날이 밝았을 때에는 호미 메고 농사일을 하러 가자고 하고, 일을 끝내고 돌아올 때에는 뽕잎을 따다가 누에를 먹이자고 하므로, 열심히 일하려는 농부의 태도가 드러나 있다고 할 수 있다.
② '-자꾸나'는 어떤 행동을 함께하자는 뜻을 나타내는 종결 어미로, 화자는 이와 같은 청유형 어미를 사용하여 함께 일하러 가자고 권유하고 있다.
④ '두꺼비가 파리를 물고'에서 두꺼비가 자기보다 약자인 파리를 억압하고 있음을 알 수 있다.
⑤ 두꺼비가 건너편 산의 송골매를 보고 놀라서 달아나다가 두엄 아래로 자빠지고 있으므로, 두꺼비가 자기보다 강한 자 앞에서는 비굴한 모습을 보이고 있음을 알 수 있다.

02

㉠에서 화자는 자신의 논의 잡풀을 뽑은 다음에 청자의 논의 잡풀을 뽑아 주겠다고 하므로, ㉠은 '서로서로 도움.'을 뜻하는 '상부상조'와 관련이 깊다.

04

연애를 못마땅하게 생각하는 사람은 최 씨의 아버지가 아니라 이생의 아버지이며, 이생의 아버지가 이생을 먼 곳으로 보내 이생과 최 씨가 이별하게 된 것이다.

✖오답 풀이

① 최 씨는 이생과 만날 수 없게 되자 병이 나서 물조차도 삼킬 수 없는 상태에 이르렀다. 이는 최 씨가 '마음에 둔 사람을 몹시 그리워하는 데서 생기는 마음의 병.'을 뜻하는 '상사병'에 걸린 것이라고 볼 수 있다.
② 이생의 아버지는 이생이 남의 집 규수와 만난다는 의심이 들자 이생을 울주로 보내 버렸으므로, 이생과 최 씨는 부모의 허락 없이 만남을 가졌다고 볼 수 있다.
③ 최 씨는 이생이 몇 달이 지나도 오지 않자 시녀인 향아를 시켜 이생의 이웃들에게 이생의 소식을 물어보게 하였다.
⑤ "그 규수가 지체 높은 집안의 딸이라면 ~ 남의 집에 누를 끼치게 될 것이야."에서 이생 아버지는 이생이 높은 집안의 딸과 사귀는 것을 부정적으로 보고 있음을 알 수 있다.

05

㉠의 상황은 '자나 깨나 잊지 못함.'을 뜻하는 '오매불망'과 가장 잘 어울린다.

문해력 기초 다지기
▶ 본문 134~135쪽

01 ⓒ   02 ㄱ   03 ⓒ   04 ⓒ   05 ㄱ   06 ⓒ
07 욕심   08 피해   09 됨됨이   10 나무
11 가랑비   12 사공, 산   13 ⑤   14 ④
15 **예시 답안** 등잔 밑이 어둡다더니, 열쇠를 잃어버린 줄
알았는데 내 필통 속에 들어 있었다.   16 **예시 답안** 고래
싸움에 새우 등 터진다더니, 윗사람들 싸움에 아랫사람
들이 피해를 본다.

13

⑤에서는 '사람의 됨됨이란 겉만 보아서는 알 수 없
고, 서로 오래 겪어 보아야 비로소 알 수 있음을 이르
는 말.'인 '물은 건너 보아야 알고 사람은 지내보아야
안다'를 사용하여 나타내는 것이 적절하다.

14

법이 엄격하고 정확하지 않으면 제멋대로 해석될 수
있다는 말에 어울리는 속담은 '어떤 원칙이 정해져
있는 것이 아니라 둘러대기에 따라 이렇게도 되고
저렇게도 될 수 있음을 이르는 말.'인 '귀에 걸면 귀
걸이 코에 걸면 코걸이'이다.

문해력 완성 하기
▶ 본문 136~137쪽

01 ②   02 ①   03 **예시 답안** '어물전 망신은 꼴뚜기가
시킨다'고 당신으로 인해 양반들의 체면이 말이 아니니
빨리 경제적 능력을 갖춰 가장으로서의 역할을 다 하시
오.   04 ③   05 ①   06 **답** 귀에 걸면 귀걸이 코에
걸면 코걸이

01

이 글에서는 환자를 빌리고 갚지 않은 양반과 무능
력한 양반을 옥에 가두라는 관찰자가 갈등하고 있을
뿐, 평민과 관찰사가 갈등하고 있지는 않다.

✗오답 풀이
① "집이 가난해서 해마다 군에서 환자를 빌려다가 먹었는데,
몇 해가 지나고 보니 빌린 곡식이 일천 섬에 이르렀다."를

통해 경제적으로 어려운 양반도 있었음을 알 수 있다.
③ "지금 양반 하나가 가난해서 환자를 갚지 못하다가 큰 곤
욕을 치르게 생겼으니, 필시 양반 신분을 유지하지 못할
듯싶어. 내가 장차 그 양반 신분을 사서 가졌으면 해."라
는 부자의 말을 통해 알 수 있다.
④ "나는 부자라도 항상 비천해서 감히 말도 탈 수 없고,"라
는 부분에서 신분은 평민이지만 경제적으로 넉넉한 부자
가 있었음을 알 수 있다.
⑤ "집이 가난해서 해마다 군에서 환자를 빌려다가 먹었는
데"를 통해 가난한 사람들에게 곡식을 빌려주는 환곡 제
도가 있었음을 알 수 있다.

02

㉠의 상황은 양반이 조금씩 빌린 환자가 몇 해가 지나
니 천 섬이나 되었다는 것으로, ㉠은 '가랑비에 옷 젖
는 줄 모른다'는 속담과 가장 관련이 깊다.

04

이 글에서 글쓴이는 거대 곡물 회사들이 높은 수익
을 얻기 위해 식량 문제의 주도권을 행사할 수 있다
는 것과 식량은 인간 생존의 필수적인 품목이라는
것을 근거로, 식량을 자유 무역의 대상에서 제외해
야 한다고 주장하고 있다.

✗오답 풀이
①, ⑤ 이 글에서 알 수 없는 내용이다.
② 일부 거대 곡물 회사들이 세계 곡물 거래량의 80%를 넘
는 곡물을 거래한다는 부분에서 거대 곡물 회사가 독과점
을 하고 있음을 알 수 있지만, 이는 이 글의 핵심 주장이
아니다.
④ 3문단에서 선진국이 굶주림에 시달리는 국민이 없도록 최
소 생존권을 보장하는 정책을 시행하고 있음을 알 수 있
지만, 이 글에서 글쓴이가 선진국이 국민의 생존권을 보
장해야 한다고 주장하는 것은 아니다.

05

㉠에서 강자인 거대 곡물 회사들이 최대치의 이윤을
얻기 위해 곡물 생산량을 임의로 결정할 때, 약자인
빈민들은 굶주림으로 허덕이고 있다. 그러므로 ㉠은
'강한 자들끼리 싸우는 통에 아무 상관도 없는 약한
자가 중간에 끼어 피해를 입게 됨을 이르는 말.'인
'고래 싸움에 새우 등 터진다'는 속담과 가장 잘 어울
린다.

문해력 기초 다지기

▶ 본문 140~141쪽

01 ㉢	02 ㉠	03 ㉤	04 ㉠	05 ㉥	06 ㉢

07 훌륭한 08 배반 09 잇속 10 초가삼간
11 개천, 용 12 죽, 코 13 ⑤ 14 ②
15 예시답안 밑 빠진 독에 물 붓기가 되지 않으려면 제대로 된 방법으로 공부해야 한다. 16 예시답안 빈 수레가 요란하다고, 자기 자랑이 심한 사람치고 괜찮은 사람 못 봤다.

13

'염불에는 마음이 없고 잿밥에만 마음이 있다'는 '자기가 맡은 일에는 정성을 들이지 않고 잇속이 있는 데에만 마음을 두는 경우를 이르는 말.'이므로, 모든 일에는 다 절차가 있다는 표현에는 어울리지 않는다. '모든 일에는 질서와 차례가 있는 법인데 일의 순서도 모르고 성급하게 덤빔을 이르는 말.'인 '우물에 가 숭늉 찾는다'는 속담이 적절하다.

14

자신이 좋아하는 가수의 콘서트를 가려고 열심히 돈을 모았는데 표가 다 팔려서 콘서트에 가지 못한 상황을 나타내기 적절한 속담은 '애써 하던 일이 실패로 돌아가거나 남보다 뒤떨어져 어찌할 도리가 없이 됨을 이르는 말.'인 '닭 쫓던 개 지붕 쳐다보듯'이다.

문해력 완성 하기

▶ 본문 142~143쪽

01 ④ 02 ④ 03 답 닭 쫓던 개 지붕 쳐다보듯
04 ② 05 ⑤ 06 예시답안 매사냥은 '우물에 가 숭늉 찾는다'는 식으로 성급하게 이루어질 수 없으니 새끼 매를 정성으로 길들여 훈련하기를 바란다.

01

이 글에서 다급하게 '할아버지'라고 부르며 사정한 사람은 '나'가 아니라 '장인님'이다.

❌오답 풀이
① 점순이는 아버지가 고통스러워하며 쓰러져 있는 모습을
보고 놀라, 아버지를 그렇게 만든 '나'를 타박하며 아버지의 편을 들고 있다.
② '나'가 장인님과 몸싸움을 벌인 것은 점순이가 아직 다 자라지 않았다며 점순이와의 혼인을 미루는 장인님에게 불만을 가졌기 때문이다.
③ 장인님은 아내와 딸에게 도움을 요청해 바짓가랑이를 잡아당기는 '나'를 말리도록 했고, 장인님은 '나'가 얼이 빠진 틈에 지게막대기로 '나'를 호되게 때렸다.
⑤ "장모님도 덤벼들어 한쪽 귀마저 뒤로 잡아채면서 또 우는 것이다."에서 알 수 있다.

02

'나'는 점순이가 자신의 편을 들어줄 것이라고 생각했는데 그러한 믿음과 다르게 점순이는 장인님 편을 들고 있으므로, ㉠은 '믿는 도끼에 발등 찍힌다'는 속담과 가장 관련이 깊다.

04

2문단에서 "매사냥에 쓰이는 매는 새끼 때부터 사람 손에서 길들여진 것이어야 한다."라고 했으므로, 야생에서 자란 매는 훈련을 잘 해도 매사냥에는 이용할 수 없음을 알 수 있다.

❌오답 풀이
① 2문단의 매사냥 방법을 설명하는 부분에서 알 수 있다. 매사냥꾼이 매를 날리면 매가 사냥을 하고, 몰이꾼은 사냥을 끝낸 매를 찾아 매사냥을 마무리한다고 했다.
③ 3문단의 "매사냥은 주로 왕과 귀족들 사이에서 성행했다."와 "고려 충렬왕이 매사냥을 담당하는 관청을 두고"에서 알 수 있다.
④ 3문단에서 "매사냥은 4,000여 년 전 고대 중앙아시아와 서아시아에서 시작되어 세계로 퍼져 나갔다."라고 했으므로, 매사냥의 역사가 오래되었음을 알 수 있다.
⑤ 1문단의 "보통 동물은 사냥을 돕는 보조 역할만 하지만, 매사냥에서 매는 주인을 대신해 짐승을 잡는 사냥꾼 역할을 한다."에서 알 수 있다.

05

㉠은 왕이 나라를 통치하는 것보다 매사냥에 빠져 있는 것을 신하가 걱정하고 있는 상황으로, ㉠과 관련이 깊은 속담은 '염불에는 마음이 없고 잿밥에만 마음이 있다'이다.

문해력 기초 다지기

▶ 본문 146~147쪽

01 ㉠	02 ㉣	03 ㉢	04 ㉤	05 ㉡	06 ㉣
07 ㉡	08 활동	09 쉽게	10 욕심	11 청산	
12 발	13 발	14 귀	15 귀	16 ①	17 ②

18 **예시 답안** 방금 거기에서 본 원피스가 계속 눈에 밟혀서 마음은 거기에 가 있었다. **19** **예시 답안** 동네에서 소문난 구두쇠인 그는 돈을 모을 수 있는 일이라면 눈에 불을 켜고 달려들었다.

16

'귀가 뚫리다'는 '말을 알아듣게 되다.'를 의미하므로, 그 선배에게 군대 이야기를 '귀가 뚫리게' 여러 번 들었다는 표현은 적절하지 않다. '같은 말을 여러 번 듣다.'를 의미하는 '귀에 못이 박히다'를 사용하여 나타내는 것이 적절하다.

17

'손을 씻다'는 불량소년이었던 사람이 새 삶을 살게 되었다는 말을 나타내기에 적절하고, '손을 놓다'는 잠시 집안 청소를 그만하는 엄마의 상황을 나타내기에 적절하다.

문해력 완성 하기

▶ 본문 148~149쪽

01 ⑤ **02** ② **03** **예시 답안** 허 생원은 인연을 맺었던 성 서방네 처녀가 계속 눈에 밟혀 봉평 장을 빼놓지 않고 들른 것이다. **04** ③ **05** ③ **06** **예시 답안** 원곡에 새로운 의미를 부여하지 않거나 원곡의 가치를 높이지 않는 베끼기 수준의 샘플링은 우리나라 힙합 음악 발전의 발목을 잡을 것이다.

01

"날 기다린 것은 아니었으나 ~ 어려워서 들고날 판인 때였지."를 통해 성 서방네 처녀가 사람을 기다리고 있던 것은 아니었음을 알 수 있고, 어려운 집안 형편 때문에 울고 있었음을 알 수 있다.

✗오답 풀이

① "성 서방네 처녀와 마주쳤단 말이네. 봉평서야 제일가는 일색이었지."를 통해 허 생원이 성 서방네 처녀를 미인이라고 생각했음을 알 수 있다.

② 허 생원은 조 선달, 동이와 메밀꽃이 핀 산길을 걸어가면서 과거에 성 서방네 처녀와 인연을 맺었던 추억을 떠올리며 이야기하고 있다.

③ "짐작은 대고 있었으나 성 서방네는 한창 어려워서 들고날 판인 때였지."라는 허 생원의 말을 통해 알 수 있다.

④ 허 생원은 날씨가 무더워서 개울가에 목욕하러 나갔다가 달이 너무도 밝은 까닭에 물레방앗간으로 들어가 옷을 벗으려 했다. 이때 허 생원이 성 서방네 처녀와 마주쳤으므로, 둘이 무더운 여름밤 물레방앗간에서 만났다는 것은 적절하다.

02

㉠을 통해 허 생원은 성 서방네 처녀를 찾기 위해 제천 장판을 여러 번 돌아다녔다는 것을 알 수 있고, 이것과 관련되는 관용구는 '매우 분주하게 많이 다니다.'를 뜻하는 '발이 닳다'이다.

04

1문단에서 1990년대 초반까지 샘플링은 자신의 마음에 드는 원곡의 일부나 혹은 전체를 빌려 쓰는 것이라는 인식이 강했고, 샘플링에 대한 큰 제약도 없었다고 언급하고 있다. 따라서 1990년 이전부터 원곡의 전체를 빌려 쓰는 것에 제약이 따랐다는 것은 적절하지 않다.

✗오답 풀이

① 2문단에서 1992년 미국의 샘플링과 관련된 저작권 소송이 샘플링에 대한 사람들의 인식을 변화시켰다고 언급하고 있다. 이를 통해 시대에 따라 샘플링에 대한 인식도 변화하고 있음을 알 수 있다.

② 2문단에서 1992년 미국에서 샘플링과 관련된 저작권 소송이 일어났다고 언급하고 있다.

④ 3문단의 "우리나라의 일부 힙합 가수들은 ~ 방법 정도로 이해하고 있다."에서 우리나라 힙합 가수들도 샘플링이라는 창작 수단을 사용하고 있음을 알 수 있다.

⑤ 1문단의 "1960년대 미국에서 힙합이 거리 음악으로 막 시작되"었다는 내용과 2문단의 "힙합 음악이 대중적으로 관심을 끌"었다는 내용에서 알 수 있다.

문해력 기초 다지기　　　　　　▶ 본문 152~153쪽

01 ㉡　02 ㉠　03 ㉣　04 ㉢　05 ㉢　06 ㉡
07 ㉠　08 겸손　09 존경　10 줏대　11 시치미
12 머리　13 머리　14 허리　15 허리　16 ②
17 ③　18 예시답안 그는 머리가 굳어서 새로운 것을
잘 받아들이지 못한다.　19 예시답안 그녀는 간도 쓸개
도 없는 사람처럼 나에게 아부를 떨었다.

16

'간이 콩알만 해지다'는 '몹시 두려워지거나 무서워지
다.'를 의미하므로, 점심을 '간이 콩알만 해지게' 먹
었다는 표현은 적절하지 않다. '먹은 것이 너무 적어
먹으나 마나 하다.'를 의미하는 '간에 기별도 안 가
다'를 사용하여 나타내는 것이 적절하다.

17

㉠에는 '씻었다'라는 단어를 넣어 '이익 따위를 혼자
차지하거나 가로채고서는 시치미를 떼다.'를 의미
하는 관용어인 '입을 씻다'를 완성해야 한다. ㉡에는
'아프다'라는 단어를 넣어 '여러 번 말하여도 받아들
이지 아니하여 말한 보람이 없다.'를 의미하는 관용
어인 '입만 아프다'를 완성해야 한다.

문해력 완성 하기　　　　　　▶ 본문 154~155쪽

01 ③　02 ②　03 탑 간에 기별도 안 간다　04 ④
05 ①　06 예시답안 ㉡을 지키지 않고 유머를 구사하면
청자가 웃지 않고 호응도 하지 않아 입만 아픈 상황이 발
생할 것이다.

01

"중간 소작인이란 것이 생겨나서 저는 손에 흙 한 번
만져 보지도 않고"를 통해 중간 소작인들은 농사를
짓지 않았음을 알 수 있다.

✗오답 풀이

① "역둔토로 말하면 사삿집 땅을 부치는 것보다 떨어지는
것이 후하였다."에서 알 수 있다.
② 일제 강점기 이전에는 중간 소작인이 없었으므로, 실제 소
작인들이 일제 강점기에 받던 수확량보다는 많은 몫을 챙
겼을 것이다.
④ "넉넉지는 못할망정 평화로운 농촌으로 남부럽지 않게 지
낼 수 있었다."에서 알 수 있다.
⑤ "세상이 뒤바뀌자 그 땅(역둔토)은 전부가 동양 척식 회사
의 소유에 들어가고 말았다."와 "그 후로 '죽겠다', '못 살
겠다' 하는 소리는 중이 염불하듯 그들의 입길에서 오르
내리게 되었다."에서 알 수 있다.

02

㉠은 높은 소작료를 감당하기 어려워 힘들어하는 '실
제 소작인'들의 상황을 보여주는 것이다. 따라서 ㉠
의 상황과 관련이 깊은 관용구는 '감당하기 어려운
일을 하느라 힘이 부치다.'를 의미하는 '허리가 휘다'
이다.

04

2문단에서 '어른들에게는 정치나 경제 쪽으로 분야
를 확대해도 괜찮을 것'이라고 언급하고 있다. 따라
서 경제와 관련된 유머는 청소년들에게가 아니라 어
른들에게 구사하는 것이 적절하다.

✗오답 풀이

① 1문단의 "유머는 소재나 대상에 대한 공감의 태도를 담고
있으며, 우월의 태도는 담고 있지 않아서 풍자보다 따뜻
하다고 할 수 있다."를 통해 알 수 있다.
② 1문단의 "우리 사회가 변화하면서 사람들로부터 호감을
이끌어 내는 일이 중요해졌고, 그 방법으로 유머가 각광
을 받게 된 것이다."를 통해 알 수 있다.
③ 2문단의 "어린이들한테 우스갯소리를 하려면 가끔 괴성도
지르거나 바보짓도 해 줘야 한다."를 통해 알 수 있다.
⑤ 3문단의 "예상하지 못한 엉뚱한 표현을 하면 대부분 웃기
마련이다."와 "이런 방법을 쓴다면 누구나 유머를 쉽게 구
사할 수 있다."를 통해 알 수 있다.

05

㉠은 '사고방식이나 사상 따위가 융통성 없이 올곧고
고집이 세다.'를 뜻하는 '머리가 굳다'와 의미가 통한다.

24회 | 헷갈리기 쉬운 말 ①

문해력 기초 다지기
▶ 본문 158~159쪽

01 ② 　02 ㄱ 　03 ㄷ 　04 ㅁ 　05 ㄴ 　06 그저
07 걷잡다 　08 겨누다 　09 대가 　10 승부
11 발달 　12 가게 　13 겨룬다면 　14 받히는
15 걷잡아 　16 ④ 　17 ④ 　18 **예시 답안** 내가 청소를 하는 동안 동생은 손 하나 까딱하지 않고 그저 게임만 하고 있었다. 　19 **예시 답안** 그녀는 값비싼 바이올린을 두 손으로 받쳐 조심히 가져왔다.

16

'가게'는 '작은 규모로 물건을 파는 집.'을 의미하므로, 아버지께서는 퇴직 후에 '가게'가 빠듯하자 쉬지 않고 계속 일을 하셨다는 표현은 적절하지 않다. '집안 살림을 꾸려 나가는 방도나 형편.'을 의미하는 '가계'라는 말을 사용하여 나타내는 것이 적절하다.

17

첫 번째 빈칸에는 '토지나 천연자원 따위를 유용하게 만듦.'을 의미하는 '개발'이라는 단어가 들어가야 한다. 두 번째 빈칸에는 '신이나 웃어른에게 정중하게 드리다.'를 의미하는 '바치다'라는 단어가 들어가야 한다.

문해력 완성 하기
▶ 본문 160~161쪽

01 ② 　02 ① 　03 **예시 답안** 전우치는 옥황상제의 명령 때문이 아니라 어렵게 살고 있는 백성들을 돕기 위해서 황금 대들보를 바치라고 요구한 것이다. 　04 ②
05 ④ 　06 **예시 답안** A 기업은 눈이 높은 소비자들의 요구를 파악하고 새 아이디어나 기술을 적용해 새로운 상품을 개발할 것이다.

01

왕족이나 벼슬아치들은 집안에 있는 금을 열심히 모았는데 이는 옥황상제께 바칠 황금 대들보를 만들라는 임금의 명령에 따른 것일 뿐, 어려움을 겪고 있는 백성들을 돕기 위해서가 아니다.

✗ 오답 풀이

① 앞부분 줄거리의 "남쪽 바닷가의 백성들이 해적들의 노략질과 심한 흉년으로 고통을 받고 있었"다는 내용에서 알 수 있다.
③ 하늘나라의 관리로 변신한 전우치를 왕과 신하들은 진짜라고 믿고 있으므로, 이를 통해 전우치가 다른 사람의 모습으로 변신할 수 있는 신기한 능력을 가지고 있음을 알 수 있다.
④ "금을 단련하여 길이와 너비의 치수에 맞춰 만드니,~임금이 기뻐하시며"를 통해 알 수 있다.
⑤ 전우치가 옥황상제께서 황금 대들보를 만들어 바치라고 했다고 하자, 신하들이 임금께 이를 따를 것을 권유하였고 임금은 신하의 말을 받아들였다. 이를 통해 당시 사람들은 옥황상제의 존재를 믿었고, 옥황상제의 말은 무조건 따라야 한다고 생각했음을 알 수 있다.

04

2문단의 "이익을 얻고자 하는 새로운 기업들이 해당 시장에 뛰어들면 걷잡을 수 없이 경쟁이 발생하기 때문이다."를 통해 블루 오션이라도 시간이 지나면 경쟁 상대가 생기고, 이에 따라 기존 상품을 통해 얻을 수 있는 이익이 낮아질 것임을 알 수 있다.

✗ 오답 풀이

① 3문단에서 퍼플 오션을 찾기 위한 대표적인 전략으로 이미 인기를 얻는 소재를 다른 장르에 적용하여 그 파급 효과를 노리는 방법을 제시하고 있다.
③ 1문단에서 블루 오션은 경쟁자가 거의 없는 시장이라고 했고, 블루 오션의 수요는 경쟁이 아니라 창조에 의해 형성된다고 했다. 또한 블루 오션은 시장의 규모가 정해져 있지 않아 빠르게 성장할 수 있는 기회가 있다고 했다.
④ 2문단의 "레드 오션이 된 시장에서 ~ 새로운 시장을 형성한다."와 "이를 '퍼플 오션'이라고 한다."는 부분에서 알 수 있다.
⑤ 2문단에서 독점적인 시장인 블루 오션에 새로운 기업이 뛰어들면 치열한 경쟁이 발생하여 레드 오션이라는 시장 상황으로 변화한다고 언급하고 있다.

05

'걷잡다'는 '한 방향으로 치우쳐 흘러가는 형세 따위를 붙들어 잡다.'로, 그녀의 행위를 짐작할 수 없다는 말을 나타내기에 적절하지 않다. 대신 '겉으로 보고 대강 짐작하여 헤아리다.'를 의미하는 '겉잡다'를 사용하는 것이 적절하다.

01 ⓒ　02 ⓔ　03 ⓒ　04 ⓐ　05 ⓓ　06 벌리다
07 드러내다　08 조리다　09 초조　10 자격
11 받치다　12 베고　13 벌이고　14 졸여야
15 들어내고　16 ④　17 ③　18 [예시답안] 깨끗하게
씻은 감자를 큰 냄비에 안치고 푹 삶았다.　19 [예시답안]
디자이너는 어깨를 시원하게 드러내는 원피스를 모델에
게 입혔다.

16

'들어내다'는 '물건을 들어서 밖으로 옮기다.'를 의미
하므로, 팔다리를 모두 '들어낸' 옷을 입었다는 표현
은 적절하지 않다. '가려 있거나 보이지 않던 것을
보이게 하다.'를 의미하는 '드러내다'를 사용하여 나
타내는 것이 적절하다.

17

첫 번째 빈칸에는 '찌개, 국, 한약 따위의 물을 증발
시켜 분량을 적어지게 하다.'를 의미하는 '졸이다'라
는 말이 들어가야 한다. 두 번째 빈칸에는 '사람이나
동물이 윗몸을 바로 한 상태에서 엉덩이에 몸무게를
실어 다른 물건이나 바닥에 몸을 올려놓게 하다.'를
의미하는 '앉히다'라는 말이 들어가야 한다.

01 ②　02 ④　03 [예시답안] 평국은 적장의 두 팔과
적군들을 베어 적의 위협으로 마음을 졸이며 항복 문서
를 쓰려던 천자를 구했다.　04 ⑤　05 ④
06 [예시답안] 엄지손가락을 치켜세우는 손짓이 우리나라
에서는 '칭찬'의 의미로 쓰이지만, 태국에서는 '조롱'의
의미로 쓰인다.

01

"네가 가면 어디로 가겠느냐? 도망가지 말고 내 칼
을 받으라."라는 평국의 말을 통해 도망가려는 사람
이 맹길임을 알 수 있고, '이와 같이 말하며 철통같

이 달려가니 원수의 준총마가 주홍 같은 입을 벌리
고 순식간에 맹길의 말 꼬리를 물고 늘어졌다.'에서
평국이 맹길을 쫓아가며 맹길의 기세를 꺾으려고 했
음을 알 수 있다.

✗오답 풀이
① "하늘의 기운을 살펴보고 군사를 중군장에게 부탁한 후
　즉시 황성에 왔사옵니다."라는 평국의 말을 통해 평국에
　게 하늘의 기운을 읽을 수 있는 신기한 능력이 있음을 알
　수 있다.
③ "이때 천자와 신하들이 넋을 잃고 어쩔 줄을 모르고"에서
　천자와 신하들이 맹길과 그의 졸병들의 난입에 두려워하
　고 있음을 알 수 있다.
④ 평국이 맹길의 두 팔을 베고 적 졸병들을 모조리 물리친
　것을 모르고, "천자께서는 항복 문서를 쓰려고 손가락을
　깨물려 하고 있었다."고 하였으므로 적절하다.
⑤ "시아버지 여공이 피신했던 수챗구멍에서 나오므로 물어
　서 급히 와 적장 맹길을 사로잡은 것이옵니다."를 통해 알
　수 있다.

02

㉠의 '벌리다'는 '둘 사이를 넓히거나 멀게 하다.'를 의
미하므로, 사업을 '벌리다'라는 표현은 적절하지 않
다. 대신 '일을 계획하여 시작하거나 펼쳐 놓다.'를 의
미하는 '벌이다'를 사용하여 나타내는 것이 적절하다.

04

3문단에서 서로 다른 문화권의 사람들이 각자의 문
화에 근거하여 손짓을 사용할 경우에 그 손짓이 다
른 의미로 해석됨으로써 오해와 갈등이 생긴다고 하
였으므로, 다른 나라의 문화를 고려하지 않고 손짓
을 사용하면 오해가 생길 수 있다.

✗오답 풀이
① 2문단의 "박수는 칭찬을, 기도하는 두 손은 염원을, 토닥
　이는 두 손은 위로를 전할 수 있다."를 통해 알 수 있다.
② 1문단의 "자신의 생각이나 감정을 표현하기 위해 표정이
　나 몸짓을 사용하는 것을 신체 언어라고 한다."를 통해 알
　수 있다.
③ 3문단의 "손짓은 각자의 행동 양식과 관습에 따른 문화를
　반영"한다고 하는 부분에서 알 수 있다.
④ 2문단의 "손짓은 다른 신체 부위와 결합하여 다양한 의미
　를 생산한다."에서 알 수 있다.

문해력 기초 다지기
▶ 본문 170~171쪽

01 ⑩ 02 ⑫ 03 ⓒ 04 ⓛ 05 ⑨ 06 지그시
07 일체 08 헤어지다 09 참을성 10 추구
11 거짓 12 잃어버렸다 13 일체 14 지긋이
15 좇았지만 16 ⑤ 17 ② 18 예시 답안 그는 안 좋은 소문이 퍼진 이후에 외부와의 연락을 일절 받지 않았다. 19 예시 답안 라디오에서 나오는 음악 소리가 감미로워서 눈을 지그시 감고 들었다.

16

'좇다'는 '목표, 이상, 행복 따위를 추구하다.'를 의미하므로, 사냥감을 끝까지 '좇았다'는 표현은 적절하지 않다. '어떤 대상을 잡거나 만나기 위하여 뒤를 급히 따르다.'를 의미하는 '쫓다'를 사용하여 나타내는 것이 적절하다.

17

첫 번째 빈칸에는 '이미 있는 상태 그대로 있다는 뜻을 나타내는 말.'인 '채'가 들어가야 한다. 두 번째 빈칸에는 '닳아서 떨어지다.'를 의미하는 '해어지다'가 들어가야 한다.

문해력 완성 하기
▶ 본문 172~173쪽

01 ③ 02 ② 03 예시 답안 방삼복이 출세할 수 있었던 이유는 외국 생활에서 배운 영어 몇 마디를 잊어버리지 않았기 때문이다. 04 ③ 05 ⑤ 06 예시 답안 광고주의 요구만 좇을 것이 아니라 방송 프로그램의 완성도를 고려하여 간접 광고의 노출 횟수를 줄여 주세요.

01

불과 몇 달 만에 부자가 된 방삼복을 보면서 백 주사는 '흥, 개구리가 올챙이 적을 못 생각한다더니. 발칙한 놈. 고얀 놈.'이라고 생각하고 있다. 또 '갖은 호강 다 하며 천하에 무서울 것이 없고, 기광이 나서

막 이러니'라고 표현하는 것으로 보아, 방삼복은 부자가 된 이후 거만하게 굴었음을 알 수 있다.

✘오답 풀이

① "생화라는 것이 고작 ~ 그 코삐뚤이 삼복이었다."에서 삼복이 구두 깁는 장수로 일을 했음을 알 수 있다.
② 구두 깁는 장수의 일을 '천업'(낮고 천하게 여겨지는 직업이나 영업)이라고 표현하는 것으로 보아, 백 주사는 직업에 대한 귀천 의식이 강한 사람이라고 할 수 있다.
④ "불과 몇 달간에 이렇게 훌륭히 되고, 부자가 되고"를 통해 방삼복이 권세를 얻고 부유해진 것이 얼마 되지 않은 일임을 알 수 있다.
⑤ "한편 생각하면 신기하기도 하고 부럽기도 하고 또한 안타깝기도 하였다."를 통해 백 주사가 '갈피를 잡을 수 없이 뒤섞여 어수선하다.'를 뜻하는 '착잡함'을 느꼈음을 알 수 있다.

04

1문단에서 간접 광고는 상업적 의도를 감춘다고 했지만, 간접 광고의 정도가 시청자들의 몰입을 방해할 정도로 심해지고 있다고 했다. 따라서 간접 광고가 시청자들의 몰입을 방해하지 않는다는 것은 적절하지 않다.

✘오답 풀이

① 2문단에서 간접 광고는 무의식적인 각인 효과를 시청자에게 심어 주고, 시청자들이 대상을 무조건 신뢰하도록 만든다고 하였다.
② 3문단에서 광고주들은 간접 광고를 더 길게 더 자주 넣도록 요구하고, 이로 인해 프로그램의 완성도가 떨어지는 경우가 빈번하다고 했다.
④ 3문단에서 광고주들은 간접 광고의 대가로 방송 프로그램의 제작비를 지원하는데, 이때 광고주들은 간접 광고를 더 길게 더 자주 넣도록 요구한다고 했다.
⑤ 2문단에서 프로그램 앞뒤에 하는 광고는 시청자가 볼지 말지 선택할 수 있지만, 간접 광고는 프로그램 내에 포함되어 있어 그렇게 할 수 없다고 했다.

05

㉠ '채'는 '이미 있는 상태 그대로 있다는 뜻을 나타내는 말.'로, ㉤의 '채'는 '그럴듯하게 꾸미는 거짓 태도나 모양.'을 뜻하는 '체'로 바꿔 쓰는 것이 적절하다.

문해력 기초 다지기

▶ 본문 176~177쪽

01 ⓒ   02 ⓒ   03 ㉠   04 ㉠   05 재물   06 의심
07 상처   08 쓸모   09 인공적   10 ②   11 ①
12 ①   13 ⑤   14 예시 답안 그는 양식 장어 대신 자
연산 장어를 팔아 더 많은 이익을 얻고자 했다.
15 예시 답안 한국 펜싱의 부상은 갑자기 이루어진 것이
아니라 그간의 노력의 결과이다.

12

'유용'이 '남의 것이나 다른 곳에 쓰기로 되어 있는
것을 다른 데로 돌려씀.'의 의미로 사용된 예문은 회
사 공금을 '유용'하였다고 표현한 ①이다. ②의 '유용'
은 '쓸모가 있음.'의 의미로 사용되었다.

13

⑤의 첫 번째 문장에서의 '수상하다'는 '상을 받다.'라
는 의미로 사용되었고, 두 번째 문장에서의 '수상하
다'는 '보통과는 달리 이상하여 의심스럽다.'라는 의
미로 사용되었다. 그러므로 두 단어의 의미가 같지
않은 것은 ⑤이다.

문해력 완성 하기

▶ 본문 178~179쪽

01 ①   02 ⑤   03 예시 답안 중실은 김 영감의 첩을
건드렸다는 오해를 받고 쫓겨나서 '원통'했지만, 일한 대
가를 제대로 받아 본 적이 없기 때문에 '애통'하지는 않
았다.   04 ③   05 ④   06 예시 답안 지렁이 관리의
어려움이 해결되면 지렁이가 다양한 분야에 쓰여 미래
생물 자원으로 부상할 것이다.

01

중실이 쫓겨난 이유는 김 영감이 자신의 첩을 건드
린 사람으로 중실을 의심했기 때문이다. 중실은 칠
년 동안 머슴살이를 하면서 사경을 제대로 받아 본
적이 없다고 하나, 중실이 김 영감에게 밀린 사경을
달라고 요구하는 부분은 나타나 있지 않다.

✘오답 풀이

② "장가들이고 집 사고 살림을 내준다던 것도 헛소리였다."
에서 김 영감은 중실에게 장가도 보내 주고 살림도 내준
다고 약속했음을 알 수 있다.
③ "더욱 엉크러질 앞일을 생각하고 중실은 차라리 하직하고
나온 것이었다.'에서 알 수 있다.
④ "가살스런 첩의 행실을 휘어잡지 못하고 늘그막판에 속
태우는 영감의 신세가 하기는 가엾기는 하다."에서 알 수
있다.
⑤ "그 넓은 세상(자연)은 사람을 배반할 것 같지는 않았다."
와 "빈 지게만을 걸머지고 산으로 들어갔다."에서 알 수
있다.

02

ⓒ의 '수상하다'는 '보통과는 달리 이상하여 의심스럽
다.'를 뜻하므로, ⓒ의 뜻풀이로 알맞은 것은 ⑤이다.

04

1문단에서 지렁이의 분변토는 땅의 산성화를 막는
데 도움이 되고, 지렁이가 만드는 공극은 식물의 생
장과 지하수 확보에 도움이 된다고 하였다. 2문단에
서는 지렁이가 음식물 쓰레기를 먹으면 환경에 도움
이 된다고 하였다. 3문단에서는 지렁이가 농업 분야
와 환경 분야에 대규모로 사용되기 어려운 이유를
설명하였다. 이를 모두 고려했을 때 이 글의 제목은
'지렁이의 활용과 그 한계'가 가장 적절하다.

✘오답 풀이

① '가축의 정의와 종류'는 1문단에서 언급된 내용일 뿐, 이
글의 전체 내용을 포괄하는 제목으로 볼 수 없다.
② 이 글에서 알 수 없는 내용이다.
④ 3문단에서 지렁이가 먹는 먹이의 특성과 사는 환경의 특
성에 대해 언급했지만, ④는 이 글의 전체 내용을 포괄하
는 제목이 아니다.
⑤ 1문단에서 지렁이의 분변토를 활용하여 땅의 산성화를 막
을 수 있다고 언급했지만, ⑤는 이 글의 전체 내용을 포괄
하는 제목이 아니다.

05

㉠의 뜻풀이 '쓸모가 있다.'에 해당하는 말은 '유용하
다'이므로, ㉠에 들어갈 말은 ④가 적절하다.

28회 | 다의어

문해력 기초 다지기
▶ 본문 182~183쪽

01 ⓒ 02 ⓒ 03 ㉠ 04 ⓒ 05 동원 06 여유
07 분배 08 습관 09 기억력 10 ① 11 ②
12 ② 13 ① 14 ⑤ 15 [예시 답안] 그녀의 눈가에 어
리던 눈물이 이내 볼을 타고 흘러내렸다. 16 [예시 답안]
안개 때문에 흐려서 앞이 잘 안 보이니 조심해서 운전하
도록 해라.

11

'흐리다'가 '잡것이 섞여 깨끗하지 못하다.'의 의미로
사용된 예문은 미세 먼지로 인해 공기가 '흐리다'라고
표현한 ②이다. ①의 '흐리다'는 '기억력이나 판단력
따위가 분명하지 아니하다.'의 의미로 사용되었다.

14

〈보기〉의 밑줄 친 '사이'는 '한곳에서 다른 곳까지,
또는 한 물체에서 다른 물체까지의 거리나 공간.'이
라는 의미로 사용되었다. ⑤의 섬과 육지 '사이'라는
표현에서 문맥적 의미가 유사하게 쓰였다.

✗오답 풀이
①. ③ '한때로부터 다른 때까지의 동안.'의 의미이다.
② '서로 맺은 관계. 또는 사귀는 정분.'의 의미이다
④ '어떤 일에 들이는 시간적인 여유나 겨를.'의 의미이다.

문해력 완성 하기
▶ 본문 184~185쪽

01 ② 02 ⑤ 03 [예시 답안] 광문이 거지라는 사
실에 얽매인 부자는 판단력이 흐려져 광문을 의심했지
만, 진실을 알고는 광문에게 사과하였다. 04 ⑤
05 ④, ⑤ 06 [예시 답안] 운석이 대기에 진입할 때 크기
가 큰 운석을 작은 운석 조각으로 쪼개고 나누어 운석이
떨어지는 속도를 줄이는 것이다.

01

이 글은 주인공인 광문이 돈을 훔쳤다는 의심을 받
았지만, 그럼에도 불구하고 묵묵하게 일하여 사람들
에게 칭찬과 존경을 받았다는 일화를 중심으로 서술
하고 있다.

✗오답 풀이
① 부자가 광문을 의심한 일을 시작으로 돈의 행방을 알게
　되어 광문에게 사과하기까지, 시간 순서대로 사건이 진행
　되므로 과거와 현재가 교차되어 있다고 볼 수 없다.
③ 이 글은 거지 광문의 성실하고 믿음직한 인품을 예찬함으
　로써 양반들의 위선을 은근하게 풍자하지만, 의인화를 통
　해 현실을 우회적으로 비판하고 있지는 않다.
④ 초능력을 가진 인물이 등장하거나 천상계와 같은 환상적
　인 공간이 나오지 않으므로, 이 글에 비현실적이거나 환
　상적인 요소가 나타난다고 볼 수 없다.
⑤ 이 글에는 공간의 이동이 두드러지지 않으며, 갈등이 심화
　되지 않고 해결되고 있다.

02

㉠의 '사이'는 '한때로부터 다른 때까지의 동안.'을 의
미하는 말이다.

04

1문단에서 운석이 지구 대기에 진입할 때 저항을 받
으며, 이때 운석의 크기에 따라 감속되는 정도가 달
라진다고 하였다. 크기가 작은 운석의 경우 속도가
빨리 줄어든다고 하였으므로, ⑤는 적절하지 않다.

✗오답 풀이
① 3문단의 "소행성의 핵에서 떨어져 나온 철질운석은 ~ 연
　구할 수 있는 소중한 자료가 된다."를 통해 알 수 있다.
② 1문단의 "이 암석(유성체)이 지구 중력에 이끌려서 대기권
　에 진입하면 유성이 된다."를 통해 알 수 있다.
③ 2문단에서 운석은 대기에 진입할 때 대기와 마찰을 일으
　키고, 이때 발생하는 높은 열 때문에 운석 표면이 녹는다
　고 하였다.
④ 3문단에서 태양계가 탄생할 때 생겨난 운석에는 태양계
　가 탄생할 당시에 어떤 일이 일어났는지 알려 주는 정보
　가 담겨 있고, 태양계가 생성된 이후의 운석에는 행성 초
　기 진화에 대한 기록이 보존되어 있다고 하였다. 이를 바
　탕으로 운석이 생겨난 시기에 따라 운석을 통해 알 수 있
　는 정보가 다르다는 것을 알 수 있다.

05

㉠의 '풀다'는 '모르거나 복잡한 문제 따위를 알아내
거나 해결하다.'를 뜻하는 말로, ④와 ⑤에서 이와
같은 뜻으로 사용되었다.

01회 ▶ 2쪽

01 쟁점	02 향상되다	03 고찰하다	04 논제
05 이상	06 추리하다	07 반증	08 합당
09 참고	10 기억	11 이론, 근거	12 향상
13 가정	14 쟁점	15 이상	16 고찰
17 반증	18 정립	19 비약	

19

'비약적'은 '논리나 사고방식 따위가 그 차례나 단계를 따르지 아니하고 뛰어넘는 것.'을 의미하므로 기자의 논리가 '비약적'이라는 표현이 적절하다.

02회 ▶ 3쪽

01 전례	02 복구하다	03 지향하다	04 문명
05 수동적	06 반대하다	07 도량	08 회복
09 사실	10 스스로	11 주눅	12 본질
13 집중	14 복원	15 정체성	16 편협
17 동원	18 잠재	19 전례	

16

'편협하다'는 '한쪽으로 치우쳐 도량이 좁고 너그럽지 못하다.'를 의미하고, '아량'은 '너그럽고 속이 깊은 마음씨.'를 의미한다. 그러므로 '편협한' 사고방식을 가진 사람들에게 필요한 것은 넓은 '아량'이라는 표현이 적절하다.

03회 ▶ 4쪽

01 혼재하다	02 배분하다	03 통용되다	04 파급
05 침체	06 다문화	07 도시화	08 일상적
09 기회	10 이익	11 끝, 영향	12 쓸모
13 욕구	14 여파	15 공급	16 열풍
17 고립	18 이타적	19 침체	

14

'잠을 설친 뒤에 그 영향으로 극심한 두통에 시달렸다.'는 의미를 나타내는 문장이므로, 빈칸에는 '어떤 일이 끝난 뒤에 남아 미치는 영향.'을 의미하는 '여파'가 들어가야 적절하다.

04회 ▶ 5쪽

01 한도	02 부합	03 반포하다	04 개혁하다
05 개입하다	06 사상	07 폐단	08 발전
09 알리다	10 목적	11 부정적	12 이상적
13 규칙, 한도	14 이념	15 진전	16 집약
17 폐단	18 사각	19 개입	

18

'사각지대'는 '관심이나 영향이 미치지 못하는 구역을 비유적으로 이르는 말.'이므로, 사회 안정망의 보호를 받지 못하는 사람들을 나타내는 말로 적절하다.

05회 ▶ 6쪽

01 강인하다	02 빚다	03 자생하다	04 결핍
05 섭취하다	06 남용하다	07 입자	08 증명
09 약하다	10 현상	11 행사	12 오염
13 밀접	14 양분	15 선별	16 자정
17 남용	18 결여	19 자생	

17

'남용하다'는 '권리나 권한 따위를 본래의 목적이나 범위를 벗어나 함부로 행사하다.'를 의미하므로, 직무상의 권한을 함부로 사용하는 상황을 나타내는 말로 적절하다.

06회 ▶ 7쪽

01 냉각하다	02 추정	03 척박하다	04 작용
05 변모	06 관측하다	07 측정하다	08 이바지
09 속도	10 물체	11 존재	12 기계, 관찰
13 정보, 밖	14 유출	15 공존	16 변모
17 개선	18 추측	19 중력	

18

'추측'은 '미루어 생각하여 헤아림.'을 의미하므로, 출국 이유에 대해 여러 가지 '추측'이 돌고 있다는 표현이 적절하다.

01 독자적	02 급진적	03 조작	04 들다
05 인재	06 마찰하다	07 융합하다	08 빈틈
09 요구	10 처음	11 막다	12 보충
13 충돌	14 창출	15 참신	16 조작
17 독자적	18 실용적	19 점진적	

17

'독자적'은 '다른 것과 구별되는 혼자만의 특유한 것.'을 의미하므로, 자신만의 '독자적'인 문학 세계라는 표현이 적절하다.

01 유명하다	02 복제하다	03 악평	04 필적하다
05 발굴	06 구사하다	07 구상하다	08 다름
09 이름	10 높은, 발전	11 예술, 평가	12 겨루다
13 창작, 정리	14 여백	15 구사	16 구상
17 승화	18 필적	19 청아	

14

'여백'은 '종이 따위에, 글씨를 쓰거나 그림을 그리고 남은 빈 자리.'를 의미하므로, 잡지 가장자리의 '여백'이라는 표현이 적절하다.

01 분개	02 반색하다	03 언짢다	04 역정
05 달갑다	06 난감하다	07 거슬리다	08 느낌
09 모욕	10 역정	11 마음	12 만족
13 새로운	14 울적	15 난감	16 무색
17 흡족	18 무례	19 분개	

14

'울적하다'는 '마음이 답답하고 쓸쓸하다.'를 의미하므로, 날이 흐리고 비가 추적추적 내려 괜스레 마음이 '울적했다'는 표현이 적절하다.

01 심보	02 풍채	03 탁월하다	04 수척하다
05 겸허	06 깜냥	07 특이하다	08 영특
09 적극적	10 성품, 좁다	11 조심성	12 존중
13 교양, 신경	14 유별	15 출중	16 수척
17 옹졸	18 겸허	19 진취적	

14

'유별나다'는 '보통의 것과 아주 다르다.'를 의미하므로, 성격이 독특하고 '유별나다'는 표현이 적절하다.

01 직설적	02 늑장	03 울화	04 식견
05 안간힘	06 달관	07 조아리다	08 악독
09 비웃음	10 자랑	11 바쁘게	12 마음
13 형편	14 안간힘	15 식견	16 울화
17 분주	18 할애	19 악행	

18

'할애하다'는 '소중한 시간, 돈, 공간 따위를 아깝게 여기지 아니하고 선뜻 내어 주다.'를 의미하므로, 유아 교육 분야에 더 많은 예산을 '할애할' 것이라는 표현이 적절하다.

01 표출	02 적대시	03 괄시하다	04 연민
05 환대	06 시기하다	07 소원하다	08 윗사람
09 유대	10 공경	11 재물	12 정성
13 손님	14 인색	15 단절	16 보필
17 불청객	18 환대	19 연민	

17

'불청객'은 '오라고 청하지 않았는데도 스스로 찾아온 손님.'을 의미하므로, '불청객'으로 얹혀살았다는 표현이 적절하다.

01 태평하다	02 연하	03 불모지	04 사시사철
05 유랑민	06 소작권	07 도회지	08 초등학교
09 시골	10 지주	11 현실적	12 풀, 자연
13 강제	14 환상적	15 산천초목	16 태평
17 유랑민	18 징용	19 불모지	

19

'불모지'는 '어떠한 사물이나 현상이 발달되어 있지 않은 곳. 또는 그런 상태를 비유적으로 이르는 말.'을 의미하므로, 우리나라는 봅슬레이의 '불모지'였다는 표현이 적절하다.

01 낭만적	02 횡포	03 수선스럽다	
04 고상하다	05 삼엄하다	06 우호적	07 아득하다
08 우아	09 신기	10 고요	11 무서움
12 튼튼, 허점	13 몰락, 희미	14 고상	15 아득
16 운치	17 퇴색	18 정적	19 삼엄

14

'고상하다'는 '품위나 몸가짐의 수준이 높고 훌륭하다.'를 의미하므로, 세련되고 '고상한' 말투라는 표현이 적절하다.

01 결속	02 물정	03 안주하다	04 고역
05 외면하다	06 생계	07 선입견	08 정신
09 진실, 진실	10 도리	11 여유	12 세상, 행동
13 인정	14 안주	15 결속	16 요행
17 분배	18 부조리	19 외면	

15

'결속'은 '뜻이 같은 사람끼리 서로 단결함.'을 의미하므로, 회원 간의 '결속'을 다진다는 표현이 적절하다.

18

'부조리'는 '이치에 맞지 아니하거나 도리에 어긋남. 또는 그런 일.'을 의미하므로, 사회의 '부조리'를 고

발한다는 표현이 적절하다.

01 충절	02 비천하다	03 급제	04 종묘사직
05 사대부	06 위엄	07 간언하다	08 임금
09 욕심	10 염려	11 출세	
12 위엄, 두렵다		13 옷감	14 존귀
15 간언	16 위엄	17 절개	18 황공
19 연군			

14

'존귀하다'는 '지위나 신분이 높고 귀하다.'를 의미하므로, 모든 생명은 '존귀'하다는 표현이 적절하다.

17

'절개'는 '신념, 신의 따위를 굽히지 아니하고 굳게 지키는 꿋꿋한 태도.'를 의미하므로, 굳은 '절개'를 지녔다는 표현이 적절하다.

01 어불성설	02 설왕설래	03 감언이설	04 고진감래
05 군계일학	06 낭중지추	07 재앙, 복	08 인생, 예측
09 도움, 곤란	10 위태로운	11 등불, 처지	12 설왕설래
13 사면초가	14 전화위복	15 새옹지마	16 고진감래
17 어불성설			

16

'고진감래'는 '쓴 것이 다하면 단 것이 온다는 뜻으로, 고생 끝에 즐거움이 옴을 이르는 말.'이므로, 10년 동안 준비한 올림픽 경기에서 금메달을 따서 '고진감래'의 기쁨을 누렸다는 표현이 적절하다.

01 섬섬옥수	02 절세가인	03 칠전팔기	04 격세지감
05 산전수전	06 오리무중	07 학문	08 변천
09 고비	10 튼튼	11 노력, 공부	12 사상누각
13 절세가인	14 칠전팔기	15 격세지감	16 산전수전
17 형설지공			

13

'절세가인'은 '세상에 견줄 만한 사람이 없을 정도로 뛰어나게 아름다운 여인.'을 의미하므로, 여배우를 실제로 보니 '절세가인'이라는 감탄이 절로 나왔다는 표현이 적절하다.

12

'오매불망'은 '자나 깨나 잊지 못함.'을 의미하므로, 그는 고향에 두고 온 가족을 '오매불망' 그리워했다는 표현이 적절하다.

15

'어물전 망신은 꼴뚜기가 시킨다'라는 속담은 '지지리 못난 사람일수록 같이 있는 동료를 망신시킨다는 말.'이므로, '네가 영화관에서 시끄럽게 굴어서 우리들까지 부끄럽게 만들었'다는 상황에 어울린다.

15

'다 된 죽에 코 푼다'는 '거의 다 된 일을 망쳐 버리는 주책없는 행동을 이르는 말.'이므로, 과제를 완성했

는데 정작 과제를 가져오지 않아 선생님께 혼이 났'다는 상황에 어울린다.

16

'발이 닳다'는 '매우 분주하게 많이 다니다.'를 의미하므로, 신혼집을 구하기 위해 부동산에 '발이 닳도록' 드나들었다는 표현이 적절하다.

18

'입에 침이 마르다'는 '다른 사람이나 물건에 대하여 거듭해서 말하다.'를 의미하므로, 좋은 회사에 취직한 자신의 아들을 '입에 침이 마르도록' 자랑했다는 표현이 적절하다.

19

'거저'는 '아무런 노력이나 대가 없이.'를 의미하므로, 그의 사업 성공은 '거저' 이룬 것이 아니라 그동안의 값진 노력의 결과라는 표현이 적절하다.

▶ 26쪽

25회

01 벌이다	02 베다	03 로서	04 드러내다
05 조리다	06 앉히다	07 스며, 스며	08 둘, 멀게
09 물건, 밖	10 수단	11 물, 분량	
12 재료, 올리다		13 벌이면	14 안치고
15 앉히고	16 배어	17 벌리고	18 졸이며
19 베어			

18

'졸이다'는 '속을 태우다시피 초조해하다.'를 의미하므로, 가슴을 '졸이다'라는 표현이 적절하다.

▶ 27쪽

26회

01 지그시	02 좇다	03 체	04 헤어지다
05 채	06 잃어버리다		07 일절
08 닳아서	09 모든, 모든	10 나이	11 전부
12 따르다	13 기억, 기억	14 잊어버리는	
15 채	16 체	17 지긋이	18 잃어버린
19 해어지는			

17

'지그시'는 '참을성 있게 끈지게.'를 의미하므로, 내 차례가 올 때까지 '지그시' 앉아 기다리기에는 시간이 부족했다는 표현이 적절하다.

▶ 28쪽

27회

01 부유하다	02 양식	03 수상하다	04 훔치다
05 유용	06 상	07 때, 말끔	08 공기
09 생존, 먹을거리		10 관심, 위치	11 ㉠
12 ㉡	13 ㉠	14 ㉠	15 ㉠

13

'잠수함이 물 위로 부상했다.'는 문장에서 '부상'은 '물 위로 떠오름.'을 의미하므로, ㉠이 적절하다.

▶ 29쪽

28회

01 나누다	02 기르다	03 풀다	04 흐리다
05 어리다	06 분배	07 관계	08 습관
09 깨끗	10 괴다	11 ㉠	12 ㉡
13 ㉠	14 ㉡	15 ㉡	16 ㉡

15

애정 '어린' 표정이라는 표현에서 '어리다'는 '어떤 현상, 기운, 추억 따위가 배어 있거나 은근히 드러나다.'를 의미하므로, ㉡이 적절하다.

어휘와 독해를 결합한 최적의 문해력 학습 시스템

♥ 중학생이 알아야 할 426개의 필수 어휘 총정리

♥ 재미있는 56개의 지문으로 독해력 향상 훈련

♥ 직접 써 보는 연습으로 사고력과 표현력 기르기

♥ 비판적 독해력과 문제 해결력을 키우는 문해력 학습

대표 **문학 작품** 감상 & **문제 해결** 훈련

꿈틀 중학 문학 (전 3권)

필수 개념 학습		대표 작품 학습		문제 풀며 훈련
문학 갈래별 주요 개념 익히기	→	교과서 수록 빈도 높은 문학 작품 감상하기	→	시험에 출제되는 문제 유형 적응하기

중학교 국어 **실력 향상**의 지름길

꿈틀 중학 국어 (전 3권)

이런 학생들에게 추천합니다!

❶ 중학생이 알아야 할 국어의 필수 개념을 총정리하고 싶어요.

❷ 대표적인 문학 작품과 여러 종류의 글을 읽으며 독해력을 다지고 싶어요.

❸ 다양한 문제를 풀어 보며 문제 유형을 익히고 학교 시험에 대비하고 싶어요.

네이버 웹툰 인기 작가, 현직 국어 교사
이가영(seri) 선생님의 유쾌 발랄한 고전시가 학습서!

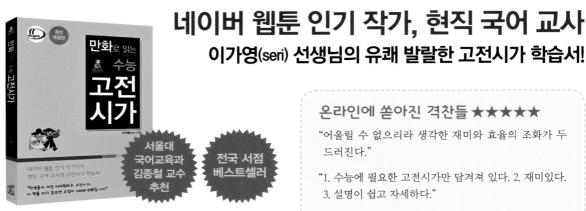

만화로 읽는 수능 고전시가

이가영(seri) 지음 | 278쪽 | 18,800원

서울대 국어교육과 김종철 교수 추천

전국 서점 베스트셀러

온라인에 쏟아진 격찬들 ★★★★★

"어울릴 수 없으리라 생각한 재미와 효율의 조화가 두드러진다."

"1. 수능에 필요한 고전시가만 담겨져 있다. 2. 재미있다. 3. 설명이 쉽고 자세하다."

"미리 읽는 중학생부터 국어라면 도통 이해를 잘 못하는 고등학생들에게 정말로 유용한 멋진 책이다."

서울대 합격생의 비법을 훔치다!

서울대 합격생 공부법 / 노트 정리법 / 방학 공부법 / 독서법 / 내신 공부법

tvN 〈유 퀴즈 온 더 블록〉 출연

청소년 분야 베스트셀러

전국 중·고등학생이 묻고 서울대학교 합격생이 답하다   서울대생들이 들려주는 중·고생 공부법의 모든 것!

융합형 인재를 위한 교양서

이 정도는 알아야 하는 최소한의 인문학
과학 / 국제 이슈 / 날씨 / 경제 법칙

세상을 보는 눈을 키워 주는
가장 쉬운 교양서를 만나다!

★ 한국출판문화산업진흥원 이달의읽을만한책
★ 한국출판문화산업진흥원 청소년권장도서
★ 한국출판문화산업진흥원 우수출판콘텐츠 지원사업선정작

서울시 영등포구 당산로 50길 3 꿈을담는빌딩 6층 | 전화 1544-6533 | 홈페이지 dreamybook.co.kr